L'Odyssée de la conscience

Du même auteur

Le Prince des profondeurs. L'intelligence exceptionnelle des poulpes, Flammarion, 2018.

Peter Godfrey-Smith

L'Odyssée de la conscience

Vie animale et expérience humaine

Traduit de l'anglais par Sophie Lem

Flammarion

L'ouvrage original a paru sous le titre *Metazoa*

ISBN : 978-2-0814-8206-7

Ce livre est dédié à ceux qui ont perdu la vie
lors des feux de brousse de 2019-2020 en Australie
et à tous ceux qui ont combattu les incendies.

Propriétaires de vaisseaux de Nantucket, laissez-moi ici vous tancer sérieusement ! Gardez-vous d'enrôler dans vos vigilantes pêcheries un gars au front maigre et à l'œil creux enclin à des méditations hors de saison [...]. « Mais, espèce de singe, disait un harponneur à un de ces gars, voici bientôt trois ans que nous bourlinguons et tu n'as pas encore levé une seule baleine. Les baleines sont aussi rares que les dents d'une poule quand tu es là-haut ! » C'était peut-être vrai ; peut-être aussi que des bancs étaient apparus au fond de l'horizon, mais ce gars distrait ne les avait pas vus. Bercé, dans un état de rêverie inconsciente, indifférent à tout, il avait perdu son identité dans la cadence des vagues opiacées de ses pensées. Il prenait l'océan mystique à ses pieds pour l'image bleue de l'âme profonde de l'univers, humanité et nature mêlées. Et chaque fois qu'il apercevait furtivement une belle forme étrange glissant sous la mer, ou qu'il entrevoyait un fanon coupant la vague, il croyait que c'était la matérialisation des pensées qui volaient à travers son âme. Dans cet état d'enchantement l'esprit se retire dans le grand tout, se dissout dans le temps et dans l'espace comme les cendres éparpillées du panthéiste Wickliff, faisant finalement partie de tous les rivages de ce globe rond.

HERMAN MELVILLE, *Moby Dick*[1]

Chapitre 1

Les protozoaires

Au bas des marches

Les dix marches d'un escalier abrupt creusé à même la roche du brise-lames mènent à une eau parfaitement calme : c'est l'étale de haute mer. Alors que l'on s'enfonce sous la surface, les sons s'atténuent sous l'effet de la gravité, et la lumière se teinte de vert. On n'entend plus que le ronflement de sa respiration. Le silence est total.

Bientôt, on pénètre dans un jardin d'éponges, un enchevêtrement de formes et de couleurs. Certaines d'entre elles, des bulbes orange de plusieurs pieds de haut, s'élancent vers la surface à partir du fond de la mer. D'autres se propagent latéralement, recouvrant tout ce qu'elles rencontrent d'une strate d'épaisseur variable. Au milieu des éponges prospère ce qui ressemble à des fougères et à des fleurs, ainsi que des *ascidies*, des structures rose pâle en forme d'outres, décorées de motifs émaillés à l'intérieur. Leurs goulots évoquent les manches à air recourbées que l'on trouve sur les ponts des navires, bien qu'ils s'orientent ici dans toutes les directions. Leur corps est recouvert de toutes sortes d'organismes vivants tellement incrustés qu'elles finissent par ressembler à des éléments du paysage plutôt qu'à un organisme à part entière.

Les ascidies font tout de même de légers mouvements, comme si elles percevaient notre présence dans leur demi-sommeil. Je suis toujours un peu surpris lorsque, de temps à autre, le corps de l'une d'entre elles s'effondre et expulse un grand jet d'eau, un peu comme un haussement d'épaules suivi d'un soupir. Le paysage s'anime et commente notre passage.

Entre les ascidies, on distingue des anémones et des coraux mous qui font penser à des grappes de petites mains : chacune d'entre elles a la régularité d'une fleur qui tenterait de saisir l'eau qui l'entoure. Elles s'ouvrent et se referment lentement, à un rythme hypnotique.

Je me fraye un chemin au milieu d'une forêt d'êtres vivants. Dans les forêts terrestres, la vie est en grande majorité le produit d'un autre chemin évolutif, celui des végétaux. Or, dans notre jardin d'éponges, on a surtout affaire à des animaux. La plupart d'entre eux (éponges exceptées) possèdent un système nerveux, des fils électriques qui parcourent leur corps. Ces corps se déplacent et éternuent, s'étirent et hésitent. Certains réagissent brusquement lorsque l'on passe devant eux. Les vers serpulidés ressemblent un peu à des touffes de plumes orange fixées au récif, comme bordées d'yeux et qui disparaissent quand on s'approche. Un peu comme si les arbres d'une forêt végétale éternuaient, toussaient, tendaient des mains vers nous et nous suivaient du regard avec des yeux invisibles.

Avec cette lente promenade sous-marine à quelques mètres de la rive, on vient de faire connaissance avec les vestiges et les parents des premières formes d'activité animale. Entendons-nous : il ne s'agit pas de nager dans le passé, puisque l'éponge, l'ascidie et le corail sont des animaux d'aujourd'hui, le fruit de la même période évolutive qui a produit les humains. Nous ne rendons pas visite à nos ancêtres mais bien à des cousins éloignés, de lointains parents tout ce qu'il y a de plus vivant. Dit autrement, le jardin qui nous entoure est constitué des branches supérieures d'un unique arbre généalogique.

Plus loin, tapie sous une corniche dans un enchevêtrement d'antennes et de pinces, on devine une grande crevette nettoyeuse. Son corps en partie transparent ne mesure que quelques centimètres de long, mais ses antennes et autres appendices étendent sa présence au moins trois fois plus loin. C'est le premier animal que je mentionne qui pourrait nous *voir* comme un objet, plutôt que simplement sentir notre toucher, réagir à une altération de la lumière ou à une masse qui s'approche. Un peu plus loin encore, au sommet du récif, un poulpe s'étire comme un chat – un chat qui serait bien camouflé, avec des pattes étendues et d'autres enroulées. Cet animal nous observe lui aussi, plus ouvertement que la crevette, avec une attention telle que sa tête se dresse sur notre passage.

Matière, vie et esprit

En 1857, la frégate *Cyclops*, navire de Sa Majesté, remonte quelque chose des profondeurs de l'Atlantique

Nord. Le prélèvement ressemble à de la boue marine. Placé dans de l'alcool, il est expédié au biologiste T.H. Huxley[1].

L'échantillon n'est pas envoyé à Huxley parce qu'il semble particulièrement inhabituel, mais en raison de l'intérêt que suscitent à l'époque les fonds marins, pour des motifs à la fois scientifiques et pratiques. L'intérêt pratique dérive du projet d'installation de câbles télégraphiques sous-marins : le premier câble permettant un échange de messages est posé entre l'Europe et l'Amérique en 1858, mais tombe en panne au bout de trois semaines du fait de la détérioration de son isolation, ce qui entraîne la dispersion en mer du courant porteur des signaux de communication. Bref, Huxley examine la boue, note la présence de quelques organismes unicellulaires et d'intrigants corps ronds, puis met l'échantillon de côté pendant une dizaine d'années.

Doté d'un meilleur microscope, il reprend alors son observation. Cette fois, il distingue des disques et des sphères d'origine inconnue, ainsi qu'une substance mucilagineuse qui les entoure, une sorte de « matière gélatineuse transparente ». Huxley a l'impression d'avoir découvert un nouveau type d'organisme, d'une forme exceptionnellement simple. Son interprétation, prudente, est que ses parties rigides, c'est-à-dire les disques et les sphères, sont produites par la matière gélatineuse elle-même, qui serait vivante. Huxley nomme le nouvel organisme *Bathybius Haeckelii*, d'après Ernst Haeckel, le biologiste, illustrateur et philosophe allemand.

Haeckel est ravi, tant par la découverte que par l'hommage[2]. Il soutient en effet depuis belle lurette que quelque chose de semblable *doit* exister dans la nature.

Haeckel, comme Huxley, est un fervent partisan de la théorie de l'évolution exposée par Darwin en 1859 dans *L'Origine des espèces*. Tous deux comptent parmi les principaux défenseurs du darwinisme dans leurs pays respectifs, l'Angleterre et l'Allemagne. Mais ils sont également désireux d'approfondir des questions sur lesquelles Darwin n'a pas souhaité s'avancer au-delà de quelques brefs commentaires[3] : l'origine de la vie et le début du processus évolutif. La vie est-elle apparue une seule fois sur Terre, ou plusieurs fois ? Haeckel est convaincu que la génération spontanée de la vie à partir de matériaux inanimés est possible[4], et qu'elle peut advenir indéfiniment. Il décide donc que *Bathybius* constitue une forme de vie fondamentale susceptible de recouvrir les grandes étendues des fonds marins et lui confère un rôle de pont entre le champ du vivant et celui de la matière inorganique inerte.

La conception traditionnelle de l'organisation de la vie, élaborée dès l'Antiquité grecque, ne reconnaît que deux sortes d'êtres vivants : les animaux et les plantes. Tout ce qui est vivant relève de l'un ou de l'autre. Lorsque le botaniste suédois Carl von Linné conçoit au XVIIIe siècle un nouveau système de classification, il place à côté des règnes végétal et animal un troisième règne inanimé : le « royaume des pierres », ou *Lapides*[5]. Une triple distinction qui se retrouve encore aujourd'hui dans la question classique : « Animal, végétal ou minéral ? »

À l'époque de Linné, des organismes microscopiques ont déjà été observés, peut-être pour la première fois dans les années 1670 par le drapier néerlandais Antonie van Leeuwenhoek, qui avait fabriqué le plus puissant des premiers microscopes. De fait, Linné inclut un bon nombre d'organismes minuscules dans sa classification des êtres vivants et les place dans la catégorie des animaux qu'il nomme « vers ». (Il conclut la dixième édition de son *Systema Naturae*, qui inaugure la classification des animaux et des végétaux, avec un groupe qu'il appelle les *Monas* : ceux qui ont « un simple point pour corps ».)

Au fur et à mesure que la biologie progresse commencent à apparaître des cas énigmatiques, surtout à l'échelle microscopique. Les scientifiques tentent de les classer d'un côté ou de l'autre, c'est-à-dire soit avec les végétaux (algues), soit avec les animaux (protozoaires). Mais il est parfois difficile de déterminer à quel règne appartiennent certaines créatures, et le sentiment général est que la classification standard montre ses limites.

En 1860, le naturaliste britannique John Hogg soutient qu'il faut, plutôt que forcer les catégories, créer un quatrième règne pour les petits organismes progressivement reconnus comme unicellulaires, qui ne seraient ni des plantes ni des animaux[6]. Il les baptise *Protoctista* (protoctistes) et les place dans un *Regnum Primigenum* ou « règne primitif », aux côtés des animaux, des végétaux et des minéraux. (Le terme *Protoctista* est ensuite raccourci par Haeckel en *Protista*, plus moderne[7].) Selon Hogg, les frontières entre les différents règnes du vivant sont floues, et seule la démarcation entre le règne minéral et la vie est nettement traçable.

La querelle sur les modalités de classement que je viens d'évoquer concerne le *vivant*, et non l'esprit. Mais vie et esprit ont longtemps été associés d'une manière ou d'une autre, même si la perception de leur relation a varié au cours du temps. Dans la conception aristotélicienne, élaborée il y a plus de deux millénaires, c'est l'*âme* qui unifie le vivant et le mental[8]. Pour Aristote, l'âme existe à différents niveaux ou degrés, qui s'observent chez les plantes et les animaux comme chez l'homme. Le fait que les plantes absorbent des nutriments pour se maintenir en vie montrerait qu'elles possèdent une sorte d'âme. Les animaux font la même chose, mais perçoivent de surcroît les stimuli de leur environnement et y réagissent ; voilà une autre sorte d'âme. En plus de ces deux capacités, les hommes raisonnent, ce qui leur confère une troisième sorte d'âme. Pour Aristote, même le comportement d'objets inanimés dépourvus d'âme poursuit des fins ou des objectifs, en tendant à les ramener à leur lieu naturel.

Le rejet du monde aristotélicien par la « révolution scientifique » du XVIIe siècle entraîne une redéfinition des relations entre la vie et l'esprit. La conception du monde physique se rigidifie avec l'affirmation d'une vision mécanique (action-réaction) de la matière, qui lui refuse toute intention ou finalité. En contrepartie, l'âme est sublimée et dématérialisée. Partie intégrante de tout être vivant chez Aristote, l'âme devient ainsi une affaire intellectuelle, plus rare, qui nous relie à Dieu.

Pour René Descartes, par exemple, il existe une séparation très nette entre le corps et l'esprit[9]. Seuls les humains sont une combinaison des deux ; si nous sommes à la fois des êtres physiques *et* mentaux, c'est parce que ces deux domaines entrent en contact dans un petit point sensible de notre cerveau. C'est le « dualisme » de Descartes. Pour lui, les autres animaux sont privés d'âme, et leur nature est purement mécanique : un chien ne saurait éprouver de sentiments, quoi qu'on lui fasse. L'âme, qui rend les humains spéciaux et les rapproche de Dieu, n'est plus présente chez les animaux et les végétaux, même sous des formes atténuées.

Au XIXe siècle, à l'époque de Darwin, Haeckel et Huxley, les progrès de la biologie et d'autres sciences rendent le dualisme à la Descartes de moins en moins crédible. Les travaux de Darwin esquissent un autre tableau, dans lequel la séparation entre les humains et les autres animaux n'est pas aussi tranchée. Différentes formes de vie ainsi que différents types de capacités mentales peuvent apparaître au cours de processus graduels d'évolution. La cause ? La nécessaire adaptation aux circonstances et les ramifications à l'origine des espèces. Cette thèse suffit à rendre compte à la fois des différents corps et des différentes formes d'esprit, *à condition* de réussir à lancer le processus.

Voilà tout de même un prérequis de taille. Haeckel, Huxley et d'autres abordent cette partie du problème de la manière suivante : pour eux, c'est une *substance* présente dans tous les êtres vivants qui rend possible à la fois la vie et les débuts d'un état mental. Cette substance est de nature physique et non surnaturelle, mais elle est également en tout point différente de la matière ordinaire. S'il était possible de l'isoler, on pourrait en prendre une cuillérée, et ce qui resterait dans la cuillère serait toujours constitué de cette substance spéciale. Ils la dénomment *protoplasme*[10].

Cette approche peut sembler étrange, mais elle est en partie motivée par l'examen minutieux de cellules et d'organismes simples. Lorsque les scientifiques de l'époque observent l'intérieur des cellules, ils estiment en effet qu'elles ne présentent pas l'organisation nécessaire (elles ne sont pas composées de suffisamment de parties différentes les unes des autres) pour leur permettre d'accomplir ce qu'elles sont manifestement capables de faire[11]. Ce qu'ils ont sous les yeux ne leur apparaît que comme une *substance*, transparente et molle. Dans un écrit de 1862, le physiologiste anglais William Benjamin Carpenter s'émerveille néanmoins de ce que peuvent accomplir les organismes unicellulaires : les « opérations vitales » que l'on voit « menées par un appareil élaboré » chez un animal sont réalisées par « une petite particule gélatineuse apparemment homogène ». Cette minuscule particule de gelée « s'empare de sa nourriture sans membres, l'avale sans bouche, la digère sans estomac » et « se déplace sans muscles ». Ces observations conduisent Huxley et d'autres à penser que ce n'est pas tant l'organisation complexe de la matière ordinaire qui explique l'activité du vivant qu'un ingrédient différent et intrinsèquement vivant : « La vie n'est pas le résultat de l'organisation, c'est l'organisation qui est le résultat de la vie. »

Dans ce contexte, *Bathybius* semble extraordinairement prometteur. Il pourrait s'agir d'un pur échantillon de matière vivante, cette matière qui apparaît peut-être spontanément au fond des mers, où elle forme un tapis organique sans cesse renouvelé. D'autres échantillons sont bientôt examinés ; le *Bathybius* obtenu dans le golfe de Gascogne est par exemple décrit comme étant capable de se déplacer. Certains biologistes ne sont toutefois pas convaincus par cette forme de vie prétendument primordiale et par les spéculations croissantes qui l'entourent. Comment *Bathybius* survit-il dans les profondeurs ? De quoi se nourrit-il ?

C'est alors qu'est lancée l'expédition *Challenger*, un projet de quatre ans mené par la Royal Society of London dans les années 1870[12]. L'opération vise à prélever des échantillons en eaux profondes dans des centaines de sites du monde entier afin de dresser le premier inventaire complet de la vie en eaux profondes. Le scientifique en chef de l'expédition, Charles Wyville Thomson, est prêt à travailler sur *Bathybius* tout en se montrant très circonspect. Aucun nouvel échantillon n'est cependant remonté par le *Challenger.* Deux scientifiques embarqués à bord du navire commencent à soupçonner que *Bathybius* n'est pas un être vivant. Grâce à une série d'expériences, ils démontrent que *Bathybius* n'est que le produit d'une réaction chimique entre l'eau de mer et l'alcool utilisé pour conserver les échantillons, y compris dans le cas de l'ancien échantillon de Huxley remonté par le H.M.S. *Cyclops.*

Bathybius est mort. Huxley reconnaît immédiatement son erreur, mais Haeckel tient à son chaînon manquant. Il aura beau s'accrocher à *Bathybius* pendant encore près de dix ans, il sera forcé de reconnaître que sa tentative d'établir un pont entre la matière inorganique et la vie organique a échoué[13].

Les spéculations autour d'un pont du même type, une substance spéciale qui relierait la vie à la matière, perdurent encore quelques années. Mais cette hypothèse est peu à peu abandonnée pour laisser place à un lent processus de découverte qui finit par rendre l'activité vitale moins mystérieuse. L'explication de la vie qui découle de ces travaux procède pour finir exactement de ce que Huxley et Haeckel ne pouvaient accepter : l'organisation cachée d'une matière ordinaire.

Comme nous le verrons, cette matière n'est pas tout à fait « ordinaire », mais elle l'est dans sa composition de base. Les systèmes vivants sont constitués des mêmes éléments chimiques qui composent le reste de l'univers et fonctionnent selon des principes physiques qui s'étendent également au monde inanimé. Nous ne savons toujours pas avec certitude comment la vie est apparue, mais son origine n'est plus un mystère tel que l'on puisse encore penser qu'une substance spéciale engendre le monde vivant.

C'est le triomphe d'une vision *matérialiste* de la vie, qui n'autorise aucune intrusion surnaturelle et considère le monde physique comme unifié dans ses constituants de base. L'activité du vivant ne trouve pas son explication dans quelque ingrédient mystérieux, mais dans une structure complexe réduite à une échelle minuscule, presque inconcevable. Pour n'en donner qu'un exemple, les *ribosomes* sont des composantes importantes des cellules et présentent une structure assez complexe, qui leur est propre. Or plus de cent millions de ribosomes peuvent tenir dans le point imprimé à la fin de cette phrase[14].

Si la question du vivant est donc plus ou moins réglée, c'est loin d'être le cas de celle de l'esprit.

Le « fossé explicatif »

À partir de la fin du XIXe siècle, au fur et à mesure que la révolution de Darwin s'affermit, il devient plus difficile de persister dans une vision dualiste de l'esprit de type cartésien. Le dualisme a en effet un sens au sein d'une vision globale, qui confère à l'homme une place unique et spéciale dans la nature, et le considère proche de Dieu d'une façon ou d'une autre. Peu importe que tout le reste, vivant ou inerte, soit seulement matière, tant que l'humain possède l'ingrédient supplémentaire. Or la perspective évolutionniste de l'humanité, qui établit des continuités entre nous et les autres animaux, rend le dualisme plus difficile à défendre sans toutefois l'invalider entièrement. Elle incite par conséquent à développer une théorie matérialiste de l'esprit qui explique la pensée, l'expérience et les sensations en termes de processus physiques et chimiques. Le fait que le vivant se soit plié à un traitement matérialiste de ce type est encourageant, sans que l'on sache exactement quelle conclusion en tirer ; en effet, le rapport entre le succès du matérialisme en biologie et les énigmes posées par les phénomènes mentaux n'est pas évident.

D'un point de vue historique, on peut distinguer deux courants distincts qui se prolongent jusqu'à nos jours. Aristote, ainsi que nous l'avons vu, identifie plusieurs degrés d'âme différents qui nous relient aux animaux et aux végétaux. Il considère ce que nous appelons « esprit » comme une extension naturelle ou une version possible de l'activité du vivant. La vision d'Aristote n'est pas évolutionniste, mais elle peut facilement être reformulée pour s'insérer dans cette optique : l'évolution de la vie complexe donne naturellement naissance aux phénomènes mentaux, grâce au développement de l'action délibérée et de la détection de l'environnement.

Descartes, en revanche, conçoit la vie et l'esprit comme deux choses bien distinctes. Selon ce second point de vue, il n'y a aucune raison de penser que les progrès réalisés dans la compréhension de la vie permettent de faire avancer les questions liées à l'esprit.

Au cours du siècle dernier, la plupart des idées avancées dans ce domaine relèvent du matérialisme, mais sur un point au moins elles se rapprochent de Descartes. À partir du milieu du XXe siècle, les théoriciens cessent en effet de voir des liens étroits entre la nature de la vie et celle de l'esprit. Cette évolution est encouragée par le développement des ordinateurs. L'essor fulgurant de la technologie informatique à partir du milieu du siècle dernier promet d'établir un pont différent entre le mental et le physique, fait de logique plutôt que de vie. La nouvelle mécanisation du raisonnement et de la mémoire – la « computation », ou calcul effectué par ordinateur – apparaît comme la voie d'avenir. À la fin du XXe siècle, les systèmes d'intelligence artificielle (IA) progressent, et certains d'entre eux commencent à sembler vaguement *intelligents*, sans qu'on puisse les considérer pour autant comme *vivants*. Dans cette optique, les corps des animaux n'auraient que peu d'importance et pourraient même s'avérer complètement optionnels. C'est le logiciel qui compte : le cerveau exécute un programme qui fonctionnerait également sur d'autres machines (ou sur d'autres choses que des machines).

Durant ces années, le problème du mental et du physique se précise, et le casse-tête de l'« esprit » envisagé dans son ensemble laisse la place à une énigme plus spécifique. Selon cette nouvelle conception, une partie de l'esprit peut facilement s'expliquer en termes matérialistes, tandis qu'un autre aspect résiste davantage à l'interprétation : celui de l'expérience subjective, ou de la conscience.

Prenons l'exemple de la mémoire. Il est probable que différentes sortes d'animaux aient une mémoire ; ils créent des traces du passé dans leur cerveau et utilisent ces traces plus tard, pour décider du meilleur comportement à tenir. Il n'est pas très compliqué d'imaginer comment le cerveau effectue cette opération. Le problème n'est pas encore résolu, mais il semble tout à fait possible d'en venir à bout ; nous réussirons probablement à comprendre comment fonctionne cet aspect de la mémoire. Mais certains souvenirs provoquent aussi une *sensation*, chez les humains du moins. Ainsi que l'a formulé Thomas Nagel en 1974, avoir un esprit provoque un *certain effet*, quelque chose *que l'on ressent*[15]. Lorsque l'on se remémore une bonne ou une mauvaise expérience, on éprouve une certaine sensation. Le côté « traitement de l'information » de la mémoire, notre capacité de stocker et de récupérer des informations utiles, s'accompagne ou non de cette caractéristique supplémentaire. La partie la plus difficile du problème corps-esprit est d'élucider ce dernier aspect de notre vie mentale, d'expliquer en termes biologiques, physiques ou informatiques comment une expérience ressentie peut exister dans le monde.

Ce problème est encore souvent abordé à travers une série d'options classiques. Le principal clivage oppose le camp des matérialistes (ou « physicalistes ») et celui des dualistes. Des approches plus radicales existent également : le *panpsychisme*, par exemple, soutient que toute matière, y compris celle des objets, comme une table, possède un aspect mental[16]. Cette thèse se distingue de l'*idéalisme*, qui veut que l'univers entier soit fait d'expériences. Le panpsychisme accepte la disposition physique du monde telle qu'elle apparaît, mais ajoute que la matière qui compose ce monde possède toujours une composante quelque peu mentale. Cette facette mentale de la matière donne naissance à l'expérience et à la conscience, une fois qu'une partie de cette matière est organisée en cerveau. Malgré son apparente extravagance, le panpsychisme a des défenseurs dignes d'attention. Thomas Nagel, que j'ai mentionné plus haut, soutient que le panpsychisme devrait être considéré comme une hypothèse de travail sérieuse, car toutes les théories en présence présentent d'épineux problèmes, et ceux posés par le panpsychisme ne sont pas pires que d'autres. Ernst Haeckel, dans ses années post-*Bathybius*, a également été attiré par le panpsychisme. Huxley, quant à lui, penchait pour une autre approche, peu orthodoxe : il avançait que l'expérience consciente serait un *effet* des processus matériels, mais jamais leur *cause*[17]. Il s'agit d'une forme inhabituelle de dualisme, qui possède encore des partisans aujourd'hui.

Ce qui est frappant dans cette présentation sommaire de ces différentes visions de l'univers et qui est également perceptible au cours de discussions plus terre à terre, c'est l'impressionnante variété des suppositions au sujet des espaces susceptibles d'abriter une forme d'esprit. Pour certains, l'esprit est partout, ou presque. Pour d'autres, il est l'apanage des seuls humains et peut-être de quelques animaux proches de nous. Face à un organisme unicellulaire, disons une paramécie qui nage vigoureusement à la surface d'un étang, quelqu'un peut dire : « Ce qui se passe dans cette créature est suffisant pour qu'elle ait des sensations. » Une paramécie est réactive et a des objectifs. À son échelle réduite, elle expérimente quelque chose.

Quelqu'un d'autre ignorera peut-être la paramécie, mais, face à un animal complexe comme un poisson, cette personne pourra affirmer : « Cet animal ne ressent sûrement rien. » Le poisson présente beaucoup de réflexes et d'instincts ainsi qu'une activité cérébrale assez complexe, mais toute cette activité se déroule « dans le noir ». Si cette seconde personne se trompe, pourquoi se trompe-t-elle ? Si le panpsychisme est également dans l'erreur et qu'il n'y a pas la moindre sensation dans un grain de sable, en quoi se trompe-t-il ? Est-il *possible* que les choses en aillent ainsi ? Il y a beaucoup d'arbitraire dans cette situation : chacun peut affirmer ce qu'il veut. Si je devais deviner quelle est actuellement la position majoritaire, je dirais qu'à la question « Quels êtres vivants sont susceptibles d'éprouver des expériences ? », la plupart des gens répondent « oui » pour les mammifères et les oiseaux, « peut-être » pour les poissons et les reptiles, et « non » pour tout le reste. Mais, si l'on essaie d'étendre le champ de l'enquête (qu'en est-il par exemple des fourmis, des plantes ou des paramécies ?) ou de la restreindre (en ne considérant que les mammifères), la discussion part rapidement dans tous les sens. Comment pouvons-nous déterminer qui a raison ?

Ce sentiment d'arbitraire est lié à ce que le philosophe Joseph Levine appelle un « fossé explicatif » (*explanatory gap*)[18]. Même si nous sommes maintenant pratiquement sûrs, sans qu'il soit nécessaire de faire intervenir d'autres éléments explicatifs, que l'esprit doit avoir une base purement physique, nous voudrions tout de même savoir pourquoi *cette* configuration physique précise donne lieu à *ce type* d'expérience plutôt qu'à autre chose. Pourquoi le fait de posséder un cerveau d'un certain type, qui passe par certains processus à un moment donné, s'accompagne-t-il d'un *effet particulier* ? Même si les obstacles auxquels se heurtent d'autres théories nous amènent à penser que le matérialisme doit être la bonne solution, il est difficile de comprendre *pourquoi* il l'est, et comment les choses pourraient effectivement en aller ainsi.

C'est ce faisceau de problèmes que je désire aborder dans ce livre. L'objectif n'est pas de répondre aux questions de Levine sur des expériences particulières, comme de déterminer quelles activités du cerveau sont impliquées dans la perception des couleurs ou d'élucider la sensation de douleur. Cette tâche incombe aux neurosciences. Il s'agit plutôt de comprendre pourquoi le fait d'être un être matériel tel que nous le sommes procure une certaine sensation. Ce « nous » se veut assez large : je ne cible pas spécifiquement les subtilités de la conscience humaine, mais l'expérience en général, quelque chose qui pourrait s'étendre à de nombreux autres animaux. Je désire aborder ces questions sur l'expérience en réduisant le sentiment d'arbitraire que j'ai décrit plus haut et qui conduit à dire « oui » aux bactéries et « non » aux oiseaux, selon l'humeur du moment.

J'affronterai la question corps-esprit avec une approche biologique inscrite dans une conception matérialiste du monde. Pour beaucoup, le mot « matérialisme » évoque une vision rigide et réductrice : le monde est plus petit que vous ne le pensiez, moins spécial ou moins sacré, c'est une somme d'atomes qui se heurtent les uns aux autres. La collision des atomes a en effet une grande importance, mais l'histoire n'est pas pour autant aussi sèche et étriquée. Le monde « physique » ou « matériel » ne se limite pas à de mornes collisions ou à des structures rébarbatives. C'est un monde d'énergie, de champs et d'influences cachées. Les surprises qu'il nous réserve n'ont pas fini de nous émerveiller.

L'approche adoptée dans ce livre est celle d'un matérialisme biologique, mais à bien des égards le cœur de mon raisonnement s'ouvre sur une perspective plus large, parfois appelée *monisme*, qui défend l'existence d'une unité sous-jacente dans la nature au niveau le plus fondamental[19]. Le matérialisme est une sorte de monisme, car il est attaché à l'idée selon laquelle les phénomènes mentaux, y compris l'expérience subjective, sont des manifestations d'activités plus fondamentales décrites par la biologie, la chimie et la physique. L'*idéalisme*, pour qui tout est mental, est un autre type de monisme, dans lequel l'unicité prend une autre forme. (Un idéaliste doit expliquer comment ce qui se présente sous la forme d'objets physiques et d'événements correspond en réalité à des phénomènes mentaux.) Une autre façon encore d'être moniste consiste à penser que ce que nous nommons le « physique » et le « mental » sont tous deux des manifestations de quelque chose de plus fondamental ; cette vision est appelée *monisme neutre*. Plutôt que d'expliquer le mental en termes physiques ou d'expliquer le physique en termes mentaux, nous expliquons le physique et le mental dans les termes de quelque chose d'autre. Ce « quelque chose d'autre » a toutefois tendance à rester assez mystérieux. Si je n'étais pas matérialiste, je serais un moniste neutre, mais il est peu probable que je change de camp[20]. La façon dont je vais procéder consiste à essayer de montrer, en partant de la vie (entendue d'un point de vue matérialiste), comment le développement des systèmes vivants est à même de donner naissance à différentes formes d'esprit. Mon ambition est de combler, au moins en partie, le « fossé explicatif » entre le mental et le physique.

Avant de poursuivre, examinons de plus près le côté mental de notre puzzle et les mots que nous employons pour le décrire. On se réfère souvent à la partie de l'esprit que Nagel a essayé de mettre en évidence avec sa question « Quel effet cela fait-il d'être… » en utilisant le terme de *conscience* (c'est d'ailleurs celui privilégié par Nagel.) Selon cette acception, vous êtes conscient si le fait d'exister provoque en vous une certaine sensation. Or le terme de conscience est trompeur, car il évoque quelque chose de très sophistiqué. L'expression « Quel effet cela fait-il » englobe des sensations très variées : cette sensation d'être soi-même, ou un poisson, ou un papillon de nuit, existe même s'il ne s'agit que d'un vague et faible frémissement en nous. Le fait que le mot « conscience » suggère bien plus que cela porte à confusion.

Les neuroscientifiques, par exemple, disent souvent que la conscience dépend du cortex cérébral, cette partie repliée au sommet de notre cerveau, qui n'existe que chez les mammifères et certains autres vertébrés. Le médecin et essayiste Oliver Sacks pose la question suivante, en évoquant un patient devenu complètement incapable de mémoriser de nouveaux événements à la suite d'une infection cérébrale : « Quelle est la relation entre les schémas d'action et les mémoires procédurales (qui sont associées à des parties relativement primitives du système nerveux) d'une part, et la conscience et la sensibilité (qui dépendent du cortex cérébral) d'autre part[21] ? » Sacks pose ici une question, mais il énonce également une hypothèse : la conscience et la sensibilité dépendraient du cortex cérébral. Veut-il dire par là que, si un être vivant, humain ou animal, n'a pas de cortex cérébral, il est alors privé de conscience mais est tout de même susceptible d'éprouver quelques sensations, avec la plénitude de l'être qui se perçoit lui-même ? Ou bien pense-t-il que, sans cortex, les lumières sont complètement éteintes et qu'un tel être ne saurait connaître aucune sorte d'expérience, même s'il mène à bien certains comportements ? La plupart des animaux en général et la majorité des animaux présentés dans ce livre sont dénués de cortex cérébral. Vivent-ils une expérience différente de la nôtre ou n'expérimentent-ils rien du tout ?

Certains considèrent que, sans cortex, il ne peut y avoir d'expérience. Peut-être finirons-nous tous par adopter une telle vision, mais j'en doute[22]. Nous devons rester vigilants pour éviter de ramener toutes les formes d'expérience existantes à l'expérience humaine. Lorsque le mot « conscience » est mobilisé pour décrire le concept très vaste d'*expérience ressentie*, il est facile de s'égarer. Mais de nombreuses personnes emploient maintenant le mot « conscience », ou l'une de ses variantes (la « conscience phénoménale ») dans cette acception très large. Quant à moi, je ne me montrerai pas excessivement tatillon sur les mots, car aucune terminologie n'est parfaite.

D'une certaine manière, *sentience* me semble un bon terme pour désigner un concept plus large. Nous pouvons nous demander quels animaux sont sentients, et c'est (ou cela pourrait être) une question différente de « quels animaux sont conscients ? ». Toutefois, le terme « sentience » est souvent préféré pour des *types* particuliers d'expériences, comme le plaisir et la douleur, ainsi que pour des expériences connexes qui impliquent une évaluation, bonne ou mauvaise. Ces expériences sont sans nul doute importantes, et il est logique de penser qu'elles ne peuvent exister en l'absence de formes de conscience sophistiquées. Mais ce ne sont sans doute pas les seuls types d'expériences simples ou fondamentales. Dans un prochain chapitre, j'examinerai la possibilité que les aspects sensoriels et évaluatifs de l'expérience soient sensiblement distincts : enregistrer ce qui est en train de se passer pourrait être un processus différent de l'évaluation de ce qui est bon ou mauvais. Le terme « sentience » ne recouvre généralement pas l'aspect sensoriel de cette distinction.

Un autre terme difficile à manier est celui d'« expérience subjective ». Il semble redondant (l'expérience peut-elle être autre que subjective ?) et ne s'accompagne pas d'un adjectif facile d'usage, comme *conscient* et *sentient*. Mais l'« expérience subjective » met le doigt sur quelque chose d'intéressant, en soulignant l'existence d'un *sujet.* D'une certaine manière, ce livre traite de l'évolution de la subjectivité : de quoi s'agit-il, et comment est-elle apparue. Les sujets abritent l'expérience, ils constituent l'espace, le lieu où elle prend vie.

Parfois, je parlerai aussi uniquement de l'*esprit,* car je pense que c'est ce sur quoi cette histoire nous instruit en définitive : l'évolution de l'esprit et sa place dans le monde. Je passerai d'une terminologie à l'autre sans établir de correspondances rigides. Notre compréhension actuelle est insuffisante pour nous fixer sur un terme ou un autre.

Le projet que j'essaie de mener peut donc être décrit de différentes manières. Il s'agit indéniablement d'une tâche difficile, quel que soit l'angle sous lequel on l'envisage. Mon but est de montrer qu'un univers de processus, qui ne sont pas en eux-mêmes mentaux ou conscients, est capable de s'organiser de façon à faire émerger une expérience ressentie. Que d'une manière ou d'une autre, une partie de l'activité souvent non mentale du monde s'est rassemblée sur elle-même pour créer une forme d'esprit.

Le dualisme, le panpsychisme ainsi que d'autres théories considèrent que cela ne saurait advenir : il est impossible de « fabriquer » un esprit (du moins pas entièrement) en partant de quelque chose de nature *différente*, d'ingrédients entièrement non mentaux. L'esprit doit être présent en toute chose, ou alors il faut l'ajouter « à la fin » ; non pas de façon littérale, mais l'ajouter à un système physique qui serait en principe complet sans lui. Je pense au contraire qu'il est *possible,* que l'évolution *peut* donner naissance à l'esprit à partir de quelque chose d'autre. En agençant d'une certaine manière des choses qui ne sont pas en elles-mêmes mentales, une forme d'esprit est susceptible d'apparaître. Ces différentes formes d'esprit sont des produits de l'évolution, qui dérivent de l'organisation d'ingrédients non mentaux présents dans la nature. Cette venue à l'existence est le sujet même de ce livre.

Je viens d'écrire que l'esprit est un *produit* de l'évolution et quelque chose de « *fabriqué* », mais je tiens à dissiper immédiatement une erreur d'interprétation commune. Une vision matérialiste ne prétend pas que l'esprit est un *effet* des processus physiques dans notre cerveau, une conséquence ou un produit de ceux-ci (ce qui semble être la position de Huxley). L'idée, au contraire, est que les expériences et autres événements mentaux sont des processus biologiques, et donc physiques, d'un certain type. Nos esprits sont constitués par des agencements et des activités de matière et d'énergie. Ces agencements sont les produits de l'évolution ; ils ont lentement émergé. Mais, une fois mis en place, ils ne sont pas la *cause* de l'esprit, ils *sont* l'esprit. Les processus cérébraux n'engendrent pas des pensées et des expériences : ils sont eux-mêmes pensées et expériences.

C'est le projet du matérialisme biologique tel que je le conçois, qui doit démontrer qu'une telle position est sensée et constitue, très probablement, la réalité des choses. Le but de ce livre est d'avancer aussi loin que possible dans cette voie. Je ne pense pas que la solution du problème puisse être révélée d'un seul coup de plume, à la manière d'un prestidigitateur qui extirpe un lapin de son chapeau.

Le processus sera plutôt cumulatif. Au fur et à mesure de mon exposé, je développerai une vision concrète, une esquisse de solution qui combine grossièrement trois éléments dans un tableau d'ensemble qui me semble cohérent. Mais toutes les questions ne trouveront pas de réponse, et de nombreuses énigmes subsisteront. Mes suppositions quant à la façon dont se dérouleront les choses sont exprimées de façon très percutante par une citation du mathématicien Alexandre Grothendieck :

> La mer s'avance insensiblement et sans bruit, rien ne semble se passer, rien ne bouge, l'eau est si loin, on l'entend à peine... Pourtant, elle finit par entourer la substance rétive, celle-ci peu à peu devient une presqu'île, puis une île, puis un îlot, qui finit par être submergé à son tour, comme s'il s'était finalement dissous dans l'océan s'étendant à perte de vue[23].

Grothendieck travaillait sur des questions très abstraites, même pour les standards des mathématiques pures. La citation décrit sa façon d'aborder les problèmes dans son domaine. Si une énigme résiste aux approches habituelles, notre réponse devrait être d'accumuler des connaissances *autour* de cette énigme de sorte que, chemin faisant, elle se transforme et finisse par disparaître. La situation se redessine alors et devient finalement compréhensible. L'image que Grothendieck exploite pour décrire ce processus est celle de l'immersion d'un objet, d'une masse, dans l'eau.

J'ai cette image en tête depuis longtemps déjà. Je ne pense pas, comme certains philosophes, que les énigmes dans mon domaine d'étude soient de simples illusions qu'il est possible de surmonter en nous exprimant d'une manière légèrement différente. Nous devons apprendre de nouvelles choses. À mesure que nos connaissances s'étendent, le problème change de forme et finit par trouver une solution.

L'image de Grothendieck m'a semblé si pertinente que je l'ai longtemps placée en ouverture de cet ouvrage. Mais elle possède aujourd'hui de nouvelles connotations, alors que la fonte des glaces polaires sur une Terre qui se réchauffe rapidement entraîne la perte de précieuses îles du Pacifique. Compte tenu de ces nouvelles associations d'idées, il ne m'a pas paru opportun d'introduire ce livre avec les mots de Grothendieck, mais sa métaphore guide toujours ma réflexion, et le fonctionnement de ce livre répond à l'approche qu'elle décrit[24]. *L'Odyssée de la conscience* aborde les énigmes de l'esprit et du corps en explorant la nature de la vie, l'histoire des animaux et les différentes façons d'être un animal que nous observons tout autour de nous aujourd'hui. En explorant la vie animale, nous construisons un savoir autour du problème qui permet petit à petit de le transformer et de le résoudre.

Cet ouvrage poursuit le projet entamé avec *Le Prince des profondeurs*. Ce premier livre était une exploration de l'évolution et de l'esprit inspirée par un groupe particulier d'animaux : les céphalopodes, le groupe qui comprend le poulpe. Il s'ouvre sur des rencontres avec ces animaux dans leur milieu naturel, lors de sorties sous-marines. Avoir la chance de pouvoir les observer dans leur complexité protéiforme aux couleurs changeantes m'a donné envie de comprendre ce qui se passe à l'intérieur d'eux. Cet objectif m'a ensuite conduit à retracer leur chemin évolutif, un chemin qui nous amène à un événement pivot dans l'histoire des animaux, une bifurcation ancienne de l'arbre de vie. Cet embranchement, situé il y a plus d'un demi-milliard d'années, aboutit d'un côté au poulpe (entre autres), et de l'autre aux humains.

Certaines idées sur l'esprit, le corps et l'expérience étaient déjà esquissées dans mon précédent ouvrage, suggérées par les animaux que je suivais. Je les développe ici et les pousse un peu plus loin. Ce développement est le résultat d'un examen plus approfondi de l'aspect philosophique, de l'exploration d'autres branches de l'arbre de vie et des heures passées dans l'eau avec un plus grand nombre de nos parents animaux. Alors que *Le Prince des profondeurs* revenait sans cesse aux poulpes, ce livre évoque de nombreuses espèces animales, certaines plus éloignées et d'autres plus proches de nous sur l'arbre de l'évolution. Pour certains de ces animaux, je suis un être qu'ils peuvent eux aussi observer et rencontrer ; pour d'autres, une présence à peine plus tangible qu'un rêve. Vers la fin du livre, nous nous intéresserons à des parents plus proches, qui possèdent des corps et des esprits plus similaires aux nôtres. Mais mon récit historique est surtout axé sur les étapes antérieures de l'évolution, car son but est de donner un sens à la façon dont l'expérience est apparue sur Terre, d'abord dans les eaux, puis sur la terre ferme.

Voilà donc le parcours de ce livre. Nous cheminerons, ou mieux, nous nagerons, ramperons, nous propulserons à travers l'histoire de la vie animale dès ses débuts, avec pour guides diverses créatures d'aujourd'hui. Nous apprendrons de chacun de ces animaux, de leurs corps, de leurs sens, de leurs agissements, de leur façon d'être au monde. Avec leur aide, nous essaierons de discerner non seulement l'histoire, mais aussi les différentes formes de subjectivité qui nous entourent aujourd'hui. Mon objectif n'est pas encyclopédique et ne tente pas de couvrir toutes les variétés d'animaux. Je me suis concentré sur ceux qui marquent des transitions dans l'évolution de l'esprit et plus particulièrement sur les étapes qui ont permis son apparition. La plupart de ces animaux sont des animaux marins. Descendons donc les marches qui mènent au royaume de Neptune.

Chapitre 2

Les éponges de verre

Les tours

Les jardins d'éponges commencent souvent non loin de la rive, là où la lumière du soleil traverse encore facilement l'eau peu profonde, en particulier si les courants sont nombreux[1]. À mesure que la luminosité décline, un paysage composé de corps animaux immobiles s'offre à nous. Leur forme fait penser à des tasses, à des bulbes, à des calices ou encore à des arbres ramifiés. Parfois, on a l'impression que de grandes mains couvertes d'épaisses mitaines sortent du fond de la mer, comme si quelque chose d'énorme essayait d'atteindre la surface avec des membres souples et à moitié formés.

Laissons cette zone peu profonde et projetons-nous au-delà, dans une mer beaucoup plus froide : tout est sombre, et seules de fines particules en provenance de la surface chutent lentement vers le fond. À environ mille mètres sous la surface, des tours pâles et cylindriques d'environ trente centimètres de haut, ancrées au sol et ouvertes en leur extrémité supérieure, se serrent les unes aux autres en petits groupes. Leur surface extérieure, molle, est enserrée dans un treillis de minuscules parties dures en forme d'étoiles, de pointes ou de fins croisillons, dont les angles s'inclinent pour former cette structure cylindrique. Les tours sont amarrées au fond de la mer par de minuscules ancres qui, de même que le treillis, sont faites de dioxyde de silicium, le principal constituant du verre.

Que son habitat soit un récif tempéré ou le paysage lunaire des profondeurs de l'océan, une éponge semble morte et inerte, mais cette impression se dissipe dès que vous la regardez de plus près. Son corps n'a de cesse d'aspirer l'eau et de la faire circuler, comme une pompe silencieuse. Ce faisant, l'éponge détecte et réagit. Notre tour des profondeurs, l'éponge de verre, possède même une structure capable de capter et de diffuser la lumière, un peu comme une ampoule électrique qui s'allumerait au fond de la mer (« clic ! »).

Tempêtes cellulaires

L'esprit a évolué dans un cadre qui est celui de la vie elle-même : pas la vie dans son ensemble, ni l'ADN et son fonctionnement, mais un autre cadre encore. Au commencement, il y a la cellule.

La vie primitive, avant l'apparition des animaux et des végétaux, est unicellulaire. Les animaux et les plantes sont d'énormes assemblages de cellules. Même avant que se constituent ces assemblages, les cellules n'étaient sans doute pas totalement solitaires : elles vivaient souvent en colonies ou en amas. Quoi qu'il en soit, chaque cellule constitue déjà un tout petit être à part entière, délimité par sa membrane. Celle-ci comporte toutefois des canaux et des orifices, et des échanges continus ont lieu entre l'extérieur et l'intérieur de la cellule, qui fourmille d'activité.

Une cellule est composée de matière, c'est-à-dire d'un ensemble de molécules. Je ne sais pas exactement ce qui vous vient à l'esprit quand vous lisez le mot *matière*, mais celui-ci évoque souvent quelque chose d'inerte et de lourd, ou bien des objets pesants qui doivent être mis en mouvement. Cette image de la matière est induite par la façon dont les choses fonctionnent sur la terre ferme à l'échelle d'objets de taille moyenne, comme des tables ou des chaises. Il faut toutefois changer de perspective lorsque nous pensons à la matière d'une cellule.

À l'intérieur d'une cellule, les événements se produisent dans un milieu *liquide* et à l'échelle *nanométrique*, qui mesure les objets en millionièmes de millimètres[2]. Dans cet environnement, la matière se comporte différemment que dans notre monde terrestre, sec et de taille moyenne. À cette échelle, l'activité se produit spontanément, sans qu'il soit nécessaire de la *provoquer*. Pour reprendre une expression du biophysicien Peter Hoffman, toute cellule est une « tempête moléculaire », un tourbillon incessant de collisions, d'attractions et de répulsions.

Représentons-nous la cellule comme un système complexe, composé de dispositifs ayant des tâches précises à accomplir malgré le bombardement continu des molécules d'eau. En effet, à l'intérieur de la cellule, une molécule d'eau en mouvement rapide entre en collision avec un objet tous les *dix trillionièmes de seconde*. Oui, vous avez bien lu, ce n'est pas une faute de frappe : il est pratiquement impossible d'envisager de manière intuitive l'échelle des événements dans une cellule. Or ces collisions ne sont pas insignifiantes ; chacune d'entre elles est dotée d'une force qui dépasse celles des dispositifs eux-mêmes. La seule chose que les systèmes à l'intérieur d'une cellule peuvent faire, c'est d'orienter les événements dans une direction plutôt qu'une autre, apportant ainsi une certaine cohérence à la tempête.

Le milieu aquatique joue un rôle important dans l'entretien de cette tempête. À la même échelle spatiale mais dans un milieu sec, de nombreux objets s'entasseraient les uns sur les autres et finiraient par former un amas ; dans l'eau, ils sont au contraire maintenus en mouvement, ce qui fait de la cellule le royaume de l'activité autogénérée. Nous considérons souvent la « matière » comme inactive et inerte, ai-je écrit plus haut. Le problème auquel les cellules doivent faire face n'est pourtant pas de faire advenir les choses, mais plutôt de créer un ordre, d'instituer une certaine organisation dans le flux spontané des événements. L'obstacle rencontré par la cellule n'est pas l'inertie – « l'absence de vie » – mais l'agitation continuelle, l'incohérence, l'anarchie. La matière, dans de telles conditions, ne reste pas immobile ; au contraire, elle risque d'en faire trop. Le vrai défi est de faire émerger l'organisation du chaos.

Presque toutes les associations qui nous viennent habituellement à l'esprit lorsque nous évoquons la matière sont trompeuses lorsque nous considérons la vie et la façon dont elle a pu apparaître. Si elle avait dû évoluer sur la terre ferme à partir d'éléments de la taille d'une table et d'une chaise, rien ne se serait passé. Heureusement, les choses en sont allées autrement : la vie a évolué dans l'eau, peut-être dans de minces films d'eau étirés sur une surface émergée mais dans l'eau tout de même, grâce à l'avènement d'un ordre dans la tempête moléculaire.

L'origine de la vie remonte assez loin dans l'histoire de la Terre[3]. On le situe il y a environ 3,8 milliards d'années, sur une planète qui a maintenant environ 4,5 milliards d'années. La vie ne s'est peut-être pas tout de suite présentée sous la forme d'une cellule, mais d'une façon ou d'une autre un ensemble particulier de processus chimiques a fini par être contenu pour éviter d'être dilué et emporté. À un certain moment, les cellules sont apparues, probablement poreuses et éphémères au début, avant de devenir quelque chose comme une bactérie, c'est-à-dire des cellules qui se reproduisent et dont l'organisation interne est stable.

À partir du moment où les cellules ont acquis la faculté de se maintenir durablement, en transformant les matériaux, en impartissant un ordre, en opposant la méthode à la folie, elles sont parvenues à un résultat crucial : le contrôle de la charge électrique.

La charge apprivoisée[4]

La maîtrise de la charge électrique est un événement pivot dans l'histoire humaine contemporaine. L'électricité, cette force mystérieuse et souvent dangereuse, en particulier lorsqu'elle prend la forme de la foudre, est devenue au XIXe siècle un élément des technologies qui ont modelé le monde moderne. Si vous parcourez cet ouvrage à la lumière artificielle ou sur votre ordinateur, votre lecture dépend de l'électricité. Mais cette avancée modernisatrice avait été précédée par une autre, des milliards d'années auparavant. La charge électrique a en effet été domestiquée une première fois, lors des premières étapes de l'évolution de la vie. Dans les cellules et les organismes, une grande partie des événements adviennent par le biais de l'électricité. Celle-ci se trouve notamment à la base de l'activité cérébrale, puisque notre cerveau est un système électrique.

Qu'est-ce que l'électricité ? Même les physiciens ont du mal à répondre à cette question. La charge électrique est une caractéristique fondamentale de la matière. Elle peut être positive ou négative. Les objets ayant des charges du même signe se repoussent, ceux dont les charges sont de signes opposés s'attirent. La matière des objets ordinaires est un mélange des deux. Tout atome est une combinaison de particules plus petites, dont certaines sont positives (les protons), d'autres négatives (les électrons) et d'autres encore sans charge (les neutrons). En général, un atome contient le même nombre d'électrons que de protons, de sorte que l'atome lui-même est électriquement neutre, puisque les charges positives et négatives s'équilibrent exactement.

La force électrique d'attraction et de répulsion est très puissante. Voici ce qu'en dit l'inimitable Richard Feynman, dans son *Cours de physique.*

Toute matière est un mélange de protons positifs et d'électrons négatifs qui s'attirent et se repoussent avec cette grande force. L'équilibre est si parfait cependant, que, lorsque vous vous tenez près de quelqu'un d'autre, vous ne sentez aucune force. S'il y avait un très léger déséquilibre, vous le sauriez. Si vous vous teniez à un bras de distance de quelqu'un et que chacun de vous ait un pour cent d'électrons de plus que de protons, la force de répulsion serait incroyable. De quelle grandeur ? Suffisante pour soulever l'Empire State Building ? Non ! Pour soulever le mont Everest ? Non ! La répulsion serait suffisante pour soulever une masse égale à celle de la Terre entière[5].

Dans l'assemblage d'éléments chargés qui constitue la matière ordinaire, les électrons, c'est-à-dire les particules négatives, sont situés à l'extérieur des atomes, tandis que les protons (et les neutrons) sont à l'intérieur. Les électrons situés à l'extérieur peuvent parfois être perdus ou gagnés, ce qui entraîne la formation d'un *ion*. Un ion est un atome (ou une molécule composée d'atomes) qui a perdu sa neutralité électrique en gagnant ou en perdant un ou plusieurs électrons et qui possède, à partir de ce moment-là, une charge électrique globale qui lui est propre. Lorsque plusieurs substances chimiques se dissolvent dans l'eau, elles produisent des ions qui dérivent ensuite. L'eau *salée* est de l'eau qui contient des ions dissous. Dans une seule goutte d'eau de mer, d'innombrables ions interagissent entre eux et avec les molécules d'eau, les attirant et les repoussant.

Un *courant* électrique est un mouvement de particules chargées, positives ou négatives. Dans un fil métallique, le courant est issu du déplacement des électrons, les autres particules de chaque atome composant le fil restant à leur place. Les courants électriques utilisés dans la technologie (éclairages, moteurs, ordinateurs) fonctionnent pour la plupart ainsi. Mais un courant peut aussi être dû au déplacement d'ions entiers. Si certains ions positifs ou négatifs contenus dans l'eau, par exemple, se déplacent dans une direction constante, c'est aussi un courant électrique. Les ions ne font pas *circuler* le courant, ils *sont* eux-mêmes le courant. N'importe quel réservoir d'eau salée peut abriter un courant de ce type, si vous réussissez à faire en sorte que les ions se déplacent de la façon adéquate. Dans les systèmes vivants, contrairement aux inventions humaines, la plupart des courants prennent cette forme.

La charge électrique en elle-même n'est pas vitale ou mentale. Elle est à l'origine d'une grande partie des événements dans le monde inanimé comme dans le monde vivant. Mais l'activité du vivant dépend de la charge électrique, en particulier par le biais de l'accumulation, du pompage, de la canalisation et de la libération des ions.

La membrane d'une cellule retient beaucoup de choses à l'extérieur ou à l'intérieur, mais elle comporte des canaux qui laissent passer sélectivement certaines substances. Beaucoup de ces canaux sont des *canaux ioniques*. Parfois, un canal permet aux ions de passer d'un côté à l'autre, peut-être dans des circonstances spécifiques ; dans d'autres cas, c'est la cellule qui pompe les ions à travers la membrane.

Les canaux ioniques existent avec des variantes dans tous les types de vie cellulaire, bactéries comprises. Les raisons pour lesquelles ces dernières construisent des ports et des passages complexes pour les ions ne sont pas tout à fait claires. À l'origine, les canaux sont peut-être apparus pour donner aux cellules la possibilité d'ajuster et de contrôler leur charge globale par rapport à l'extérieur. Cependant, à chaque fois qu'un échange a lieu aux frontières d'un système vivant, il tend à assumer d'autres fonctions. Un flux d'ions peut par exemple constituer une forme élémentaire de *détection* : supposons que le contact avec une substance chimique externe entraîne l'ouverture d'un canal et laisse entrer les ions. Ces particules chargées peuvent alors déclencher de nouveaux événements au sein de la cellule.

Une autre conséquence de ces flux d'ions liée à ces échanges intra- et extracellulaires entraîne un changement plus important et plus global pour la cellule : il s'agit de l'*excitabilité*. Les canaux qui laissent passer le flux de particules chargées peuvent en effet être contrôlés de façon à s'ouvrir ou à se fermer. Ce contrôle peut être chimique ou physique, mais il peut aussi dépendre de la charge électrique. Les canaux ioniques *tensiodépendants* s'ouvrent ou se ferment en réaction aux événements électriques auxquels ils sont exposés. Ce fonctionnement rend possible une réaction en chaîne : un flux de courant crée un flux de courant plus important, qui se propage le long de la membrane de la cellule.

Cette étape n'est guère spectaculaire, et son utilité semble moins évidente que celle du mécanisme que j'ai décrit auparavant, dans lequel le flux d'ions est sensible aux substances chimiques rencontrées par la cellule au cours de ses déplacements. Mais les canaux ioniques tensiodépendants sont au principe d'une autre innovation, le *potentiel d'action*. Il s'agit d'une réaction en chaîne liée aux modifications de la membrane d'une cellule. Elle advient en particulier dans notre cerveau. Des ions positifs entrent dans la cellule en un point précis, d'où ils exercent un effet sur les canaux ioniques voisins, qui s'ouvrent à leur tour et permettent à d'autres ions d'entrer, et ainsi de suite. L'onde de perturbation électrique se déplace alors le long de la membrane comme une impulsion. Un potentiel d'action peut être décrit comme une « mise à feu » des cellules du cerveau, une salve de brefs signaux provoquée par l'ouverture des canaux ioniques tensiodépendants.

Dans un canal ionique tensiodépendant, un contrôleur de courant est affecté par les charges auxquelles il est exposé, c'est-à-dire que le flux de courant est contrôlé électriquement. C'est le principe du *transistor*. Au début de cette section, j'ai mentionné les progrès du XIXe siècle, qui ont fait entrer l'électricité dans le domaine de la technologie humaine. Une autre avancée de ce type s'est produite au XXe siècle, avec l'invention du transistor. Les puces de silicium des ordinateurs et des smartphones sont des assemblages de minuscules interrupteurs électriques de ce type. Le transistor voit le jour vers 1947 dans les laboratoires Bell aux États-Unis (même si d'autres chercheurs développent la même idée, de façon indépendante, quasiment en même temps). Le premier transistor Bell mesure environ deux centimètres et demi. Il sera sans cesse perfectionné, et sa taille réduite. Le même dispositif avait toutefois déjà été mis au point il y a plus d'un milliard d'années, durant l'évolution des bactéries[6].

Quelle utilité un transistor peut-il présenter pour une *bactérie* ? Pourquoi celles-ci ont-elles eu besoin de contrôler l'électricité avec de l'électricité ? Aucune réponse à cette question ne fait l'unanimité. Peut-être s'en servaient-elles pour l'entretien électrochimique de la cellule, ou encore pour contrôler leur nage. Les canaux qui détectent les substances chimiques externes peuvent être ponctuellement sensibles à la charge, et les bactéries qui forment des colonies dans les « biofilms » communiquent d'une cellule à l'autre en utilisant des ions. Mais, les bactéries n'ayant pas de potentiel d'action (ces réactions en chaîne qui se produisent dans notre cerveau), le fait me laisse assez perplexe. Il y a environ un milliard d'années, la nature a inventé le dispositif matériel sur lequel repose la technologie informatique, un dispositif compliqué et coûteux, et l'a fait évoluer chez les bactéries, qui ne semblent cependant pas en avoir fait grand usage.

Quelle que soit la raison de son apparition, le canal ionique tensiodépendant est un jalon fondamental dans la « domestication » de la charge électrique. Ces canaux ne se limitent pas à une unique utilisation, pas plus que les transistors d'ailleurs, ce qui leur confère un grand intérêt. Un transistor est un moyen général de contrôle, un dispositif qui permet que des événements *ici* aient un effet sur des événements *là-bas* de manière fiable et rapide. Les événements qu'il est possible de contrôler ainsi sont de nature très variée, l'important étant qu'ils présentent une utilité quelconque. Les canaux ioniques tensiodépendants qui engendrent les potentiels d'action confèrent par ailleurs à l'activité de la cellule une qualité « binaire » de type tout ou rien : un neurone s'active ou pas, oui-non. Tous les animaux n'ont pas de neurones avec ces déclenchements en salve, et les systèmes nerveux peuvent fonctionner avec des types d'excitabilité plus légers, mais cette caractéristique binaire est certainement utile. Il est remarquable que ce dispositif de contrôle ait été inventé il y a si longtemps, alors que la plupart de ses applications étaient inimaginables du point de vue de l'évolution.

À l'époque des ordinateurs omniprésents et de l'intelligence artificielle, il est naturel et presque inévitable de s'interroger sur les relations entre les systèmes vivants et ces artefacts. Les organismes et les ordinateurs font-ils globalement la même chose avec des matériaux différents ? On constate souvent des similitudes là où on ne les attendait pas, mais il faut également reconnaître les dissemblances. Un ordinateur n'aura par exemple jamais à faire ce qui constitue la majeure partie de l'activité de la cellule : se maintenir, faire entrer de l'énergie, garantir la réalisation de certaines tâches malgré le vieillissement et le renouvellement des matériaux. Dans les systèmes vivants, les activités qui présentent des similitudes avec ce que font les ordinateurs, comme la commutation électrique et le « traitement de l'information », sont toujours intégrées dans une mini-écologie entretenue par d'autres processus chimiques. À l'intérieur des cellules, tous les événements se déroulent dans un milieu liquide, soumis aux vicissitudes de la tempête moléculaire et à toutes les digressions chimiques dans lesquelles s'engagent les systèmes vivants. Lorsque nous construisons un ordinateur, nous cherchons à obtenir un fonctionnement régulier et uniforme, un outil qui sera aussi peu que possible perturbé par les interruptions chaotiques de sa chimie.

Ce qui m'amène à une réflexion d'ordre plus général. Dans ces premiers chapitres, je m'efforce de décrire un enchevêtrement d'éléments et de processus à l'intérieur de cellules et d'organismes simples. Alors que je rédigeais ces pages, un terme me venait instinctivement à l'esprit : celui de « mécanique ». Nous nous intéressons à la mécanique de la détection, à la mécanique de l'excitabilité. J'ai donc tapé le mot, « mécanique », et me suis arrêté, hésitant : fallait-il le garder ou le supprimer ? Dans une acception étendue, les canaux ioniques tensio-dépendants sont en effet assimilables aux éléments d'une « machine », tout comme les nerfs et le cerveau. Nier cette similitude implique une prise de position en faveur d'une vision de type dualiste (âme + corps) ou vitaliste (« force de vie »). Je me suis alors dit qu'il fallait garder le terme « mécanique ». Mais les différences entre les machines et les systèmes vivants sont également importantes. Dans les cellules, les processus vitaux consistent à mettre de l'ordre dans la tempête moléculaire et l'assemblage imparfait des ions. Cela n'a rien à voir avec le fonctionnement des machines que nous construisons, dont l'activité est prévisible et limitée, même si nous pouvons ensuite les utiliser pour simuler des événements plus chaotiques. Décrire les matériaux complexes des cellules comme une mécanique est exact à certains égards et faux à d'autres.

Je voudrais souligner un dernier point dans cet inventaire des caractéristiques de la vie qui précède l'apparition des animaux. Je l'ai déjà mentionné à plusieurs reprises, mais il mérite qu'on s'y attarde un peu plus longuement. Il s'agit de ce va-et-vient constant entre les systèmes vivants et leur environnement, ces *échanges* qui englobent le flux d'ions décrit plus haut, de même que l'absorption de matières premières et l'élimination des déchets. Les cellules sont délimitées, mais elles ne sont pas scellées. J'insiste ici sur le caractère ouvert de la vie cellulaire.

Ces échanges ont un versant métabolique, qui consiste à obtenir de l'énergie et à l'utiliser pour rester en vie, et un versant informationnel. Certains flux entrants sont importants en eux-mêmes (la nourriture, par exemple), tandis que d'autres le sont pour ce qu'ils annoncent, ce qu'ils indiquent sur autre chose. L'aspect métabolique de ce va-et-vient est indispensable au maintien de la vie. L'activité vitale est par définition un scénario intégré dans un flux énergétique qui commence et se termine à l'extérieur de l'organisme[7].

Ma collègue Maureen O'Malley l'a fort bien exprimé, en associant un terme technique appartenant au monde de la chimie et une image provenant d'une source très différente[8]. Pour elle, être vivant exige d'apprendre à exister « sur des montagnes russes “redox”, en donnant et en recevant perpétuellement » (une réaction d'oxydoréduction implique un transfert d'électrons entre deux molécules). Il en découle, et c'est une partie de ce que souligne O'Malley, que les systèmes vivants sont intrinsèquement sensibles aux changements et aux événements extérieurs. Ils sont ouverts au monde par nécessité énergétique, sans possibilité de retrait, et sont par conséquent affectés par ce qui se passe autour d'eux. Et puisque ces va-et-vient entre l'intérieur et l'extérieur sont susceptibles de produire un effet, l'évolution aura tendance à mettre à profit cette réactivité : l'organisme trouvera souvent un moyen de répondre aux événements d'une manière qui favorise ses projets, aussi simples soient-ils. Toutes les formes de vie cellulaire connues, y compris les minuscules bactéries, détectent leur environnement et y réagissent d'une façon ou d'une autre. La détection, du moins dans ses formes les plus élémentaires, est ancienne et omniprésente[9].

Métazoaires

Ces idées complètent l'un des deux thèmes de ce chapitre. Les cellules vivantes sont sans nul doute des objets physiques, mais elles ne ressemblent à aucun autre objet connu : elles construisent des membranes pour contenir et orienter des tempêtes d'activité ; elles sont limitées, mais dépendent des échanges qui ont lieu à leurs frontières ; elles s'auto-définissent et s'auto-entretiennent. Bref, les cellules sont un monde à elles seules. À partir de là, l'histoire nous amène à une nouvelle étape, à un nouveau type d'unité et d'individualité : les animaux.

Lorsque nous lisons ce mot, les premières images qui nous viennent à l'esprit sont celles d'animaux qui nous ressemblent : d'autres mammifères, des chiens et des chats, peut-être des oiseaux. Mais les animaux – les *métazoaires* – englobent bien plus que cela et forment l'une des branches principales de l'arbre généalogique qui relie toute la vie sur Terre. Le terme « métazoaire » a été introduit à la fin du XIXe siècle par Ernst Haeckel, le biologiste allemand rencontré au premier chapitre[10]. Il opposait les métazoaires, c'est-à-dire les animaux pluricellulaires, aux protozoaires, les animaux unicellulaires (avec le « zoo » grec de *zoologie* utilisé pour désigner ce qui a rapport aux animaux). Le préfixe « meta » avait quant à lui à l'origine des significations proches de *après* et de *à côté*, avant de prendre le sens de *plus haut* ; il est désormais souvent employé dans le sens de *à propos de* : Haeckel avait probablement à l'esprit un mélange de *plus haut* et de *plus tard*. Mais les protozoaires ne sont plus considérés aujourd'hui comme des animaux, de sorte que le « zoo » de leur nom peut induire en erreur. De nos jours, les animaux sont forcément des métazoaires.

Les animaux ont en commun d'être constitués de nombreuses cellules qui vivent comme une unité[11]. Elles sont toutefois organisées de manières très variées. Les métazoaires rassemblent aussi bien les coraux que les girafes, des guêpes plus petites que certaines cellules individuelles et des baleines de cinquante tonnes. Certains peuvent même être confondus avec des végétaux. En biologie, le mot *animal* désigne aujourd'hui tout organisme figurant sur une branche bien particulière de l'arbre de vie, indépendamment de son mode de vie ou de son apparence. Selon cette acception, un corail est un animal au même titre qu'un loup. Il y a d'autres façons d'utiliser le terme « animal », mais celle-ci, contrairement à d'autres, est claire et sans ambiguïté.

Les animaux ne sont pas classés sur une échelle allant d'« inférieur » à « supérieur », bien que cette vision soit difficile à éradiquer. Sur l'arbre généalogique, certains animaux sont situés plus bas que d'autres parce qu'ils sont apparus *plus tôt*, mais les insectes actuels ne se trouvent pas en dessous de nous : tout ce qui est vivant aujourd'hui est représenté au sommet de l'arbre. Parler d'une « échelle » ou d'un « échelon » évolutif n'a donc aucun sens ; la vie animale ne se plie pas à cette forme. Certains animaux sont plus complexes que d'autres, chacun à sa façon (l'un possédera davantage d'éléments constitutifs, un autre un éventail de comportements plus large, un troisième encore aura un cycle de vie plus compliqué...), mais une échelle commune allant du bas vers le haut, similaire à celle qui semblait naturelle avant Darwin, n'a pas sa place en biologie.

Le réseau généalogique dont font partie les animaux – « l'arbre de vie » – n'a pas vraiment la forme d'un arbre ; en de nombreux points, il est beaucoup plus enchevêtré[12]. Par souci de simplicité, je continuerai toutefois à utiliser cette image. Cet arbre relie toute la vie connue sur Terre par des relations d'ascendance et de descendance. Il est vieux maintenant, mais il continue de croître. Cette croissance se produit par des processus évolutifs qui s'étendent sur une période considérable. Les populations ou les espèces se divisent parfois en deux. Chaque groupe évolue alors sur son propre chemin et acquiert ses propres particularités. Une extinction est toujours possible, mais tout segment ou toute nouvelle espèce qui ne s'éteint pas peut se scinder à nouveau par la suite. Plusieurs branches se déploient à partir d'un seul embranchement initial, chacune rassemblant plusieurs espèces.

Il y a de nombreuses années, lorsque l'arbre était plus jeune et plus petit, une excroissance a pointé : un nouveau rameau. Le rameau a survécu, s'est divisé à plusieurs reprises jusqu'à devenir particulièrement imposant : c'était celui du règne animal. Son évolution est illimitée, et rien ne dit où s'étendront ses futures branches, à l'intérieur ou à l'extérieur de cette partie de l'arbre. Mais, bien que les animaux aient vécu et vivent de manières très diverses, on observe généralement un *mode de vie* qui les unit et qui a été inventé dans cette partie de l'arbre.

Les animaux ont évolué à partir d'un type particulier d'organisme unicellulaire, plus grand et plus complexe que les bactéries. Ces cellules, les *eucaryotes*, sont dotées de dispositifs spéciaux pour obtenir l'énergie dont elles ont besoin, les *mitochondries*, et d'un squelette complexe, le *cytosquelette*. Constitué d'un réseau interne de filaments et de tubes qui peuvent se déplacer les uns par rapport aux autres, ce dernier confère à la cellule une forme de contrôle sur sa forme et son mouvement.

Bien avant l'apparition des animaux, le cytosquelette rend possible une nouvelle mobilité chez les organismes unicellulaires, qui va jusqu'à la chasse active[13]. Cette structure marque le passage d'une existence reposant principalement sur des réactions chimiques, comme c'est le cas chez les bactéries, à une existence partiellement fondée sur le comportement (mouvement et manipulation). Bien que cela s'approche de caractéristiques généralement associées à la vie animale, il s'agit toujours d'organismes unicellulaires, les *protistes*. Certains d'entre eux atteignent une dimension remarquable. Les représentants du genre *Chaos*, par exemple, chassent des bactéries mais aussi, dans certains cas, de petits animaux invertébrés.

Les végétaux forment quant à eux une autre branche de l'arbre généalogique, une autre expérience multicellulaire à long terme. Ils sont eux aussi, comme les champignons, constitués d'assemblages de cellules eucaryotes. La formation de nouvelles unités par l'association d'unités plus petites est un thème récurrent dans l'évolution. La cellule eucaryote voit d'ailleurs le jour de cette façon, puisqu'elle est constituée d'une cellule phagocyte qui ingère une cellule plus simple[14]. Celle-ci est ensuite à l'origine des mitochondries, que les eucaryotes utilisent comme des générateurs d'énergie.

Au cours de la série d'événements qui font apparaître indépendamment les animaux et les végétaux émerge une autre forme d'association, qui n'est pas une intégration mais une juxtaposition. Supposons qu'une cellule se divise et que les deux cellules filles, au lieu de partir à l'aventure séparément, restent collées l'une à l'autre suite à une mutation qui affecte leur chimie. Lorsque ces cellules se divisent à leur tour, leurs filles restent également collées l'une à l'autre. Dans un premier temps, le processus ne génère qu'un objet vivant plus grand, qui ne peut agir comme un tout et n'a pas de moyen évident de se reproduire, même s'il peut grossir. Mais c'est un pas vers un nouveau type de vie.

Les êtres pluricellulaires de ce type ont évolué à partir de formes unicellulaires à plusieurs reprises. Dans le cas des animaux, cet événement se serait produit il y a environ 800 millions d'années (avec une marge d'erreur d'une bonne centaine de millions d'années). Il n'existe pas de fossiles des formes de vie les plus anciennes, mais nous pensons que les premières d'entre elles devaient ressembler à une boule de cellules refusant de se séparer de leurs sœurs ballottée par la mer.

Que se passe-t-il ensuite ? On a longtemps imaginé le stade suivant comme une coupe ou une sphère creuse avec une ouverture. La boule de cellules se replie sur elle-même et devient creuse. Cette possibilité a été esquissée pour la première fois par Ernst Haeckel[15].

L'une des raisons pour lesquelles l'hypothèse de la coupe est tentante est qu'on retrouve cette forme creuse, la *gastrula*, dans les premiers stades du développement *individuel* (de l'œuf à l'adulte) chez un grand nombre d'animaux. Bien entendu, c'est une erreur de penser que, si une structure est présente au début du développement individuel, c'est qu'elle existait obligatoirement au début de l'évolution, comme le suppose Haeckel. Mais cette forme sphérique semble si ancienne et si commune qu'elle constitue tout de même peut-être un indice : Haeckel baptise cet animal hypothétique la *Gastraea*.

L'affaire *Bathybius* que nous avons retracée au chapitre 1 n'a rien ajouté à la gloire de Haeckel. La *Gastraea* a eu un destin un peu plus heureux, puisque c'est aujourd'hui encore l'une des possibilités envisagées pour les premières formes de vie animale. La sphère ouverte était peut-être l'ébauche du système digestif d'un premier animal, organisé autour de son estomac. Dans cet environnement clos, il pouvait piéger les aliments et libérer des enzymes digestives sans qu'elles s'échappent à l'intérieur du milieu liquide qui constituait son environnement.

Notre intestin contient notre nourriture, mais également d'innombrables bactéries vivantes qui nous sont très utiles tant qu'un certain équilibre est maintenu[16]. Ce type de collaboration est extrêmement courant chez les animaux et a peut-être joué un rôle lors des premières étapes de l'évolution animale. Cette idée n'a pas été envisagée par Haeckel ni par la plupart des réflexions menées après lui. Elle est plus récente et a été inspirée par la prise de conscience que le corps normal des animaux abrite de grandes colonies de bactéries, qui les aident à transformer la nourriture tout en remplissant d'autres fonctions. La reconnaissance des liens étroits et omniprésents entre notre corps et les microbes qui l'accompagnent a entraîné un changement significatif dans la façon dont les biologistes abordent la vie animale. Ces liens remontent probablement très loin dans le temps.

Revenons sur les épisodes phagocytes dans l'histoire des cellules, qui ont conduit à l'apparition des mitochondries et des chloroplastes. Lors de ces épisodes, un allié métabolique est intégré à l'intérieur d'une cellule (ou d'abord ingéré et ensuite intégré). Dans la configuration que je viens de décrire plus haut, nous construisons une maison, comme une sorte d'enclos pour de micro-organismes collaborateurs, sans toutefois les faire entrer dans notre corps cellulaire. Une écologie digestive variée pourrait ainsi avoir été à l'origine de la vie animale.

Cette idée de sphère ouverte, avec ou sans microbes collaborateurs à l'intérieur, est comme une seconde itération de l'évolution des cellules. Dans le premier cas, une frontière traversée de canaux a été constituée, le tout formant une unité qui contrôle les réactions chimiques. Ici, ce sont plusieurs cellules qui forment une sphère creuse, un autre objet avec un intérieur et un extérieur. Les cellules individuelles constituent dès lors un élément de la sphère et contrôlent ce qui entre et sort de cette unité plus grande.

À partir de là, les corps des premiers animaux prennent des formes plus diversifiées. Pour ceux qui essaient de déterminer les étapes suivantes, l'absence de preuves fossiles au moment où j'écris ces mots est horriblement frustrante. Nous devons nous contenter des maigres indices livrés par quelques animaux contemporains, qu'il faut veiller à interpréter correctement. Les animaux actuels ne sont pas des ancêtres miraculeusement préservés, mais seulement de lointains cousins. Comme nous, ils ont traversé l'évolution. Mais certains d'entre eux ont *peut-être* conservé une forme qui ressemble à certains égards à des formes anciennes, ou du moins qui nous enseigne quelque chose à leur sujet.

Trois groupes d'animaux très différents nous fournissent ces indices : les éponges, les cténophores et les placozoaires[17]. Une éponge à l'âge adulte, une fois fixée, ne bouge plus. Comme une plante, elle vit au même endroit. Certaines d'entre elles deviennent très grandes. Les placozoaires, en revanche, sont de minuscules créatures plates et rampantes, sans forme bien définie, qu'on observe au microscope. Les éponges et les placozoaires n'ont pas de système nerveux. Les cténophores ressemblent quant à eux aux méduses, mais en sont probablement très éloignés d'un point de vue évolutionniste. Ils possèdent un système nerveux et nagent en agitant en rythme leurs *peignes* locomoteurs, de minuscules cils situés sur le côté du corps. Ainsi, parmi les animaux censés nous renseigner sur les premières formes de vie, se trouve une sorte d'élément décoratif fixé sur les fonds marins, un être microscopique dépourvu de nerfs mais capable de ramper, une bulle de gelée qui nage.

Pourquoi, entre tous les animaux, ceux-là sont-ils révélateurs des formes primitives ? Tout d'abord, parce qu'il s'agit d'animaux simples à divers égards : les éléments qui les composent sont peu nombreux, et ils sont faits d'un nombre limité de types de cellules. Ensuite, parce qu'ils sont génétiquement très éloignés de nous. Sur l'arbre généalogique, ils se situent sur des lignées qui se sont très vite séparées de la nôtre.

Arrêtons-nous un moment pour réfléchir à cette combinaison de caractéristiques : être simple et être loin de nous. Cela ne va pas forcément de pair. Il pourrait très bien y avoir aujourd'hui sur Terre un animal extrêmement complexe dont le chemin évolutif se serait séparé très tôt du nôtre. Il aurait disposé du même temps que nous pour évoluer lui aussi en un corps et un cerveau complexe. Le meilleur exemple partiel de cette combinaison (complexe et loin de nous) est le poulpe, qui nous attend dans un prochain chapitre. Mais les poulpes ne sont pas aussi éloignés de nous que les éponges et les autres animaux dont nous parlons maintenant.

Il est tentant de raconter l'histoire de l'évolution animale en affirmant que nos premiers ancêtres ressemblaient d'abord à une éponge, puis à une méduse et ainsi de suite. Cette séquence n'est pas impossible, mais elle ne se déduit pas de la seule lecture de l'arbre phylogénétique. Cela reviendrait à considérer un groupe de cousins comme des grands-parents, ou à dire que certains cousins éloignés sont plus apparentés que d'autres à nos grands-parents. Une fois que l'on énonce les éléments du problème en termes de cousins et de grands-parents, il devient clair que ce raisonnement n'a aucun sens. Cependant, d'autres raisons expliquent pourquoi certains de nos cousins éloignés sont en mesure de nous renseigner sur nos grands-parents.

Nos corps recèlent plusieurs inventions évolutives (cerveau, cœur, colonne vertébrale, etc.) qui sont apparues d'une manière ou d'une autre. Bien que nous ayons des ancêtres communs avec les éponges et les méduses, elles vivent sans ces inventions. Ces animaux illustrent donc tout d'abord ce à quoi on pourrait ressembler si on devait vivre sans ces inventions. De plus, ces animaux ne font pas partie des lignées évolutives qui ont présenté ces caractéristiques à un moment donné pour les perdre ensuite ; il est assez clair qu'ils ne les ont jamais eues. D'autant plus que les inventions qui leur manquent ne sont pas de simples accessoires : la disposition du corps de gauche à droite ou les plis complexes des tissus qui composent nos organes internes sont des inventions. En observant les animaux lointains qui en sont dépourvus, ainsi que les éléments de preuve génétiques et les fossiles, nous pouvons commencer à nous faire une idée de ce à quoi pouvaient ressembler nos ancêtres situés bien en dessous de nous dans l'arbre.

La lumière à travers le verre

Historiquement, les éponges ont été considérées comme l'animal le plus susceptible de nous renseigner sur nos lointains ancêtres[18]. Elles ont un bon registre fossile et on les connaît bien. Sans faire de suppositions sur leur éventuelle ressemblance avec les premiers habitants marins, observons-les de plus près dans leur façon si particulière d'être au monde.

Les éponges ont colonisé toutes les mers. On les trouve partout, sous la forme de petits doigts ou d'arbrisseaux dans les eaux tempérées, d'énormes entonnoirs dans les récifs tropicaux, ou encore de tours, comme dans les eaux glacées des profondeurs qui ouvrent ce chapitre. Certaines éponges s'incrustent dans d'autres organismes plutôt que de prendre une forme qui leur serait propre. En général, elles aspirent l'eau dans leurs parties inférieures et la font circuler dans tout leur corps avant de l'expulser par le haut. Elles se nourrissent principalement de bactéries qu'elles prélèvent au passage. Quelques éponges ont un régime alimentaire plus ambitieux : les fonds marins recèlent ainsi des éponges prédatrices qui piègent et consomment de petits animaux.

Le corps d'une éponge est très différent du nôtre. La plupart de ses cellules sont en contact direct avec l'eau, qui circule dans un labyrinthe de fins passages tapissés de partenaires microbiens. L'environnement imprègne leur corps.

Une éponge n'a pas de cerveau, est n'est dotée d'aucun autre système nerveux. Les larves (les formes immatures), qui ressemblent à de minuscules cigares dodus, sont capables de nager et possèdent des structures sensorielles qui évoquent les éléments d'un système nerveux. Ces mécanismes de détection sont tournés vers l'extérieur et non vers les autres cellules du même corps. La larve se fixe, et l'adulte se développe sur place. Bien qu'une éponge n'ait pas de système nerveux, elle n'est pas inerte. Chacune de ses cellules renferme la tempête décrite plus haut dans ce chapitre. L'éponge dans son ensemble a beau sembler d'une placidité à toute épreuve, elle possède malgré tout un côté actif.

L'eau qui circule dans le corps de l'éponge est pompée par des cellules dotées d'une petite queue (les flagelles). Ce pompage peut se modifier ou s'arrêter, notamment si l'eau est sale et que les canaux de l'éponge risquent de se boucher. Pour un assemblage de cellules sans système nerveux, cela n'est pas facile à réaliser. Des cellules sensorielles spécialisées situées le long des cavités par lesquelles passe l'eau envoient des signaux aux autres cellules : une tâche loin d'être anodine ! En général, une cellule libère de petites molécules. Celles-ci sont captées par les autres cellules, ce qui a pour effet une contraction ou une compression des canaux. Ce processus est lent, mais le mode de vie de l'éponge ne fait pas de la rapidité un critère nécessaire. Dans certains cas, l'éponge se dilate d'abord un peu puis se contracte, dans un « éternuement » paresseux et invisible.

L'éponge offre un condensé des possibilités et des difficultés de la vie multicellulaire. La cellule d'une éponge court peu de risques d'être mangée par une cellule plus grande, ce qui lui arriverait probablement si elle dérivait au fil de l'eau. Mais, immobilisée avec ses sœurs, elle pourrait facilement mourir de faim. Heureusement, un réseau de canaux et de cheminées maintient la plupart des cellules en contact avec l'eau. Le revers de la médaille, c'est que cette configuration rend difficile la coordination s'il devient nécessaire d'*agir* ou de réaliser un mouvement. Le résultat final ressemble à une plante. La plupart des éponges se satisfont de la situation et vivent ainsi depuis bien plus longtemps que nous. D'autres ont essayé quelque chose de différent.

Les *Hexactinellida*, ou éponges de verre, explorent avec leur corps d'une manière unique les thèmes de ce chapitre que sont l'unité et l'individualité[19]. Une éponge de verre est un organisme multicellulaire, comme les autres animaux. Mais, en grandissant, la plupart de ses cellules fusionnent et perdent leurs limites. Elles n'abandonnent pas leurs frontières avec le monde extérieur, mais avec les cellules voisines. Leur corps finit par former un seul maillage connecté, une « toile d'araignée tridimensionnelle » drapée sur des éléments plus durs qui la soutiennent.

Ces éléments rigides sont faits de verre. Selon les espèces, ils ressemblent à des poignards, des étoiles ou des flocons de neige. En groupe, ils forment des fleurs, des grappes et enfin, en combinaison, le squelette qui soutient la tour. (Les dessins de ces minuscules parties figurant ci-dessous ont été réalisés par Rebecca Gelernter. Ils reproduisent des gravures faites à partir des spécimens collectés lors de l'expédition *Challenger* du XIXe siècle, le voyage qui a condamné *Bathybius*[20].)

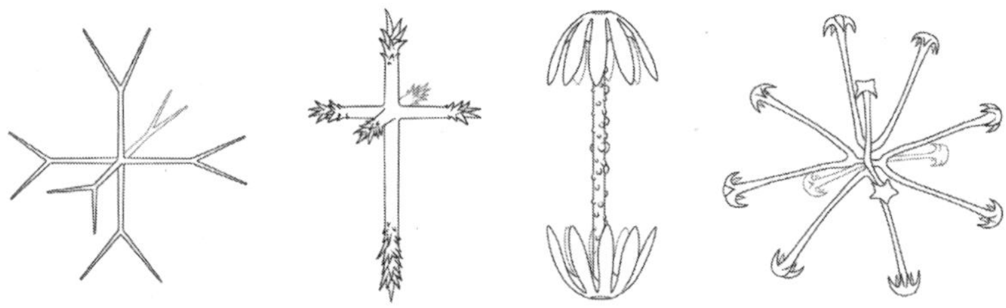

Comme d'autres éponges, les *Hexactinellida* nouent de fertiles associations avec d'autres types de vie. La corbeille de Vénus est une éponge de verre dans laquelle vit un couple de petites crevettes. En quête de protection, celles-ci entrent dans l'éponge lorsqu'elles sont minuscules. Elles trouvent là une nourriture abondante et finissent par devenir trop grosses pour repasser par le fin treillis. Les crevettes passent donc leur vie dans l'éponge, la nettoient, s'y reproduisent et bénéficient en retour de la protection du squelette de l'éponge et de la nourriture contenue dans l'eau que l'éponge aspire à travers son corps.

Les éponges de verre n'ont pas de système nerveux, mais elles ne sont pas électriquement inertes, et le contrôle de la charge prend ici une forme inhabituelle. Avec leur fine toile d'araignée vivante drapée sur un squelette, elles possèdent, fait unique chez les éponges, une signalisation électrique et une sorte de « potentiel d'action ». Une éponge de verre fait généralement circuler l'eau dans son corps en un flux continu. Cependant, en réponse à certains stimuli, comme l'arrachage d'un seul élément de verre de son corps, le pompage cesse rapidement. Cette réponse est obtenue au moyen de l'envoi d'une impulsion électrique à travers le corps. Sur le plan électrique, une éponge de verre se comporte comme une seule énorme cellule ; une impulsion peut se propager sans interruption dans l'ensemble de l'organisme. Une éponge de verre obtient une forme de coordination non pas en coordonnant les signaux entre les cellules, mais en étant, en grande partie, *post-cellulaire*. C'est un produit de l'évolution animale, mais qui a partiellement abandonné la forme de vie multicellulaire, expérimentant un autre type d'unité.

J'ai parlé de la charge, de la communication et de la coordination chez ces créatures. Mais c'est aussi un animal fait en grande partie de verre – pas la toile d'araignée conductrice de charge, mais le squelette qui la soutient. Une caractéristique notable du verre, bien sûr, est la façon dont il se comporte face à la lumière. Certaines parties du squelette de quelques éponges de verre ressemblent à des câbles de fibres optiques, qui conduisent et filtrent la lumière.

L'éponge fait-elle quelque chose de biologiquement significatif avec cette lumière, ou cette conduction est-elle une simple conséquence de l'utilisation du verre comme matériau formant la structure de l'animal ? La lumière est-elle *utilisée*, ou est-elle simplement captée et diffusée par hasard ? Un large éventail de possibilités, tout à fait merveilleux, a été envisagé pour différentes espèces d'éponges[21]. La lumière pourrait être un autre moyen de communication au sein de l'animal. Elle pourrait aussi nourrir certains des micro-organismes qui s'y trouvent : de minuscules diatomées et d'autres créatures qui vivent de lumière se blottissent au fond de certaines éponges, à de telles profondeurs qu'elles ne capteraient jamais assez de lumière pour rester en vie si l'éponge ne la réfléchissait pas. La lumière est même légèrement canalisée à l'intérieur du sol marin. Le panier de Vénus émet de la lumière dans l'eau environnante, comme une petite lampe dans l'océan qui attire ainsi les crevettes à elle. Ces hypothèses sont loin d'être confirmées, et certains biologistes pensent que la lumière diffusée à l'intérieur et autour des éponges est trop faible pour avoir un effet quelconque. Mais, que ce soit à dessein ou par hasard, l'éponge de verre est un capteur et un diffuseur de la lumière biologique.

Chapitre 3

Le corail mou

Étirement

Non loin de l'escalier que nous avons descendu au chapitre 1, au nord de Sydney, un fleuve se jette dans le Pacifique après avoir traversé des forêts d'eucalyptus. Le fond de la baie est une vaste plaine sous-marine sablonneuse, soumise à une marée impétueuse. L'eau de mer remonte vers l'embouchure du fleuve à marée montante (le flot) et retourne vers le large lorsqu'elle descend (le jusant). Ce flux attire une grande variété d'animaux, mais il limite également l'exploration de cette zone par les plongeurs sous-marins à quelques heures par jour, au moment de l'étale, entre deux marées. La pause dure environ une heure à chaque fois. On plonge à marée haute, juste avant le jusant.

Le reflux arrive rapidement : une traction, et le corps commence à dériver vers le large. Très vite, il devient impossible de lutter contre le courant, et, si l'on s'attarde, on risque d'être emporté en mer.

Dans la plaine, on trouve de grands champs de coraux mous violet et blanc. Ces coraux ne sont pas dentelés et minéralisés comme les coraux « durs » tropicaux, mais doux et vaporeux. Ils forment des arbres en forme de chou-fleur, bien que cette comparaison ne leur rende absolument pas justice. De loin, on dirait des volutes de nuages blancs et violets ; de près, on distingue des veines et des filaments délicats, ainsi que les cauris et les crabes qui vivent parmi leurs branches.

En arrivant, porté par un léger courant, peut-être la fin de la marée montante, c'est comme si on se rapprochait silencieusement des nuages sur un planeur, pour découvrir qu'ils sont solidement amarrés au sol par de longues tiges pâles. Ces arbres ne sont pas des organismes individuels, mais des colonies de petits animaux, les polypes coralliens. Le chapitre 2 a montré qu'ils renferment une activité frénétique, incessante et microscopique en leur sein. Pourtant, ils semblent parfaitement immobiles tandis que des animaux plus actifs rampent entre leurs branches.

Il y a quelques années, Tom Davis, un chercheur amateur de plongée qui a exploré la baie d'innombrables fois à l'étale de haute mer, s'est demandé : « Que font les coraux mous lorsque personne ne les regarde ? » Pendant la plus grande partie de la journée, le flux de la marée est trop fort pour qu'un plongeur puisse descendre les observer, mais il est toujours possible d'immerger des caméras et de filmer en accéléré ce qui se passe lorsque le courant est trop important pour les humains.

Avec sa femme, Nicola, il a donc installé des caméras à différents endroits où vit le corail. Lorsqu'ils les ont récupérées et ont visionné les séquences enregistrées, ils ont constaté la chose suivante : à chaque changement de marée, au fur et à mesure que le courant augmentait, les coraux mous se sont élevés lentement en gonflant leur corps, jusqu'à atteindre trois fois leur taille en eau calme[1]. Ils se sont probablement étirés ainsi pour absorber la nourriture transportée par la marée, avant de s'affaisser lorsque le courant a ralenti et de rester au plus bas pendant l'heure durant laquelle les humains peuvent leur rendre visite.

Les débuts de l'action animale

Les coraux appartiennent au groupe des *cnidaires*, comme les méduses et les anémones[2]. Ce groupe s'est séparé de notre lignée évolutive à une époque encore précoce de l'histoire de la vie animale. Notre dernier ancêtre commun avec un corail a probablement vécu il y a 650 ou 700 millions d'années. La date n'a pas été précisément établie, mais elle est certainement plus récente que celle à laquelle vivait notre dernier ancêtre commun avec une éponge.

Le corps d'un cnidaire est mou, organisé de manière radiale (autour d'un disque ou d'une coupe) et souvent frangé de tentacules en forme de longs serpentins ou de petits doigts courts. À l'intérieur du corps se trouvent des muscles ainsi que les filaments électrifiés d'un système nerveux.

De nombreux cnidaires ont un cycle de vie compliqué, au cours duquel leur corps passe par une série de formes différentes[3]. Ces transitions ressemblent un peu à la métamorphose de la chenille en papillon sans s'y identifier complètement, car non seulement les cnidaires se transforment, mais ils se multiplient aussi à plus d'une étape ; c'est un peu comme si une chenille pouvait se transformer en plusieurs papillons et un papillon en plusieurs chenilles. Les deux formes adultes que peut prendre un cnidaire sont le polype et la méduse. Un polype est généralement fixé à une surface et se présente souvent sous la forme d'une coupe. La méduse, plus familière, est un corps gélatineux qui nage en eau libre à l'aide de tentacules. De nombreux cnidaires passent de l'une à l'autre de ces formes corporelles. Les coraux et les anémones ne vivent que sous la forme de polypes.

Un peu à l'écart des arbres de la plaine en forme de nuages, une autre sorte de corail mou s'accroche à un récif. Il forme parfois des arbustes, mais aussi des masses irrégulières. Chaque polype ressemble à une fleur blanche avec huit longs tentacules en forme de doigts. Chacun d'entre eux possède à son tour des ramifications plus petites qui s'étendent latéralement, les *pinnules* : des doigts avec des doigts. Une colonie de corail est souvent partiellement recouverte d'une éponge orange, qui se développe comme une couverture et laisse passer les parties des polypes en forme de fleur. Comme ces animaux présentent une symétrie d'ordre huit (huit tentacules), on les appelle « octocoralliaires ». En groupe, ils forment une forêt de petites mains. Si on est patient, on peut observer la lente ouverture d'un polype, comme une extension, ou la fermeture de ses doigts, comme une contraction.

Parfois, un seul tentacule se recourbe et se ferme, tandis que les autres restent étendus. D'autres fois, c'est toute la main qui se ferme. À plus grande échelle, vous pouvez rencontrer des zones ou des affleurements où toutes les mains sont fermées, alors qu'un peu plus loin la plupart des mains sont ouvertes. On dirait qu'elles s'étirent et tentent d'agripper des objets. Pendant longtemps, on s'est demandé si elles attrapaient vraiment quelque chose, et quoi. John Lewis, un biologiste canadien, a étudié trente espèces d'octocoralliaires et a découvert que certaines attrapent effectivement non seulement du plancton, mais aussi de minuscules animaux invertébrés[4]. Cette façon de s'étirer et de saisir suggère une action brève qu'une personne pourrait accomplir, mais en général le processus se déroule dans un mouvement lent et gracieux : plus rapide qu'une plante, mais plus lent que l'échelle des comportements familiers et actifs des animaux. Dans ces déploiements et ces contractions se nichent des indices, des indicateurs, des échos des débuts et des formes les plus simples de l'activité animale.

Pourquoi cela ? Tout d'abord, les cnidaires sont des formes animales anciennes dont la structure corporelle fait possiblement partie de notre passé. Il n'est pas certain que les cnidaires actuels – anémone, corail, méduse – soient identiques à nos ancêtres, mais leur disposition radiale ressemble probablement à celle de certains de nos prédécesseurs.

Deuxièmement, les cnidaires peuvent agir. L'action en elle-même n'a pas été inventée par les cnidaires. De nombreux organismes unicellulaires nagent à l'aide de flagelles en forme d'hélice ou de cils plus ou moins longs. Certains sont capables d'envelopper des proies et de changer de forme. On observe une aspiration au mouvement chez tous les candidats aux premières formes animales. Dans le chapitre précédent, nous avons évoqué le pompage contrôlé de l'eau circulant dans les éponges, qui s'apparente à une action et pourrait être très ancien.

L'évolution est pleine de zones grises et de cas partiels ; il est rare de pouvoir identifier avec certitude la *première* étape de quelque chose. L'évolution redécouvre aussi parfois un élément ancien et le porte à un niveau ou à une échelle supplémentaire. Dans la vie unicellulaire, l'action existe déjà : il est possible de nager, capturer et engloutir. Ces mouvements ont peut-être été un stimulant important pour l'évolution de la multicellularité elle-même[5]. Le monde pré-animal était un monde de prédateurs et de proies unicellulaires, et l'une des options pour ceux qui voulaient éviter de devenir des proies était de devenir trop gros pour être facilement avalés. Ensuite, lorsque les cellules se sont regroupées pour former des animaux, l'action a dû être réinventée à une plus grande échelle. De nouveaux types de coordination se sont révélés nécessaires. Les éponges, avec leurs mouvements intermittents, se situent à la limite de cette redécouverte, c'est un cas partiel. Chez les cnidaires, l'action existe à nouveau sans ambiguïté, avec des mouvements et des ajustements à l'échelle plus grande du corps animal.

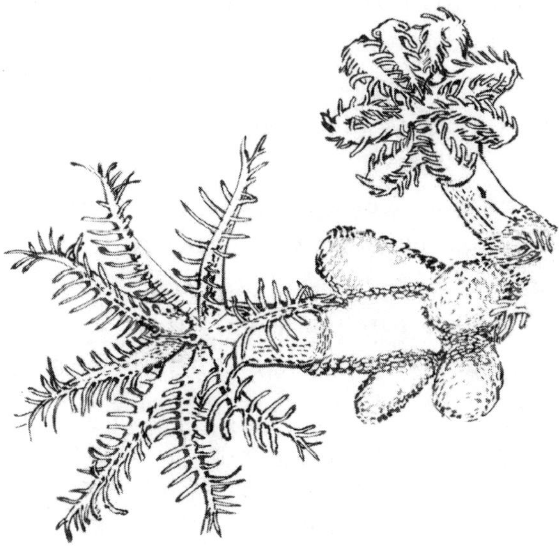

L'activité des cnidaires ne se limite pas à ces étirements et à ces contractions : une autre capacité importante, une action très ancienne et d'un genre différent, est l'activation de leurs cellules urticantes, les nématocystes. Tous les cnidaires, ou presque, possèdent des cellules urticantes. Certaines piqûres, notamment celles des anémones, sont si légères qu'elles sont à peine perceptibles par un être humain. D'autres, comme celles des méduses-boîtes (les cubozoaires), peuvent nous tuer purement et simplement. Les aiguillons de ces cnidaires varient, mais leur forme est suffisamment similaire pour qu'ils soient probablement issus d'une seule invention advenue au début de la partie cnidaire de l'arbre, transmise ensuite à de nombreuses branches.

Dans les cas les plus spectaculaires et parfois dangereux, il arrive qu'un harpon soit enroulé à l'intérieur d'une cellule. Les cellules dotées de harpons sont entourées de cellules de détection et d'autres contrôleurs en « batterie » (une métaphore parfaitement appropriée renvoyant à l'artillerie). Le harpon, lorsqu'il est relâché, accélère de façon extraordinaire et atteint des vitesses élevées sur une distance minuscule. Lors d'un lancement de harpon, le comportement lui-même – c'est-à-dire le mouvement exécuté – est réalisé par une seule cellule. Cette cellule est entourée d'aides, de capteurs et autres, mais aucune coordination entre les cellules n'est nécessaire pour accomplir l'acte lui-même. Comparez cela à l'étirement et à la préhension du corail mou. Ce n'est pas l'action d'une cellule, mais une combinaison d'innombrables contractions réalisées par différentes cellules, de mouvements qui doivent se produire ensemble de manière concertée. Ce que je mets en évidence ici, en soulignant une invention particulière, c'est un type d'action qui implique une coordination sur de vastes échelles du point de vue d'une cellule[6]. L'étirement du corail mou est un écho des lointaines origines de cette forme d'action.

Même si ces comportements cnidaires nous permettent d'imaginer les premières actions animales, pourquoi choisir précisément ceux-là et non la nage coordonnée d'une méduse, par exemple ? Le stade de la méduse est souvent considéré comme un ajout tardif au mode de vie des cnidaires, le stade du polype ayant évolué plus tôt[7]. Mais il est plus important de noter que, lorsqu'une méduse nage et un corail mou s'étire, ce sont d'une certaine façon des mouvements similaires. Qu'il s'agisse de nager ou d'attraper quelque chose, dans une cloche ou une coupe, les deux mouvements impliquent une contraction autour d'une forme radiale. Un polype et une méduse ont peut-être un aspect très différent, mais, si l'on regarde leur structure corporelle, une méduse est un polype à l'envers. Chez la méduse, une contraction radiale entraîne un mouvement de natation ; chez le polype, l'animal est immobile, et le résultat est une préhension.

Enfin, lorsque nous partons à la recherche des « premières actions », pourquoi nous concentrer sur le mouvement et non sur l'autre principale activité des organismes vivants, qui consiste à fabriquer des substances chimiques ? Ce sont deux façons d'obtenir des effets qui nous aident à nous frayer un chemin dans la vie. C'est vrai, mais l'avènement du mouvement contrôlé à l'échelle du corps animal est tout de même une conquête décisive. Bien que l'action n'ait pas été inventée de toutes pièces par les cnidaires, nous observons chez ces animaux une action d'un autre type et à une autre échelle. Les corps qui ont les premiers permis ces actions étaient un nouveau type d'objet dans le monde et un nouveau facteur d'évolution.

La voie des animaux

La ramification de l'arbre de vie qui est devenue celle des animaux a assez rapidement accumulé une série d'innovations. La plus importante est sans doute celle du système nerveux.

Parmi les animaux que nous avons étudiés jusqu'à présent, les cnidaires et les cténophores possèdent un système nerveux, mais pas les éponges ni les placozoaires. Les systèmes nerveux ont évolué très tôt, peut-être une seule fois, peut-être plusieurs fois[8]. Leur rôle repose sur quelques caractéristiques présentes bien avant l'apparition des animaux : l'« excitabilité » électrique des cellules (la capacité de modifier rapidement les propriétés électriques, abordée au chapitre 2) et la signalisation chimique entre une cellule et une autre. Les systèmes nerveux réunissent ces deux aptitudes très anciennes. Lorsqu'une cellule est excitée (c'est-à-dire lorsqu'un changement soudain de ses propriétés électriques advient), cet événement est généralement confiné à cette seule cellule en raison des membranes qui la délimitent en tant qu'unité[9]. Mais un spasme peut déclencher la libération d'une substance chimique à la frontière de la cellule, qui sera captée par une cellule voisine et l'incitera (ou pas) à modifier ses propres propriétés électriques. La signalisation chimique et l'excitabilité sont au cœur du fonctionnement du système nerveux.

Les systèmes nerveux renferment un grand nombre de cellules spécialisées dans ce type d'interactions. Elles sont en forme d'arbre et dotées de fines projections mettant une cellule en contact chimique avec un groupe sélectionné d'autres cellules. On considère généralement que les systèmes nerveux n'existent que chez les animaux (du moins chez la plupart d'entre eux), bien qu'on observe dans d'autres organismes des cellules combinant excitabilité et signalisation chimique. Ce qui fait la spécificité des systèmes nerveux au sens animal du terme, ce sont des cellules à la forme ramifiée : les neurones[10]. On ne les trouve nulle part ailleurs que chez les animaux. La présence de telles cellules modifie la façon dont la communication fonctionne à l'intérieur d'un organisme. Elles permettent des interactions rapides et ciblées, contrairement aux modèles d'influence plus diffus dans lesquels une cellule envoie des substances chimiques sans cibler de récepteur précis. Le système nerveux relie le corps d'une manière nouvelle. Lars Chittka, un biologiste qui travaille sur les abeilles, donne ainsi un exemple frappant de la puissance des systèmes nerveux. Le cerveau d'une abeille, dit-il, a un volume d'à peu près un millimètre cube. Cela semble minuscule. Mais la complexité des ramifications d'un seul neurone d'abeille est comparable à celle d'un chêne adulte. Chaque neurone peut se connecter à dix mille autres.

Le système nerveux est un réagencement de capacités que l'on observe dans différentes formes de vie, à cette différence près que, chez les animaux, ces capacités ont été étendues et rendues beaucoup plus puissantes. Si nous doutions de l'importance du rôle des systèmes nerveux dans nos organismes, les « toxines nerveuses » viennent nous le rappeler : il s'agit du principal type de toxines à action rapide, tant chez les animaux comme les serpents que chez l'homme lorsqu'il commet ses pires méfaits (des armes célèbres comme le sarin, l'agent VX et le Novitchok sont des agents neurotoxiques). Lorsque j'en ai entendu parler pour la première fois, je me suis demandé si ces substances empêchaient de ressentir quoi que ce soit en engourdissant, ou si elles empêchaient de penser. En réalité, les neurotoxines ne se limitent pas à cela. La mort survient souvent par asphyxie ou par arrêt cardiaque. Notre vulnérabilité à ces composés chimiques, qui ne sont pas intrinsèquement destructeurs et ne s'attaquent pas aux tissus, mais interfèrent plutôt avec de minuscules sites d'interaction entre les cellules, montre à quel point le système nerveux relie le corps animal. Une façon de tuer ce corps est donc de s'attaquer aux messagers, c'est-à-dire à la coordination des parties.

En termes d'évolution, une autre caractéristique étroitement associée au système nerveux est la présence de muscle[11]. Les actions d'un cnidaire, contrairement aux mouvements plus faibles d'une éponge, reposent sur l'existence d'un muscle. Dans le chapitre précédent, nous avons évoqué l'invention du cytosquelette, un squelette interne de filaments mobiles présent à l'intérieur de certains organismes unicellulaires. Chez les animaux, la coordination de ces squelettes internes à travers de nombreuses cellules connectées conduit à cette innovation qu'est le muscle. Celui-ci permet la contraction et la relaxation coordonnées d'une multitude de cellules.

Les animaux peuvent réaliser certaines actions sans muscle. Chez les cténophores, le corps est bordé de rangées de cils que l'on retrouve également chez de nombreux organismes unicellulaires. Les cils sont alignés verticalement un peu comme un peigne, d'où le nom de l'animal, du grec *ktenos*, « peigne », et *phorein*, « porter ». Leurs mouvements permettent aux cténophores et à leurs homologues unicellulaires de nager. (Les cténophores ont aussi des muscles, qu'ils utilisent pour se diriger.) Les cils sont utilisés pour effectuer des mouvements à petite échelle chez de nombreux autres animaux, mais tous les mouvements plus importants, comme les étirements des octocoralliaires, la nage de la méduse et d'autres mouvements que nous étudierons prochainement, sont réalisés grâce aux muscles.

En évoquant les innovations qui ont permis aux animaux de jouer un rôle aussi inhabituel sur Terre, j'ai mis l'accent sur leurs nouvelles capacités d'*action*. Une autre spécificité animale, dont je n'ai pas beaucoup parlé dans ce chapitre, est la *détection*. La détection est toujours présente, non seulement chez les animaux, mais dans toute vie cellulaire connue. Toutefois, certains des indices dont nous disposons suggèrent qu'à ces premiers stades de l'évolution animale, l'innovation remarquable et sans précédent, le réel facteur de transformation, a été l'apparition de l'action à une nouvelle échelle.

Les cnidaires d'aujourd'hui possèdent une gamme étendue de sens, et il en va de même pour des animaux probablement très anciens à tous les stades historiques. Mais les cnidaires sont moins bien pourvus, si l'on peut dire, du côté sensoriel que du côté de l'action[12]. Les coraux et les anémones n'ont pas d'yeux du tout, et la plupart des autres cnidaires n'ont que des yeux assez rudimentaires. (La méduse cubozoaire fait exception à la règle, mais elle est sans doute apparue plus tard.) La recherche de nourriture d'un polype, l'élévation et la descente d'une colonie de corail ou l'activation de cellules urticantes sont des comportements qui sont tous liés à des stimuli de différentes sortes, et les cnidaires ont probablement aussi inventé une sorte de sens de l'équilibre ou de la gravité. Une méduse s'oriente dans l'eau grâce à des organes contenant de petits cristaux, appelés *statocystes*[13]. Ces cristaux sont plus lourds que l'eau et, lorsqu'ils bougent en suivant les mouvements de l'animal, ils heurtent des cellules sensorielles qui transmettent ces excitations aux cellules nerveuses. Il existe peut-être d'autres formes subtiles de détection, mais celle-ci n'est pas le point fort des cnidaires ni le pas crucial qu'ils ont franchi dans l'inconnu ou ce qui les distingue. Leur innovation réside plutôt dans un nouveau type d'action : le mouvement à grande échelle, contrôlé par les muscles.

En gardant à l'esprit cette transformation de la vie animale, revenons un instant au problème corps-esprit qui constitue la trame de fond de ce livre. Nos modes de pensée ordinaires nous fournissent un certain nombre de concepts qui nous aident à comprendre le rôle de l'esprit. L'un d'entre eux est le concept de *subjectivité*, qui forme un couple complémentaire avec un autre concept, celui d'*agentivité*. La subjectivité renvoie au ressenti, au « pour-moi » (ou *for-me-ness* en anglais). Elle considère l'expérience comme quelque chose qui advient au sein d'un être donné. L'agentivité est une question de faire, d'essayer, d'initier : c'est le « par-moi » (ou *by-me-ness* en anglais), le fait d'être la source d'une action et de ses effets. Elle désigne ce qu'une personne fait advenir. Il est intéressant de noter que le mot « sujet » (mais pas « subjectivité ») a également une autre série de connotations, dans lesquelles un sujet est un acteur ou un initiateur : le sujet par opposition à l'objet.

Nous allons constater de nouveau que ces concepts s'entremêlent.

Au quotidien, la subjectivité et l'agentivité renvoient à des aspects différents d'une personne ou d'un animal, l'une étant davantage associée à la détection, l'autre à l'action. D'un point de vue évolutif cependant, ces deux aspects sont étroitement liés. La détection trouve sa raison d'être dans le contrôle de l'action[14]. D'un point de vue biologique, il est totalement inutile de recevoir des informations qui ne sont pas utilisées. L'évolution de l'esprit implique une évolution couplée de l'agentivité et de la subjectivité. Mais cela n'implique pas que les deux avancent forcément au même rythme. Il peut y avoir, à un moment donné, une percée dans le domaine particulier de l'action, et un nouveau type d'agentivité peut voir le jour à côté de capacités de détection plus sommaires.

Dans cette partie du livre, j'ai été influencé par la pensée du psychologue et philosophe néerlandais Fred Keijzer et par l'importance qu'il accorde à la *formation de l'action* comme préoccupation centrale dans l'évolution précoce des systèmes nerveux[15]. Les considérations de ce chapitre sur la formation de l'action à l'échelle multicellulaire, l'étendue et l'importance de cet acquis ainsi que sa relation avec le corps animal lui doivent beaucoup. Keijzer fait une suggestion intéressante sur la relation entre détection et action chez les tout premiers animaux. Il pense que de nouveaux types de détection peuvent être obtenus « gratuitement » ou presque, comme conséquence de la réalisation d'une action complexe. Supposons que vous construisiez un système élaboré pour produire un quelconque mouvement coordonné, une sorte de chorégraphie. Pour l'exécuter, certaines parties du système doivent être capables de détecter ce que font d'autres parties du même système. Dans ce cas, si un élément extérieur affecte le système, notamment par le toucher, cet événement sera automatiquement enregistré, puisqu'il perturbe le schéma de l'activité en cours. La détection interne au système permet également d'enregistrer les événements extérieurs, ou peut facilement le faire. Keijzer n'envisage pas la possibilité qu'un système nerveux soit entièrement tourné vers l'intérieur, mais si c'était le cas il serait malgré tout, dans une certaine mesure, sensible au monde extérieur. Le développement de l'action entraîne en effet le développement de la détection.

L'apparition d'une asymétrie entre action complexe et détection sommaire à un stade précoce de l'évolution animale pourrait aussi ne pas exister : une détection complexe pourrait nous échapper. Mais, lorsqu'on réfléchit aux premières formes d'expérience ou à ce qui existe chez les animaux *avant* l'expérience, il est intéressant d'imaginer un animal dont les capacités d'action dépassent celles de détection et de se demander si, comme le pense Keijzer, la détection aurait automatiquement tendance à rattraper son retard.

Laissons ces spéculations pour nous concentrer sur les principaux thèmes qui émergent à ce stade de l'histoire. Tous les êtres vivants font des choses. Ils ajustent leurs activités et affectent ce qui les entoure. Mais, chez les animaux, cette caractéristique prend une forme nouvelle. La ramification animale de l'arbre de vie donne lieu, entre autres choses, à un « soi » multicellulaire. L'évolution des animaux produit en outre une action multicellulaire, une action réalisée par des couches de cellules qui se contractent, se tordent et attrapent. Les nerfs et les muscles rendent tout cela possible ; une éponge ne peut rien faire de tel. Ce type d'action est une invention transformatrice dans l'évolution : son apparition a tout changé.

Elle a tout changé – au bout du compte. Mais quand cette transformation a-t-elle commencé et avec quelle sorte d'animal ? Un cnidaire, ou quelque chose d'autre, plus tôt ? Comme nous allons le voir, le moteur de l'action animale, cet ingénieur de la Terre, a peut-être connu des débuts difficiles.

D'Avalon à Nama

Dans le chapitre précédent, nous avons cherché des indices sur les premières formes de vie animale, principalement en observant des animaux qui vivent aujourd'hui, mais qui sont loin de nous. En effet, dans l'arbre de vie, ce sont les ramifications de la partie animale les plus éloignées de nous que nous avons du mal à interpréter. Les choses deviennent plus claires à mesure que nous nous rapprochons des mammifères. Si l'on représente les lignées de l'évolution sur une page, le temps s'écoulant du bas vers le haut, voici la forme de certaines relations :

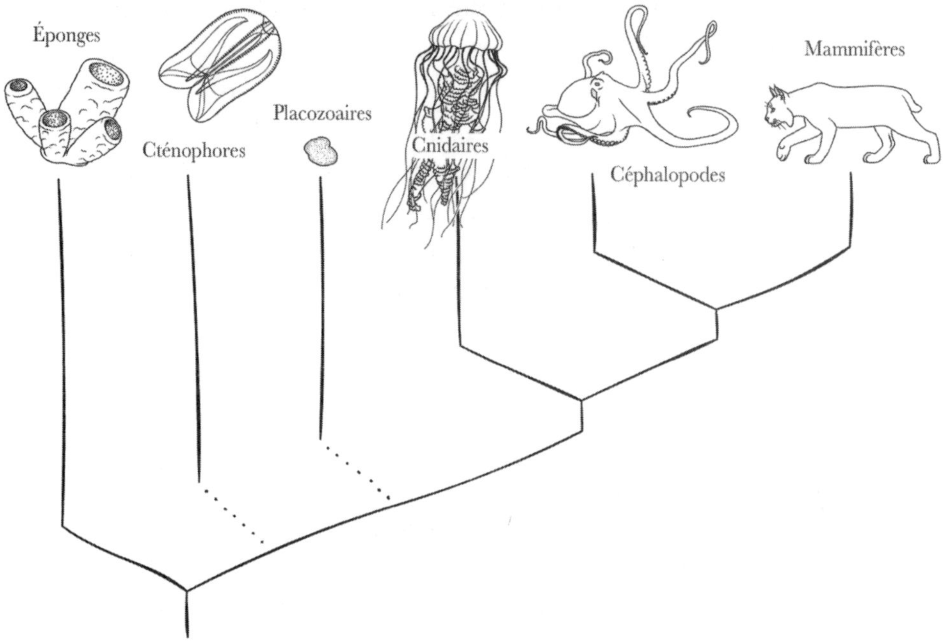

Les systèmes nerveux ont évolué quelque part en dessous de l'embranchement qui mène d'un côté aux mammifères et de l'autre aux cnidaires et aux céphalopodes. Il se peut qu'ils aient évolué deux fois ; la réponse à cela dépend de questions non résolues concernant l'arbre de vie, indiquées par les lignes en pointillé sur le schéma.

Tous les embranchements et les inventions de l'évolution évoqués jusqu'à présent se sont produits avant l'apparition de toute trace fossile d'animaux. La première période pour laquelle nous disposons de fossiles incontestables d'animaux est l'Édiacarien, qui a commencé il y a environ 635 millions d'années[16]. Cette lente ouverture de rideau sur la vie animale révèle un panorama bien différent de la vie actuelle.

Son décor est celui du plancher océanique, à des profondeurs variées, peuplé de diverses créatures à corps mou, certaines minuscules, mais d'autres pouvant atteindre ou dépasser le mètre. Malgré leur corps mou, un certain nombre d'entre elles ont laissé des traces aux formes énigmatiques : des motifs en forme de fleur, des volutes et des disques, des spirales et des ramifications fractales.

Quelle raison y a-t-il de croire qu'il s'agissait d'animaux ? Dans certains cas, le doute est effectivement permis : certains restes sont peut-être le témoignage d'une ou plusieurs expériences multicellulaires entièrement perdues, loin des animaux. Mais, dans certains cas au moins, il s'agit bien d'animaux. C'est ce qu'a confirmé en 2018 un étudiant du nom d'Ilya Bobrovskiy, en descendant en rappel le long d'une falaise dans une région reculée de Russie où se trouvent des restes inhabituellement grands et bien conservés d'un célèbre organisme de l'Édiacarien, *Dickinsonia*[17]. Ainsi que Bobrovskiy le soupçonnait, la roche ne recelait pas seulement des fossiles ordinaires, mais aussi des restes naturellement momifiés et conservés depuis plus d'un demi-milliard d'années. Les corps momifiés contenaient du cholestérol, une substance chimique fabriquée uniquement par les animaux. *Dickinsonia* était plat, vivait certainement sur le plancher océanique et ressemblait à un tapis de bain pouvant atteindre un mètre de long. On ne trouve aucune trace d'yeux, de membres ou d'autres parties évoquant un animal, et il en va de même pour les autres animaux de l'Édiacarien. Ceux-ci ont souvent des formes corporelles bien définies, en frondes ou en disques, à trois et cinq côtés, mais pas de jambes, de nageoires ni de pinces, et aucun signe de sens complexes comme des yeux.

Jusqu'ici, nous n'avons pas retrouvé dans la faune de l'Édiacarien des équivalents nets des cnidaires ou des éponges, les animaux qui nous ont servi d'indices. Mais nous avons tout de même certains candidats pour les deux cas. Certains organismes de l'Édiacarien ressemblent beaucoup aux « stylos de mer » actuels[18]. Ces animaux au nom évocateur font partie du même groupe que les coraux mous que nous avons rencontrés au début de ce chapitre. Mais, plutôt qu'à des arbres, ils font penser à une plume à écrire d'autrefois, la pointe plantée dans le fond marin, les barbes ondoyant le long d'une hampe centrale.

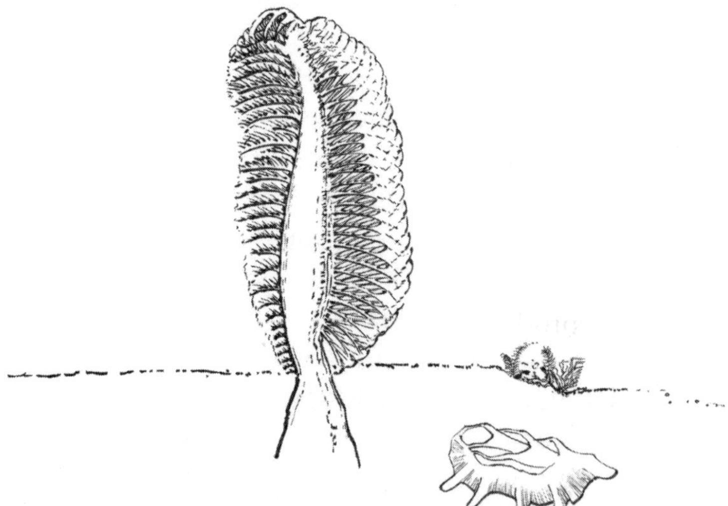

La question de savoir si les Édiacariens sont apparentés d'une façon ou d'une autre aux stylos de mer reste controversée, car des différences apparaissent entre eux dès que l'on y regarde de près. D'autres organismes édiacariens présentent également des frondes ramifiées qui évoquent des formes cnidaires, mais ces similitudes sont peut-être trompeuses. De nombreux Édiacariens ont d'abord été qualifiés de « méduses » par Reg Sprigg, qui a découvert ces fossiles en inspectant des mines désaffectées dans le sud de l'Australie en 1946[19]. La plupart d'entre eux sont aujourd'hui interprétés différemment, même s'il y avait probablement aussi de véritables méduses dont le corps s'est chiffonné à leur mort jusqu'à en devenir indéchiffrable.

Dans l'imaginaire du biologiste, l'Édiacarien a longtemps évoqué une époque calme et placide, pendant laquelle il y aurait eu peu d'interactions entre les organismes. Pratiquement aucun signe de prédation, pas d'individus à moitié dévorés, aucune trace des armes offensives ou défensives que les animaux arborent aujourd'hui. Pas de pinces ni de pointes. Bien que la question soit délicate à trancher, nous n'avons pas identifié non plus de signes de spécialisation sexuelle, et aucun Édiacarien n'a jamais été assigné à un sexe ou à un autre. La reproduction sexuée devait toutefois coexister avec divers types de reproduction asexuée (comme chez les cnidaires et les éponges aujourd'hui)[20]. Les densités étaient souvent élevées, et on voit parfois des dalles de roche recouvertes d'un fouillis de douzaines ou de centaines d'organismes de plusieurs espèces différentes. Mais même dans ces scènes à la Jérôme Bosch, ces animaux ne semblent pas vraiment se préoccuper les uns des autres. Il pourrait y avoir eu une interaction cachée au moyen de parties molles perdues, mais la plus grande partie de la machinerie familière du contact entre animaux semble absente.

Cette image placide de l'Édiacarien a persisté tant qu'aucun élément ne venait la contredire. Mais ces dernières années ont permis de le connaître avec plus de précision, et le fameux jardin a commencé à se transformer en quelque chose d'un peu plus mouvementé, certainement rythmé par des transitions et des changements.

Au vu de nos connaissances actuelles, il y aurait eu trois étapes. C'est un jeune biologiste, Ben Waggoner, qui a établi ces distinctions il y a environ vingt ans[21]. Elles ont bien résisté à l'arrivée de nouvelles données. Ces trois différents stades portent de jolis noms (grâce à Waggoner et avec l'aide de la géographie). J'utilise le mot « stades », mais, techniquement, il s'agit d'« assemblages » ; un assemblage fossile est un groupement de restes fossiles d'organismes qui se sont tous déposés à peu près en même temps.

Le premier de ces assemblages est l'assemblage d'Avalon, qui date d'environ 575 millions d'années. Bien qu'il s'agisse de la première étape, elle est assez tardive si l'on considère l'ensemble de l'Édiacarien, qui avait commencé il y a environ 635 millions d'années avec la fin d'une glaciation massive pendant laquelle la Terre avait peut-être été entièrement recouverte par les glaces. À cette période d'accalmie a succédé une autre ère glaciaire, après laquelle sont apparus les premiers fossiles. Les niveaux d'oxygène ont peut-être augmenté de manière significative après cette deuxième période glaciaire. Pendant toutes ces étapes initiales, il faut cependant imaginer un monde à faible teneur en oxygène, ce qui a sans doute limité l'activité animale, si tant est que cette dernière ait pu être une option.

L'assemblage d'Avalon, qui tire son nom d'une péninsule de l'île de Terre-Neuve au Canada, est constitué d'organismes stationnaires ressemblant à des plantes et à des frondes. (Dans une heureuse confluence étymologique, Avalon désigne en vieux gallois « l'île des arbres à fruits »[22].) Beaucoup de ces créatures ressemblent superficiellement à une seule grande feuille, ou à un groupe de feuilles enfoncé dans le plancher océanique. En y regardant de plus près, chaque feuille est une gerbe d'éléments ramifiés complexes.

L'assemblage d'Avalon contient aussi ce qui pourrait être une éponge – conique, de la bonne forme même si elle ne rappelle aucun groupe d'éponges modernes. Les éponges en général sont déroutantes[23]. Des indices chimiques et génétiques semblent indiquer qu'elles étaient présentes voire communes à cette époque, mais le registre fossile ne nous propose pour l'instant que ce candidat conique et un autre récemment découvert, qui avec ses fines tiges sortant de son centre ressemble à une vieille antenne de télévision retournée.

Les organismes d'Avalon semblent avoir vécu dans des mers très profondes, trop sombres pour la photosynthèse, à des centaines, voire des milliers de mètres de profondeur. Il s'agit aujourd'hui d'une zone très faiblement peuplée et aux conditions difficiles, qui a peut-être été le berceau d'une vie lente mais innovante à l'époque. Ces créatures subsistaient possiblement grâce à de minuscules particules de carbone organique en suspension. Leurs multiples ramifications présentent en effet une organisation « fractale » qui maximise leur surface, permettant une absorption régulière de cette manne organique microscopique ainsi que de l'oxygène nécessaire pour la brûler[24].

Puis vint ce qui ressemble à un tournant dans cette évolution : l'assemblage de la mer Blanche, en Russie, il y a environ 560 millions d'années. Ces fossiles présentent des plans d'organisation corporelle plus variés que les précédents. Ils sont toujours dénués de nageoires ou de pattes, mais, dans quelques cas, le plan d'organisation ainsi que des traces fossiles suggèrent fortement que l'animal pouvait se déplacer.

Contrairement aux créatures d'Avalon, les animaux de l'assemblage de la mer Blanche vivaient dans des eaux peu profondes. Les fonds marins deviennent dans un certain sens vivants, avec l'apparition de « tapis microbiens » que Mary Droser, une paléontologue de l'université de Californie à Riverside spécialiste de ce stade, appelle « surfaces organiques texturées ». Ces surfaces n'abritaient pas que des bactéries ou autres organismes similaires, mais probablement aussi des organismes comme des algues et des petits animaux. Le registre fossile a conservé les textures elles-mêmes, « une stratification ondulée et friable, des textures évoquant la peau d'un éléphant ». Un enchevêtrement à différentes échelles d'organismes vivants et morts constituait une surface essentiellement bidimensionnelle, une plaine marine.

Dans ce décor apparaissent de nouveaux corps et modes de vie. On trouve encore des organismes stationnaires, verticaux, qui ressemblent aux stylos de mer, mais aussi toute une série de formes plus plates qui exploitent les pâturages du tapis microbien. Certains de ces animaux se déplaçaient. *Dickinsonia*, par exemple (avec son cholestérol russe momifié), broutait probablement de façon itinérante, laissant derrière lui de faibles empreintes de tout son corps. Deux autres organismes étaient semble-t-il plus actifs. *Kimberella* est considéré comme un probable parent des mollusques. Il ressemblait à un macaron rampant, capable de gratter la surface du tapis avec une partie extensible ayant la forme d'une pelle.

Nous butons aussi sur une énigme, *Helminthoidichnites*. Ce fossile, baptisé de ce nom incroyablement compliqué au XIXe siècle, a initialement été trouvé dans des roches moins anciennes et interprété comme étant la trace d'un petit animal fouisseur, un ver ou un crustacé[25]. Des traces similaires ont ensuite été découvertes dans des roches édiacariennes situées en Australie méridionale, non loin de l'endroit où ont été découverts les tout premiers fossiles édiacariens. Elles ont été analysées en détail par Mary Droser et Jim Gehling.

Ces travaux mettent à profit une nouvelle technique d'excavation qui permet d'étudier le dessous d'énormes dalles rocheuses dans leur ensemble. Examinées de près, certaines dalles présentent des traces de mouvements complexes. L'animal vivant se déplaçait à travers les différentes couches du tapis sous-marin en créant des empilements au fur et à mesure de son avancée. Ces traces mènent aux corps d'autres animaux, dont *Dickinsonia*.

C'est la première preuve fossile de l'existence d'un animal se nourrissant de cadavres. C'est aussi la première trace physique d'un mouvement ciblé, vers un but détecté par l'animal. Au départ, les cibles sont des cadavres, mais le charognage est une transition naturelle vers la prédation, en particulier lorsque la proie est immobile ou lente.

J'ai dit plus haut que *Helminthoidichnites* était une énigme. Tous les organismes édiacariens le sont plus ou moins, mais, dans ce cas précis, le mystère est épais. Pendant longtemps, nous n'avions que les pistes fossiles, sans aucun reste de l'animal lui-même. Alors que j'étais en train de finir ce livre, un candidat est enfin apparu : une minuscule créature en forme de haricot qui pourrait être l'auteur des traces d'*Helminthoidichnites.* Elle a été trouvée en Australie du Sud, le berceau originel de l'Édiacarien.

La période des fossiles de la mer Blanche marque donc un changement : de nouveaux corps, de nouvelles capacités comportementales, un environnement différent. D'autres animaux de cette période semblent également avoir été mobiles. La forme même du corps de *Spriggina* évoque le mouvement et ressemble à celle d'un trilobite filant sur le fond marin. Aucune trace laissée par *Spriggina* ne nous est parvenue, mais cela n'a rien d'étonnant, car un animal doit creuser ou gratter pour que cela soit le cas. S'il se contente de glisser sur le dessus du tapis, rien ne témoigne de ses déplacements plusieurs millions d'années plus tard.

À cette époque, les niveaux d'oxygène continuent à croître, lentement et irrégulièrement. L'histoire s'est peut-être passée ainsi : avec plus d'oxygène, des surfaces vivantes texturées se sont développées. Elles sont devenues une ressource alimentaire, encourageant un lent mouvement sur ce tapis. Le fait de brouter entraîne une concentration des ressources dans le corps des animaux, qui meurent ensuite. Cela rend l'environnement encore plus inégal : il y a beaucoup de nourriture ici, moins là. Le mouvement devient plus intéressant, tout comme la capacité à suivre les odeurs dans la mer et à repérer les sources potentielles de nourriture.

Le troisième stade après celui d'Avalon et de la mer Blanche a été baptisé « Nama », d'après un site africain en Namibie. C'est le stade le plus proche de nous, qui va jusqu'à la fin de l'Édiacarien. Compte tenu de ce qui s'est passé dans la période précédente, on pourrait s'attendre à y trouver des formes rampantes plus complexes. Ce n'est pas le cas : ces roches sont plus calmes, et les animaux rampants, étonnamment, ont disparu. En revanche, les traces d'*Helminthoidichnites* sont toujours présentes, et une interprétation de cette période appelée « le monde des vers » soutient qu'une profusion de petits tunneliers et fouisseurs étaient les acteurs majeurs de cette troisième phase. Les animaux mobiles plus grands, qui rappelaient vaguement les mollusques et leurs semblables, ont apparemment disparu. À part les fouisseurs, la vie à Nama est retournée à la lente oscillation des formes ressemblant à des frondes (très différentes de celles d'avant). Personne ne sait pourquoi cela s'est produit. L'assemblage de Nama est semble-t-il représentatif de l'étape précédant la fin de l'Édiacarien.

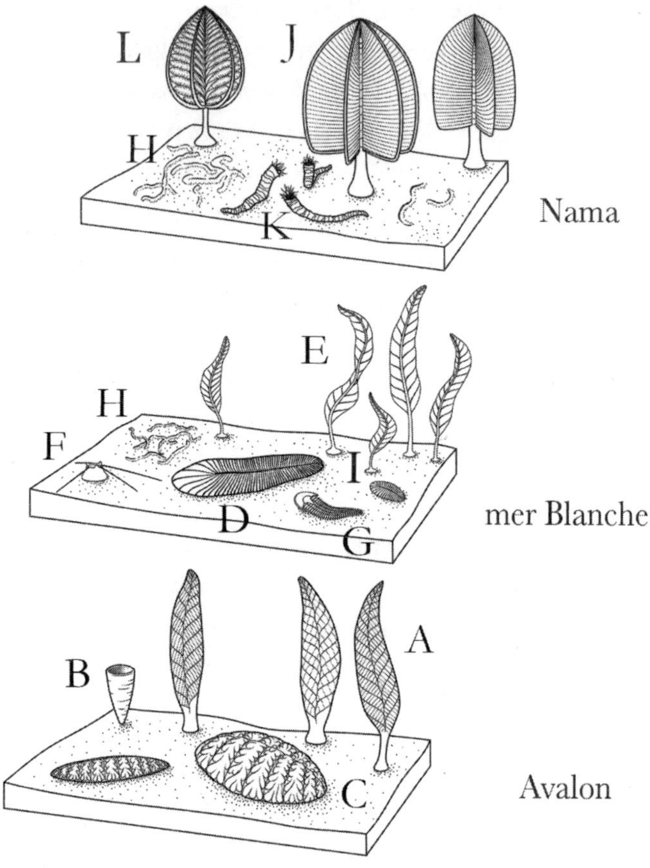

Les trois stades de l'Édiacarien. Les organismes représentés sont A : *Charnia* ; B : *Thectardis* (une éponge ?) ; C : *Fractofusus* ; D : *Dickinsonia* ; E : *Arborea* ; F : *Coroncollina* (une autre éponge ?) ; G : *Spriggina* ; H : *Helminthoidichnites* ; I : *Kimberella* ; J : *Swarpuntia* ; K : *Cloudina* ; L : *Rangea*. *Charnia* et *Rangea* font partie des organismes qui ont été comparés à des stylos de mer.

Comment ces informations s'insèrent-elles dans notre tentative de trouver des indices sur l'évolution de l'action animale ? Nous avons un premier stade dans les profondeurs d'Avalon, avec des formes stationnaires semblables à des plantes, puis une transition vers des créatures mobiles dans des mers moins profondes. Les preuves génétiques suggèrent que les systèmes nerveux ont évolué avant que ces fossiles ne soient déposés, ou peut-être durant le premier stade ; la datation est approximative. De nouveaux types de détection et d'action semblent ensuite évoluer durant le stade de la mer Blanche pour s'estomper durant le stade de Nama.

Si les Avaloniens que nous connaissons étaient des animaux dotés d'un système nerveux (en laissant de côté la possible éponge), qu'en faisaient-ils ? Il est tentant d'imaginer qu'ils coordonnaient un étirement ou une préhension, comme les coraux mous actuels. Mais, lorsque nous avons découvert des fossiles exceptionnellement détaillés de ces organismes, nous n'avons trouvé aucune ouverture dans ces corps. Contrairement au corail mou, ils n'avaient pas de bouche où porter la nourriture. Peut-être l'absorbaient-ils avec la totalité de leur corps, ce qui serait logique pour un plan d'organisation corporelle conçu pour maximiser sa surface.

Les organismes avaloniens en forme de frondes n'étaient peut-être tout simplement pas des animaux. Même si tel était le cas, les systèmes nerveux ont probablement existé sous une forme ou une autre avant l'apparition des animaux rampants observés plus tard dans l'Édiacarien. Tout porte à croire qu'ils ont évolué dans un corps à la conception radiale, par exemple dans certains organismes en forme de fleur. Nous devrions toutefois regarder aussi *vers le haut*[26].

Jusqu'ici, je me suis concentré sur les formes animales vivant sur le plancher océanique parce que c'est là que nous avons trouvé des preuves fossiles. Mais toutes sortes de formes de vie se trouvaient probablement dans la colonne d'eau – des nageurs au corps mou, comme les méduses et les cténophores. Certains stades précoces de l'évolution des systèmes nerveux ont peut-être eu lieu là-haut, en suspension dans la colonne d'eau. Les premiers nageurs à corps mou sont souvent invisibles pour la paléontologie, car leurs corps délicats ont peu de chances de se fossiliser à leur mort. Il a été suggéré que les premiers animaux rampants pourraient avoir évolué à partir de la larve (une forme immature) d'un animal de type cnidaire qui aurait atteint le fond marin et aurait commencé à se déplacer le long de celui-ci. À partir de là, on peut imaginer une séquence allant du mouvement et du pâturage sur le tapis microbien à un comportement tourné vers d'autres animaux.

Les discussions sur l'Édiacarien favorisent souvent – et de façon compréhensible – une reconstitution de l'histoire qui repose uniquement sur les acteurs représentés dans le registre fossile, vivant par conséquent sur le plancher océanique. Je me demande souvent si cette vision des fonds marins, du point de vue de l'évolution du comportement et des interactions entre les animaux, ne représente que la partie émergée de l'iceberg[27]. Une grande partie de l'histoire s'est peut-être déroulée dans la colonne d'eau, avec des animaux qui n'ont laissé que peu ou pas de traces. Si tel est le cas, il est difficile d'imaginer comment les pièces manquantes du puzzle pourraient être complétées. Mais, en biologie de l'évolution, il est souvent arrivé que ce qui était *a priori* impossible à connaître soit révélé, que ce soit grâce à une soudaine avancée technique, à la découverte d'un *Dickinsonia* momifié ou à une nouvelle idée théorique.

Cette interrogation sur le passage de la nage à la reptation met en lumière une étape que nous n'avons pas abordée jusqu'à présent, mais que nous devons examiner de près. Dans le brouillard sous-marin de cette époque, un événement a eu d'énormes conséquences. Il s'agit de l'évolution d'un nouveau type d'organisation corporelle appelée *bilatérien*, ou à symétrie bilatérale. Ces corps sont structurés autour d'un axe gauche-droite et disposent d'un avant et un arrière. Nos propres corps sont des corps bilatériens, tout comme ceux des fourmis, des escargots et des hippocampes. Nous avons des bras et des jambes de chaque côté, ainsi que des yeux et des oreilles ; de nombreuses parties du corps vont par deux et sont réparties à gauche et à droite. La majorité des animaux actuels sont des bilatériens (quelle que soit la façon dont on calcule), ainsi que certains animaux parmi les plus anciens, comme *Kimberella*, *Spriggina* et d'autres. Les cnidaires comme les coraux et les méduses ne sont pas des bilatériens, pas plus que les cténophores, les éponges ou les placozoaires.

Cette forme d'organisation corporelle a cependant évolué avant le stade de la mer Blanche de l'Édiacarien, car une version de ce type d'organisation devait exister avant les divisions qui ont envoyé les différents animaux bilatériens sur leurs différents chemins. On trouve effectivement quelques bilatériens dans l'assemblage de la mer Blanche. Le dernier ancêtre commun entre le papillon et nous, entre le poulpe et nous remonte à aussi loin que cela.

Traction

Avec sa symétrie gauche-droite, le corps bilatérien est une innovation, surtout dans le domaine de l'action. Il est conçu pour *aller* quelque part. Il n'y a pas d'animaux non bilatériens sur la terre ferme ; pas de méduses qui rampent ou qui marchent, pas d'anémones aux tentacules aériens (bien que certaines vivent dans la zone intertidale). Les corps des bilatériens sont probablement apparus sur le plancher océanique, la version marine de la terre ferme. Ce sont des corps faits pour ramper sur des surfaces, avec une direction et une traction.

Les tout premiers bilatériens étaient certainement petits et probablement plus simples que les Édiacariens fossilisés de la mer Blanche, mais nous n'en savons pas beaucoup plus à leur propos. Là encore, un indice vivant pourrait faire écho à des formes anciennes : il s'agit des vers plats, de petits animaux simples dont le nom reflète bien l'apparence.

Les vers plats sont-ils un indice utile[28] ? Peut-être pas. Les vers plats d'aujourd'hui, aussi simples soient-ils, mènent leurs affaires depuis fort longtemps. La forme du ver plat semble être apparue à plusieurs reprises, ce qui est logique. Aujourd'hui, nombre d'entre eux sont des parasites d'autres organismes, et parasitisme rime souvent avec simplicité. Les vers plats ne sont donc peut-être pas de très bons modèles pour les premiers bilatériens. Mais, en gardant ces objections à l'esprit, examinons-les de plus près, en tant qu'animaux à part entière et échos possibles à quelque chose de plus ancien.

Les vers marins plats vivent dans des fonds rocheux ou détritiques. Les plus remarquables ne sont pas les plus simples, c'est-à-dire les *Acèles*, que l'on considère comme les meilleurs indices d'une forme bilatérienne primitive, mais une autre sorte, appelée vers plats *polyclades*.

Ils ont l'air simples. Ils mesurent en général à peu près un centimètre de long, parfois moins ou beaucoup plus. Plats, ils sont souvent de forme ovale avec des bords froncés et très fins. Ils ressemblent un peu à un morceau de papier de soie.

Si l'on s'arrête pour les observer, on constate au bout de quelques instants qu'ils sont très occupés. Ils se déplacent plus rapidement que beaucoup d'autres animaux qui les entourent. Certains vers plats peuvent nager, mais même ceux qui ne font que ramper le font souvent de manière rapide et déterminée. « Je ressemble peut-être à un bout de papier froissé, mais là, j'ai vraiment *quelque chose à faire*. »

Leur corps fait beaucoup avec peu. Ils ne possèdent ni « boyau traversant » (ce qui entre par une extrémité ressort par la même extrémité) ni système circulatoire. On trouve parfois un groupe d'yeux au milieu du dos, un peu comme un cyclope, même si des yeux très simples peuvent apparaître à peu près n'importe où sur leur corps, y compris dans de minuscules plis de leur corps-tissu, un peu en hauteur par rapport au reste.

La vie sexuelle des vers plats est plus compliquée qu'on pourrait le croire. Ils sont généralement hermaphrodites, et certains pratiquent une sorte d'« escrime du pénis », en essayant de faire pénétrer leur sperme dans le corps de leur partenaire, qui fait de même. De façon inattendue, ce sont souvent des créatures exquises, aux couleurs et aux motifs éclatants. À première vue, on ne comprend pas très bien pourquoi, puisqu'ils ne peuvent pas se voir mutuellement avec leurs yeux très simples. Mais plusieurs vers plats sont des adeptes du mimétisme, qui leur permet notamment de ressembler à de petites limaces rampantes appelées *nudibranches*[29].

Les nudibranches sont des mollusques. Ils sont étroitement apparentés aux limaces et aux escargots terrestres, mais peuvent être d'une beauté stupéfiante, avec une gamme infinie de couleurs et de motifs. Ils se nourrissent souvent d'aliments chimiquement difficiles à digérer comme les éponges, ce qui les rend peu appétissants pour les poissons et autres prédateurs. Leurs couleurs vives constituent probablement un avertissement.

Les nudibranches sont classés en plusieurs groupes selon leur morphotype. Les *doridiens* ont la forme agréablement aplatie (du point de vue du ver plat qui tente de l'imiter) d'une limace, tandis que les *éolidiens* doivent leur nom à des appendices répartis sur tout le corps, des sortes de serpentins qui ondulent continuellement sous l'eau comme s'ils étaient pris par la brise. (Dans la mythologie grecque, Éole est le régisseur des vents.) Chaque printemps, dans un récif proche du site que nous avons visité en ouverture de ce chapitre, de minuscules éolidiens apparaissent. On les trouve surtout sur les bryozoaires, des animaux vivant en colonie qui ressemblent à des arbustes faits de brins enchevêtrés. Les éolidiens se posent sur eux, presque impossibles à voir. On dirait de minuscules oiseaux bijoux, longs de quelques millimètres, nichés dans des arbres dont les branches seraient de fins cheveux.

Tritonia est un groupe d'espèces proches des éolidiens sur l'arbre de l'évolution. Il compte quelques grands animaux à présent bien étudiés, mais aussi une forme insaisissable qui vit dans les coraux mous et les éponges de ce chapitre. Ces tout petits mollusques blanc perle arborent des excroissances pointues sur leur corps qui ressemblent à des flèches de cathédrale. Sur ces excroissances se trouvent d'autres excroissances, flèches sur flèches. On dirait qu'elles ont été conçues par un architecte miniature, un Gaudí des gastéropodes.

Ces *Tritonia* blancs sont difficiles à voir, notamment parce qu'ils se confondent avec les polypes de coraux mous dotés de leur double pointe ouvragée blanc perle. Il m'a fallu un certain temps pour comprendre qu'il s'agissait, là aussi, d'un exemple de mimétisme. Une fois, j'ai vu un *Tritonia* se déplacer très lentement près d'une colonie de coraux mous. Sans trop savoir pourquoi, j'ai pensé non pas à du mimétisme ou à du camouflage, mais à un hommage. Les deux organismes avaient pris la même forme et se tenaient l'un près de l'autre dans une sorte d'harmonie de formes, le corail s'étirant et le *Tritonia* paraissant le suivre : « Mon corps, semblait-il dire, rend hommage aux premières actions animales. »

Chapitre 4

La crevette manchote

Il est probable qu'un crabe se sentirait outragé s'il entendait avec quelle désinvolture nous le classons une fois pour toutes parmi les crustacés. « Vous vous trompez, dirait-il ; je suis *moi-même*, MOI-MÊME et rien d'autre. »

WILLIAM JAMES, *L'Expérience religieuse. Essai de psychologie descriptive.*

Un chef d'orchestre

À quelques mètres des buissons de coraux mous qui montent et descendent avec la marée, au fond de cette même plaine sablonneuse, une vieille canalisation court du rivage jusqu'au milieu de la baie. Une vie d'une grande diversité s'est développée autour de ce gros tuyau à moitié enterré. Essayons de le suivre : sur notre passage, les éponges ajustent imperceptiblement le flux d'eau qui parcourt leur corps, et les coraux mous déploient leurs tentacules en forme de doigts. On passe devant ces formes lentes d'action animale, jusqu'à ce que sous une corniche apparaisse quelque chose de tout à fait différent : un mouvement d'antennes. Le remue-ménage de nombreuses pattes. Et une attention orientée vers vous tandis que vous vous approchez.

Le corps des grandes crevettes nettoyeuses est rayé de rouge et de blanc, en barrière de chemin de fer. Ce sont des crustacés, comme les homards et les crabes. Le terme « crevette » est une dénomination vague qui ne désigne pas une branche précise de l'arbre de l'évolution : on appelle communément « crevettes » des animaux qui appartiennent à plusieurs branches voisines. Les crustacés ne constituent d'ailleurs pas non plus une branche unique. Mais tous ces animaux sont des arthropodes et forment une branche importante et significative de l'arbre[1]. La grande crevette nettoyeuse (dont le nom scientifique est *Stenopus hispidus*) mesure un peu moins de dix centimètres. Sa troisième paire de pattes est plus grosse que les autres et dotée de pinces impressionnantes. Elle arbore aussi plusieurs longues antennes blanches, plus longues que son corps.

Lors d'une plongée, j'avais observé deux de ces animaux à un endroit donné. Des mois plus tard, alors que je passais non loin de là, j'ai décidé de faire un détour pour vérifier s'ils étaient toujours là, eux ou leurs semblables. J'ai effectivement trouvé une crevette installée sur le bec d'une ascidie. Elle avait perdu l'une de ses deux grosses pattes. Cela ne semblait pas trop l'affecter, car elle avait encore une profusion d'autres membres, y compris plusieurs petites pinces pour seconder l'énorme pince restante.

La crevette a passé un certain temps devant un petit requin assoupi sous un rebord rocheux. Elle semblait le titiller avec ses pattes, alors qu'il remuait vaguement sans lui prêter beaucoup d'attention. À un moment donné, la crevette a grimpé sous la corniche et a dû s'y suspendre la tête en bas, car on ne voyait plus que quelques longues antennes qui pendaient comme les moustaches d'un chat.

J'ai pensé : si j'essayais de les effleurer ? Le risque était d'effrayer la crevette, mais elle pouvait toujours se réfugier plus loin sous la corniche si elle le voulait. Et elle ne semblait pas du tout impressionnée par le requin. J'ai donc tendu la main et doucement caressé l'une des antennes. À ma grande surprise, la crevette est immédiatement descendue de son perchoir et s'est retournée vers moi.

J'étais ravi. Après des années passées à suivre des poulpes, je suis habitué à l'idée d'un certain degré de contact avec des animaux invraisemblables, mais j'ai tout de même été surpris par le regard direct que m'a lancé cette crevette. Elle a repris sa course. Que se passait-il en elle ? Elle avait enregistré ma présence et permis d'autres contacts. Elle se tenait avec son unique pince brandie devant le requin endormi, tel un petit chef d'orchestre.

De tous les animaux décrits jusqu'à présent dans ce livre, c'est le premier qui peut distinguer des objets de la même manière que nous (bien que certaines méduses particulières dont j'ai parlé plus tôt, les cubozoaires, aient des yeux de ce type). C'est aussi le premier qui se déplace *vite*, vers vous ou loin de vous. Elle manipule des objets. Elle oriente son action et son regard. Cet animal entretient une relation différente avec son environnement et se distingue par un mode d'existence différent de tous ceux dont j'ai parlé jusqu'à présent. Comment est-il apparu ?

Le Cambrien

Les animaux de ce type sont un produit du Cambrien, une autre période charnière dans l'histoire de la vie animale. Dans le chapitre précédent, nous avons examiné l'Édiacarien, la période juste avant, à laquelle remontent les premiers fossiles d'animaux connus et qui voit les animaux passer de l'immobilité des fleurs à la reptation et au fouissement. Le Cambrien, qui commence il y a environ 540 millions d'années, marque un changement soudain, presque une rupture[2]. Parmi ses fossiles, on trouve des animaux dotés de parties dures, de pattes, de coquilles et d'yeux bien visibles. Ces pionniers sont de lointains parents de notre crevette.

Les scientifiques se demandent encore s'il y a effectivement eu un changement *soudain* (« soudain » impliquant tout de même une échelle de temps d'un million d'années) ou si ces apparences sont trompeuses. Il existe plusieurs théories sur les raisons de l'apparition d'un éventail très large d'animaux à cette époque, bien que ces points de vue mettent en avant la plupart du temps des facteurs qui ont pu agir de concert. Certes, les conditions environnementales changent, il y a davantage d'oxygène, et la chimie de l'océan devient plus favorable à la vie animale. Mais, au-delà d'un effet purement chimique, la période est peut-être le théâtre du début d'un nouveau régime au sein de l'évolution elle-même.

Durant l'Édiacarien, au stade de la mer Blanche, des animaux se mettent à ramper sur les surfaces et à s'enfouir dans le tapis sous-marin. Les premiers charognards apparaissent. Un chemin évolutionnaire se dessine, qui commence par un déplacement lent vers la nourriture, puis un peu moins lent pour arriver le premier. À partir de là, le charognard se transforme en prédateur, ce qui déclenche une « course aux armements ». Si d'autres animaux essaient de vous manger, de repérer votre odeur et de vous poursuivre, il est utile d'améliorer vos propres sens et vos moyens de locomotion. L'évolution des yeux a peut-être joué un rôle particulier dans ce processus, mais celui-ci a rapidement englobé de nombreuses facettes de la perception/détection et du comportement.

Pour valider cette interprétation, nous aimerions disposer de preuves fossiles irrévocables, par exemple de restes d'Édiacariens surclassés et malmenés par les nouveaux venus. Mais il n'existe aucune trace fossile d'un tel remplacement actif. Pour autant que nous le sachions, les Édiacariens ont disparu au moment de l'apparition des animaux du Cambrien. Ils semblent simplement avoir quitté la scène, remplacés par une autre équipe[3].

Les arthropodes ouvrent donc la voie. Ce groupe comprend aujourd'hui un grand nombre d'insectes arrivés plus tard, dont nous parlerons en temps voulu. Leurs premières formes ressemblent souvent à des crustacés bien que les plus remarquables, les trilobites, soient plus proches des araignées. À cette époque, les arthropodes inventent une nouvelle façon d'être un animal, avec un squelette qui soutient et organise des actions complexes. Ils inventent aussi les pinces et des yeux capables de former une image.

La grande crevette nettoyeuse est un exemple de ce nouveau type d'animal ; elle est l'essence même de l'arthropode, elle résume sa façon d'être. Il m'a fallu un certain temps pour identifier les différentes parties dans cet enchevêtrement de membres. En gros, on remarque d'abord deux grosses pinces au bout de deux pattes hypertrophiées (sauf pour l'individu auquel je rendais visite, qui en avait perdu une). Il y a ensuite deux autres paires de pattes avec des dispositifs de préhension plus petits à leur extrémité. Cela fait quatre pinces supplémentaires. Enfin, divers appendices qui ressemblent à des peignes extensibles et d'autres parties mineures. En regardant les photos, la trousse à outils standard semble composée de six pinces, quatre pattes, six antennes et deux autres éléments ressemblant à des peignes. Cela fait dix-huit membres et protubérances : un couteau suisse, pratiquement.

Ce n'est pas un corps facile à contrôler. À un certain moment, l'unique grosse pince de la crevette a attrapé l'une de ses propres pattes avant de la libérer rapidement. Elle a utilisé plusieurs de ses appendices, en particulier les petites pinces, pour fouiller et ramasser des morceaux de nourriture. Ces actions sont très éloignées du lent déploiement du corail mou et du pompage silencieux de l'éponge.

Ce côté boîte à outils est assez typique des arthropodes. Tiens, un bernard-l'hermite : et si on lui collait des sortes de spatules sur le dessus ? *Pourquoi pas* ? C'est la façon dont les arthropodes évoluent : en cas de doute, ajoutez des pattes, collez des spatules sur votre tête. Ma crevette à une pince appartient à une espèce qui en a habituellement deux, mais il existe des crustacés qui ont naturellement une petite pince et une pince énorme, surdimensionnée, comme si l'animal l'avait achetée un soir tard en ligne.

L'évolution des arthropodes est exubérante depuis un demi-milliard d'années. Le plus grand arthropode qui ait jamais été trouvé est un *anomalocaride* géant[4]. Ce groupe, apparu au Cambrien, compte des prédateurs qui se déplaçaient en nageant. Le plus grand d'entre eux, qui mesurait deux mètres de long ou plus, était toutefois un paisible mangeur de plancton, un peu comme une baleine à fanons.

Les arthropodes ne sont plus aussi nombreux à nager aujourd'hui, même si leur compétition en eau libre a été spéciale et redoutable pendant un long moment. Les arthropodes nageurs d'aujourd'hui sont la plupart du temps petits, délicats et très beaux. Lors d'une plongée dans le détroit de Lembeh, en Indonésie, j'ai vu des crevettes d'anémone du genre *Periclimenes* (nommées, je pense, d'après un petit-fils de Poséidon capable de se transformer à volonté, bien que de nombreuses espèces aient maintenant été déplacées dans le genre *Ancyclomenes*, un nom qui fait penser à un antibiotique et vient du grec *ancylos*, « courbé »). Ces crevettes nettoient d'autres animaux, mais vivent parmi les anémones

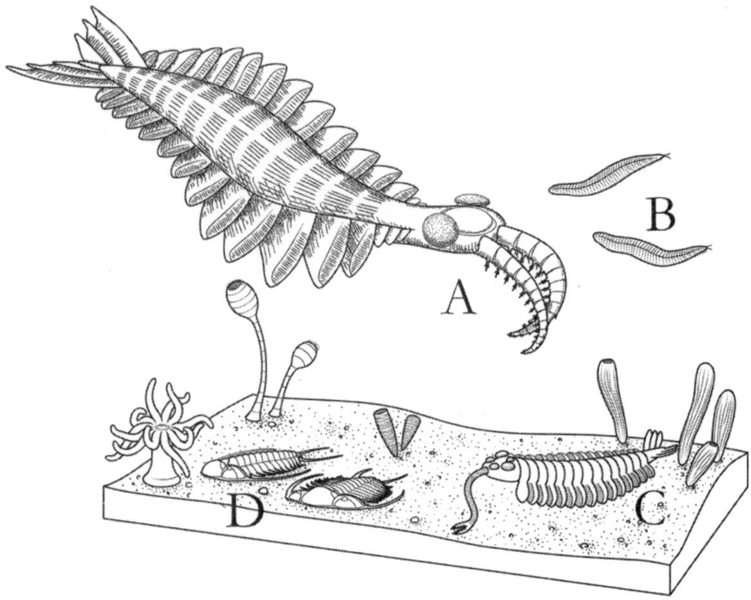

Une scène cambrienne. Les animaux représentés sont A : *Anomalocaris* (la version prédateur, pas le gentil géant mentionné dans le texte, qui est apparu plus tard) ; B : *Pikaea*, que nous rencontrerons au chapitre 7 ; C : *Opabinia*, un autre prédateur apparenté aux arthropodes ; D : *Cheirurus*, un trilobite.

pour se protéger. Elles sont minuscules, presque transparentes, avec quelques éclaboussures et rayures de couleur vive. Bourdonnant autour de leur anémone, elles ressemblent à un groupe d'anges heureux.

Chez ces animaux, aux bons yeux et aux pinces finement articulées, il existe un engagement avec les objets extérieurs, tant du côté de la détection que du côté de l'action. Ils peuvent voir les objets et les manipuler. Bien que la crevette nettoyeuse que j'ai rencontrée ait perdu une patte, c'était le seul animal présent doté de pattes ou de pinces. Autour d'elle, il y avait des mollusques et des vers, ainsi que le requin, et aucun d'entre eux n'était particulièrement bien équipé pour manipuler des objets. (Il n'y avait pas de poulpes ce jour-là.) L'arthropode pouvait agir sur les objets d'une manière qu'aucun des animaux présents ne pouvait égaler : un véritable maestro. Il en est allé de même au Cambrien, et, à l'époque, aucun animal n'avait de dents (contrairement au petit requin endormi). Au royaume des sans-bras, la crevette manchote est reine.

La détection chez les animaux

Au chapitre 3, je me suis penché sur les débuts de l'action animale. Maintenant, sous les yeux attentifs de la crevette, intéressons-nous à quelques épisodes de l'histoire de la détection animale.

La détection, comme l'action, n'a pas été inventée par les animaux ; toute vie cellulaire présente une forme de détection. Les organismes unicellulaires peuvent détecter des contacts, des substances chimiques, la lumière et même le champ magnétique terrestre. Mais, chez les animaux, la détection a connu une, voire plusieurs transitions.

Dans le chapitre précédent, nous avons vu des actions qui impliquent la coordination de nombreuses parties organisées dans l'espace. Le même type de changement s'est produit avec la détection[5]. Les animaux ont développé des surfaces, des réseaux et des écrans sensibles, capables de capturer une empreinte ou une image. La rétine de l'un de vos yeux, par exemple, est une couche organisée de cellules sur lesquelles la lumière entrante forme un motif. Le motif ou l'image ne sont pas *vus* par le cerveau, mais leur disposition spatiale (quelles parties sont à côté de quelles autres) a des effets en aval, sur les neurones qui y sont connectés. Les capteurs de notre peau qui détectent le toucher sont similaires, enregistrant la forme d'une empreinte ou la texture d'un objet.

Plus tôt, j'ai évoqué l'idée selon laquelle l'évolution de l'action aurait quelque peu « devancé » l'évolution de la détection. C'est une spéculation. Nous ne savons pas dans quel ordre ont évolué les nouveaux types de détection et d'action. À partir du Cambrien, les deux progressent rapidement. Quoi qu'il en soit, l'évolution de la détection multicellulaire, au même titre que celle de l'action multicellulaire, bouleverse la nature des animaux en transformant des parties du corps en cartes ou reflets de fragments de leur environnement.

Les yeux sont un cas d'école. Ils deviennent sophistiqués dès le début du Cambrien. Dans la plupart des cas, les yeux des arthropodes sont « composés », c'est-à-dire qu'ils comportent de nombreuses petites parties qui ont chacune leur propre lentille. Nos yeux, en revanche, ont chacun une lentille et une rétine : c'est le modèle « appareil photo ». Certaines araignées sont des cas particuliers parmi les arthropodes, car elles ont des yeux plus semblables aux nôtres (certaines ont même en dotation l'équivalent d'un téléobjectif !). Mais les yeux les plus élaborés des arthropodes, et selon certains critères les yeux plus élaborés de tout le règne animal, sont ceux de la crevette-mante.

Les crevettes-mantes, ou stomatopodes, comptent parmi les arthropodes marins les plus actifs à l'heure actuelle. Elles ne sont pas très grandes, mais évoquent à certains égards les années de domination arthropode au Cambrien. J'ai suivi l'une d'entre elles pendant un certain temps dans le détroit de Lembeh en Indonésie. Elle mesurait environ quinze centimètres de long, ressemblait à un homard compact et avait une tête festonnée dans le plus pur style arthropode : clubs de golf et boules disco.

Elle a filé sur le fond marin. Je l'ai suivie, pas de trop près, mais sans la lâcher. Elle a continué à avancer, tout en pilant à plusieurs reprises pour me regarder. Je l'imaginais en train de se dire à chaque fois « Quoi ? mais QUOI à la fin ? » sur un ton irrité. (Une interprétation plus correcte serait : contrôle… contrôle…) Dans cette situation, un animal tourne normalement la tête ou fait pivoter son corps vers l'arrière pour regarder l'importun, mais les yeux de la crevette-mante sont deux sphères au bout de pédoncules capables de tourner librement et indépendamment l'une de l'autre. Elle pouvait donc effectuer son inspection furibonde sans se retourner.

Les crevettes-mantes peuvent regarder le même objet avec différentes parties d'un œil et apprécier ainsi la profondeur avec un seul œil. Leurs yeux possèdent une douzaine de récepteurs de couleurs différentes, contre trois pour nous. Ces animaux possèdent également un arsenal offensif sophistiqué, composé principalement de marteaux et de piques agencés à l'aide de « ressorts, loquets et leviers[6] » (je cite un article coécrit par Roy Caldwell, le biologiste de Berkeley et « chuchoteur » de stomatopodes qui a fait plus que quiconque pour élucider les capacités de ces animaux). Lorsqu'un marteau est libéré par cet appareil, son mouvement atteint pendant un instant des vitesses extraordinaires et peut vaporiser l'eau.

Les crevettes nettoyeuses se comportent de façon plus paisible. Lors de mes rencontres avec elles, lorsqu'elles sortaient pour m'inspecter, j'ai d'abord eu l'impression que leur réaction était inquisitrice. Plus tard, j'ai fini par comprendre la biologie de ce phénomène. Ces crevettes, comme les toutes petites que j'ai vues en Indonésie, nettoient de plus gros animaux[7]. Elles mangent les parasites des poissons, des anguilles et des tortues. La crevette manchote qui était venue m'accueillir vérifiait probablement si j'étais un candidat au nettoyage, un futur client.

L'action et la détection sont désormais en place à l'échelle multicellulaire. Il ne s'agit pas seulement d'améliorations d'un côté et de l'autre, mais de progrès complémentaires. Leur combinaison donne une nouvelle forme aux relations entre ces deux capacités anciennes.

Les antennes de la crevette nettoyeuse offrent un exemple idéal pour introduire ce thème. Elles sont interminables et mesurent plusieurs fois la longueur du corps. Actives, elles s'agitent dans toutes les directions et sont aussi sensibles. Si je tends le doigt et touche une antenne, la crevette réagit immédiatement. Ces animaux se cachent souvent sous d'étroites corniches. Leurs antennes heurtent donc sans cesse des objets, à cause des actions mêmes de l'animal. La crevette est capable d'identifier les contacts qui sont dus à ses propres déplacements et ceux qui sont dus à l'action d'une *autre* personne, moi par exemple.

Je n'ai pas connaissance de recherches sur l'utilisation de ces antennes ni sur la façon dont les crevettes gèrent la relation entre les événements qu'elles ont elles-mêmes provoqués et ceux causés par d'autres[8]. Il a été démontré que les animaux de ce type, les écrevisses et les mouches par exemple, possèdent des systèmes qui modulent l'interprétation des informations sensorielles en fonction de l'enregistrement par l'animal de ce qu'il est en train de faire[9]. Cette capacité est une caractéristique générale des animaux ; pas de tous les animaux, mais d'un grand nombre d'entre eux, y compris certains dont le système nerveux est plus simple que celui des arthropodes. Il existe une forme de coordination entre les parties de l'animal qui perçoivent et celles qui agissent. Vous déterminez quels sont les changements sensoriels prévisibles en rapport avec votre activité du moment (selon que vous soyez en mouvement ou immobile, etc.) et isolez les changements sensoriels supplémentaires, qui signalent l'intervention de quelque chose d'extérieur à vous, comme un plongeur qui vous tapote l'antenne.

Si un animal ne possède pas un dispositif de ce genre, il est déconcerté par ses propres mouvements dans sa tentative de comprendre ce qui l'entoure. S'il le possède, il détecte désormais le monde d'une manière qui enregistre la séparation entre *soi* et *l'autre*, entre l'animal lui-même et tout le reste. Ce suivi peut parfois être réalisé par un système nerveux de manière très simple, mais, quelle que soit la manière dont il est effectué, l'animal attribue maintenant certains événements à des causes extérieures et d'autres à des événements qu'il a lui-même provoqués. Il traite le monde d'une nouvelle manière, sensible à la distinction entre soi et le monde extérieur.

Dans la littérature, cette étape est souvent décrite comme la gestion d'un problème auquel les animaux sont confrontés. Je l'ai moi-même fait plus haut. Le neuroscientifique Björn Merker présente les choses de cette manière dans un article qui a eu beaucoup d'influence[10]. Pouvoir se mouvoir est une bonne chose, dit Merker, mais le mouvement a des coûts ; l'un d'entre eux est que le monde devient plus confus. Mais on peut aussi envisager cette situation autrement. Le fait que nos actions affectent nos sens n'est pas seulement un problème, c'est aussi une possibilité à explorer. Par l'action, on peut sonder le monde et provoquer de nouveaux stimuli. On peut tapoter, intervenir et faire en sorte que le monde vous réponde. Les antennes de la crevette le montrent clairement. L'action met au jour, à travers l'usage des sens, une combinaison de difficultés et de clarifications possibles, simples ou complexes selon nos capacités d'action et de détection.

Ce type de détection qui manifeste la relation entre soi et l'autre est une caractéristique importante du mode de vie animal. Elle donne lieu à une nouvelle manière d'être au monde, car elle implique l'établissement d'un point de vue, d'une perspective, dans un sens nouveau.

Jusqu'à présent, j'ai parlé de manière générale de la « détection », mais ce phénomène diffère beaucoup d'un sens à l'autre. Dans le cas de la vision et du toucher, nos actions ont des effets immédiats et importants sur ce que l'on perçoit. Un léger mouvement de la tête modifie l'ensemble du champ visuel, ce qui serait très déroutant si l'on ne se rendait pas compte que l'on avait bougé la tête. Il en va de même pour le toucher. L'ouïe fonctionne de manière très différente : les effets de nos actions sur ce que l'on entend sont certainement réels, mais souvent plus légers[11]. Bouger la tête pendant que l'on écoute a des conséquences, mais notre monde auditif ne change pas radicalement. Les petits mouvements ont des effets moins marqués sur ce que l'on entend. L'odorat et le goût, les sens chimiques, sont encore différents et se situent peut-être entre ces deux pôles.

Avec toutes les incertitudes liées au registre fossile, nous ne savons pas exactement quand ces nouvelles façons de percevoir le monde sont apparues. Rien de tout cela n'a surgi du néant. Le Cambrien a probablement joué un rôle particulier, puisque tant les yeux que de nouvelles façons de se déplacer semblent avoir évolué à cette époque. Certains trilobites du Cambrien possédaient également des antennes. La crevette nettoyeuse, encore une fois, est un bon exemple pour examiner ces questions. Ces crevettes sont des objets tout à fait tridimensionnels avec leurs antennes et leurs pinces terminant leurs longues pattes. Elles occupent beaucoup d'espace, leur corps est très *présent*. La crevette est la source et le centre d'une grande partie de l'exploration et de la manipulation des objets environnants. Je pense que l'expérience d'une crevette est celle d'un monde très spatialisé, avec une distinction entre *ce qu'elle est* et *ce qu'elle n'est pas*. Lorsque mon amie manchote a attrapé l'un de ses membres avec sa pince, elle l'a immédiatement relâché.

Les animaux nettoyeurs ont d'ailleurs tendance à se distinguer dans ce domaine. Leur mode d'engagement avec ce qui les entoure est particulièrement fin, car ils ont affaire au plus complexe de tous les facteurs environnementaux : les autres agents. On utilise le « test du miroir » pour déterminer si un animal est capable de *se reconnaître* dans un miroir, par exemple en touchant ou nettoyant une partie de son corps qui ne peut être vue que dans son reflet. Très peu d'animaux réussissent ce test, en général des mammifères ou des oiseaux. Jusqu'à présent, le seul animal en dehors de ces deux catégories ayant réussi ce test est un poisson nettoyeur[12].

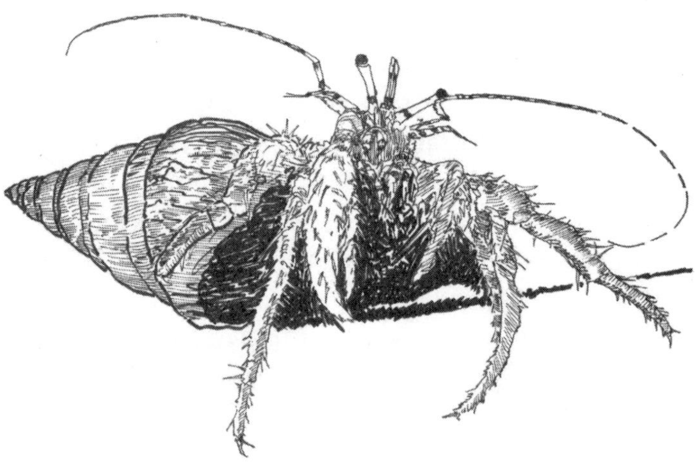

Un crabe curieux

Les crustacés sont la plupart du temps des animaux actifs, dotés de sens aiguisés, qui vivent plutôt longtemps. Ils ont été vus et traités comme de petits robots, une impression confortée par leur coquille dure. Mais il se passe plus de choses à l'intérieur de ces animaux qu'on ne le pense généralement.

Des travaux particulièrement importants ont été réalisés par Robert Elwood, de l'université Queen's de Belfast, et ses collaborateurs[13]. Les bernard-l'hermite sont des crabes qui récupèrent les coquilles laissées par les escargots marins pour s'installer dedans. Ils se déplacent à l'intérieur de la coquille, comme dans une armure ou une maison mobile. Elwood et ses collaborateurs ont recueilli de nombreux éléments qui démontreraient que ces animaux ressentent quelque chose de comparable à la douleur. Ce qui compte ici, ce n'est pas qu'ils tressaillent ou réagissent à des événements désagréables, mais le fait que leur comportement suggère que nous n'avons pas affaire à un simple réflexe corporel, qu'ils ressentent quelque chose de similaire à la douleur.

Nous parlerons souvent de la douleur dans ce livre à partir de maintenant. Je vais donc introduire quelques termes qui s'y rapportent. Le mot *nociception* fait référence à la détection d'une atteinte à l'intégrité corporelle ainsi qu'à la réponse à cette atteinte. La nociception est très courante chez les animaux, mais elle est souvent interprétée comme un réflexe. Les biologistes ont donc tendance à considérer que la nociception ne suffit pas pour parler de douleur et cherchent des marqueurs de quelque chose de plus, quelque chose qui serait lié au *ressenti* de la douleur. Chez des animaux qui ne peuvent pas nous dire ce qu'ils éprouvent, tous ces marqueurs sont plus ou moins contestables. Il peut s'agir du soin et de la protection des blessures, de la recherche de substances chimiques qui atténuent la douleur (souvent les mêmes que celles qui agissent sur nous) et de certaines formes d'apprentissage des conséquences positives et négatives d'une action donnée. Elwood et son groupe ont par exemple montré que les crevettes, d'une certaine façon, soignent leurs blessures. Lorsque l'on aspergeait l'une de leurs antennes de vinaigre ou d'eau de Javel, elles la nettoyaient et la frottaient contre la paroi de l'aquarium.

Un autre type d'expérience consiste à rechercher les compromis réalisés par les animaux. L'hypothèse est la suivante : si un animal ressent quelque chose de désagréable et qu'il est raisonnablement intelligent, il cherchera un équilibre entre le caractère désagréable de cette sensation et les autres avantages et inconvénients de la situation. Un tel comportement est très différent d'une réponse réflexe. Or les bernard-l'hermite font des compromis de ce type. Elwood utilise pour ses expériences de petites décharges électriques, qui peuvent inciter un crabe à abandonner sa coquille. Hors contexte, ce résultat ne signifie pas grand-chose. Mais Elwood a constaté que, lorsqu'un crabe est installé dans une coquille confortable et solide, il est plus réticent à l'abandonner, c'est-à-dire qu'il supporte une décharge plus forte avant de quitter son abri. S'il y a une odeur de prédateur dans les parages, l'animal est également moins enclin à sortir. Là encore, il tolère un choc qui l'aurait fait déménager dans d'autres conditions. Tout cela suggère qu'il existe pour le bernard-l'hermite un éventail de possibilités et d'événements qu'il perçoit comme positifs ou négatifs. Il évalue ainsi, bien que négativement, la douleur causée par une décharge électrique légère en fonction d'autres considérations avant de prendre une décision. D'autres résultats de ces expériences sont frappants, dans la mesure où ils suggèrent la présence de sensations. Les crabes sortis de leur coquille suite à une décharge inspectaient parfois soigneusement la coquille après coup, essayant apparemment de localiser la source du problème.

Ces expériences sur les crustacés représentent, pour autant que je le sache, le premier travail portant sur un animal invertébré qui ait apporté des preuves qu'ils pouvaient ressentir de la douleur. Ces travaux ne sont toutefois pas définitifs, ainsi que le reconnaît Elwood lui-même. Les tests employés peuvent par exemple être mis en cause. Elwood se défend en déclarant que ses tests ont apporté de bonnes preuves de la douleur lorsqu'ils ont été employés sur des animaux vertébrés plus familiers. On lui répond parfois que « si une crevette aussi réussit le test, cela montre que le test n'est pas bon ». C'est une analyse possible, qu'aucun argument ne permet de balayer. Mais il s'agit manifestement d'une réponse *ad hoc*, qui ressemble à une tentative pour éviter d'avoir à changer d'avis, du moins tant qu'aucune autre explication n'est donnée. Le travail d'Elwood fournit bien des éléments tangibles en faveur de l'hypothèse selon laquelle ces animaux sont capables de ressentir quelque chose de semblable à la douleur.

Très souvent, pour soutenir que les crustacés ou d'autres animaux ne peuvent pas ressentir de douleur, on avance qu'ils ne possèdent pas les aires du cerveau impliquées dans la douleur chez l'homme. C'est un mauvais argument. Ainsi que le répond Elwood, les crustacés ne sont pas non plus dotés de cerveaux avec des aires visuelles semblables aux nôtres, et pourtant il ne fait aucun doute qu'ils voient[14]. L'évolution construit parfois une série de structures différentes qui remplissent la même fonction. Cela s'applique clairement à la vision et probablement aussi à la douleur.

Dans la plupart des pays, la prise en compte du bien-être des crustacés est pratiquement nulle ; personne ne se préoccupe des traitements qui leur sont infligés, et les faire bouillir vivants est une pratique courante. Les bernard-l'hermite sont peut-être un peu différents des autres crustacés et semblent mener une vie plutôt complexe, mais les preuves de la douleur chez les crustacés ne se limitent pas à cette espèce. Les crustacés ont des capacités que l'on ne soupçonnait pas.

Il y a quelque temps, j'étais sous l'eau en train de photographier une scène paisible : une ascidie sous une corniche, avec une éponge qui l'enveloppait dans une sphère presque parfaite. J'avais l'impression de contempler une lune violette suspendue dans un espace sombre.

J'étais là depuis un moment, en train de manipuler tranquillement mon appareil photo, quand un grand remue-ménage a brusquement rompu le calme qui régnait. Un gros bernard-l'hermite a dégringolé du plateau rocheux et a atterri juste devant moi. Avec sa maison, il faisait à peu près la taille d'une orange. Comme tout était immobile un instant auparavant, je soupçonne fortement le bernard-l'hermite de m'avoir espionné depuis la corniche et d'avoir perdu l'équilibre, ce qui l'a amené à faire cette belle dégringolade, ce roulé-boulé de pinces, avant de s'écraser doucement devant moi. Il s'est remis sur ses pattes immédiatement et a couru se cacher sous un rebord.

Avec un peu d'hésitation (je ne fais pas ce genre de choses normalement), je l'ai doucement attrapé et l'ai placé dans un espace dégagé. Il est revenu en trombe vers la corniche. Quand je l'ai soulevé, une masse de serpentins orange vif est sortie, comme de petits feux d'artifice. Ce sont des défenses, des brins urticants appelés *acontia*, émis non pas par le crabe, mais par des anémones. En plus de s'installer dans des coquilles, certains bernard-l'hermite ramassent des anémones avec leurs pinces et les disposent soigneusement devant leur logis. Ils utilisent les dards de l'anémone pour se protéger des prédateurs, notamment des poulpes. L'odeur du poulpe incite ainsi certains bernard-l'hermite à ramasser des anémones s'ils ne sont pas assez couverts, et les individus dominants volent parfois les anémones collées sur la coquille d'autres crabes pour les déposer sur leur propre coquille.

Ce bernard-l'hermite, mâle ou femelle*, a en tout cas déguerpi sous le rebord aussi loin que sa coquille le lui permettait[15]. De là, ses yeux placés au bout de longues tiges me fixaient.

Le travail d'Elwood est important, et pas seulement pour les crustacés. Il y a quelque temps, alors que je retrouvais la terre ferme après une plongée sous-marine auprès de ces crustacés qui s'impliquent activement dans leur monde, j'ai soudain été frappé par le fait qu'une fois que l'on s'habitue à voir les crabes et les crevettes comme des animaux ayant une expérience, cela a des implications pour d'autres animaux, et plus particulièrement pour les insectes.

---

* Plusieurs fois dans ce livre, je décris des animaux dans des situations où il est difficile de déterminer le sexe de l'individu en question. (On croise également quelques hermaphrodites à la fin du chapitre 3, mais leur désignation n'impliquait pas de faire un choix dans le genre des pronoms). Je refuse de les désigner par le pronom *it*, et bien que j'utilise le pronom *they* au singulier dès que je le peux, cela ne fonctionne pas nécessairement ici. Or les histoires résonnent de manière différente lorsqu'on attribue à leur protagoniste un sexe plutôt qu'un autre. Dans ces cas, j'attribuerai un sexe particulier à l'animal si j'ai des indices pour me guider, même s'il s'agit d'indices peu fiables, et je décrirai ces indices dans le texte ou dans les notes de fin de texte. Si je n'ai aucun indice, j'attribuerai à mon héros un sexe de façon arbitraire en me basant sur une bizarrerie quelconque. Ici, je n'ai pas vraiment d'indices, mais une étude ancienne sur les associations de bernard-l'hermite avec les anémones relève que, parmi les individus observés, pratiquement seulement les femelles ramassent des anémones pour les placer sur leur coquille au lieu d'espérer qu'une anémone se pose spontanément au bon endroit. L'article est cité dans les notes de fin.

Avec les crabes et les crevettes, nous avons des animaux dont les marques d'expérience sont reconnaissables et même ostentatoires. Ils agissent à notre rythme et à notre échelle, et disposent du même type de programme que nous. Or les crustacés font partie du même grand groupe d'arthropodes que les insectes, ces derniers étant probablement une ramification évolutive issue d'un grand groupe de « pancrustacés ». Sur la terre ferme, nous sommes entourés d'insectes que nous tuons régulièrement et en nombre colossal sans y penser. J'ai eu autrefois tendance à considérer les insectes comme des robots insensibles, comme la plupart d'entre nous. Mais un *gestalt switch*, c'est-à-dire un changement global de notre perception, peut advenir si nous passons par leurs parents, les aimables crustacés. Ces derniers font apparaître les insectes sous un jour nouveau : forment-ils eux aussi une expérience subjective de leur existence ?

Cette conclusion n'est pas automatique, car la vie sur terre a conduit les insectes sur un chemin différent. Elle m'a toutefois quelque peu secoué, alors que j'étais debout sur le rivage, perdu dans mes réflexions. Une fois que nous aurons éclairci la position des crustacés et leur histoire, les prochains candidats à l'expérience subjective seront les insectes. Ceux-ci sont dans la plupart des cas physiquement plus petits que les crustacés et n'agissent pas de manière aussi caractéristique. Mais leurs cerveaux ne sont pas plus simples que ceux des crustacés, bien au contraire. Les crabes nous montrent sous une forme visible et interprétable ce que ces types d'animaux peuvent faire et ce qui advient peut-être en eux.

Un autre chemin

Nous nous efforçons de comprendre le *mode d'existence des animaux*, qui se distingue de celui des autres types de vie. Cette façon d'être est le résultat de la formation du corps et de l'action animale, ainsi que de nouveaux types de détection qui accompagnent ces actions et s'en nourrissent. Bien qu'un modèle puisse être discerné ici, il est important de ne pas trop simplifier les choses. Parallèlement aux étapes de l'évolution animale que nous avons examinées dans les deux derniers chapitres, un autre chemin a été exploré par d'autres types d'animaux ainsi que par les plantes[16].

Imaginons un petit animal qui, du point de vue de l'évolution, aurait intérêt à grossir. Il y a deux façons de le faire. La première consiste à conserver la même forme et à essayer de construire ce corps à une plus grande échelle. Cette option entraîne de nouvelles exigences en matière de circulation des matériaux et de coordination. L'autre approche consiste à répéter sa propre forme encore et encore. On crée un jumeau qui reste attaché à son corps. Puis on en ajoute un autre et ainsi de suite. C'est ce qu'on appelle en biologie un plan d'organisation corporelle *modulaire*.

Ce processus crée une colonie soudée, un patchwork d'unités répétées. Le résultat ressemble un peu à la configuration dans laquelle des cellules se divisent à plusieurs reprises pour former un corps comme le nôtre, mais dans le cas de la modularité les unités répétées sont des animaux entiers ou des unités similaires. C'est ainsi que les choses fonctionnent chez les coraux et, dans une large mesure, chez les plantes. Lorsque l'on observe des organismes modulaires, il n'est pas toujours évident de définir ce qu'il convient de prendre en compte comme individu : le corail visible et ramifié ou les polypes qui le composent ? Les plus petites unités ont souvent un bon degré d'autonomie. Elles peuvent par exemple se reproduire individuellement, même si elles dépendent de l'unité plus grande pour rester en vie.

Les organismes modulaires produisent souvent des formes ramifiées, arborescentes[17]. Une fois que l'on s'engage dans cette voie, notre mode de vie dans le domaine du comportement tend à rester simple ou à se simplifier. Les coraux, immobiles malgré leurs étirements, en sont un exemple. D'autres sont, d'une certaine façon, plus extrêmes.

Les bryozoaires, ces créatures ressemblant à des arbustes qui abritaient des nudibranches dans le chapitre précédent, représentent un tournant décisif vers une forme végétale après une longue période passée sur le même chemin évolutif que les fourmis, les pieuvres et d'autres animaux similaires[18]. Les bryozoaires (dont le nom signifie « animal mousse ») sont assez proches des mollusques. Ils ont une forme bilatérale gauche-droite et un système nerveux. Mais ils se sont tournés vers un autre mode de vie d'une manière très concertée. Beaucoup d'entre eux forment des colonies qui ressemblent à des mousses et des buissons sous-marins.

Le corps qui résulte des organismes de ce type, en particulier ceux qui présentent des ramifications, a une forme qui n'est que partiellement prévisible. Un chêne a ainsi une forme reconnaissable mais pas un nombre fixe de branches, contrairement à un humain qui, à de rares exceptions près, possède toujours le même nombre de membres.

Un humain, une crevette ou une pieuvre sont des organismes *unitaires*. Nous avons des formes définies, qui se répètent génération après génération, et nous ne sommes pas construits à partir d'unités partiellement autonomes. La forme unitaire du corps est importante pour l'évolution de l'action : lorsqu'il existe une forme corporelle standard, les routines et les modèles d'action peuvent évoluer progressivement. D'une génération à l'autre, les systèmes nerveux peuvent affiner la même coordination de mouvements.

Les organismes modulaires, en revanche, ont tendance à être stationnaires. Quelques-uns sont vaguement capables de nager, ou du moins d'orienter leur dérive. Mais, lorsque les animaux marins habituellement modulaires évoluent vers le mouvement, ils ont tendance à opter pour une forme plus unitaire. Les anémones nageuses, qui se déplacent parfois assez vite, sont un seul gros polype. Les animaux modulaires ne sont pas capables de générer des actions complexes en tant qu'ensemble et, en ce sens, ils sont comme les végétaux.

Les plantes sont loin d'être inertes, comme nous le verrons dans un chapitre ultérieur. Elles peuvent détecter et réagir. Mais, la plupart du temps, elles utilisent ces capacités de manière différente des animaux : elles

les mettent en œuvre pour former leur corps. La forme d'une plante reflète l'histoire de ce que la plante a détecté (l'endroit où elle a trouvé le soleil, etc.). Comme leur corps est moins intégré, leur forme peut être plus variable et s'adapter librement aux circonstances.

Il y a quelque temps, je regardais une colonie de bryozoaires sous l'eau. Tom Davis, le plongeur de l'étude en time-lapse sur les coraux mous, me faisait visiter un site de plongée et m'a montré la colonie. Sur les tiges se trouvaient de minuscules nudibranches, d'à peine quelques millimètres de long. Le bryozoaire se présentait comme un enchevêtrement de fils translucides telles des nouilles de verre, l'espèce répondant d'ailleurs au nom de « bryozoaire spaghetti ». Il ne ressemblait en rien à un animal, ni même à un assemblage d'animaux, mais à un amas de spaghettis immobile.

J'ai pris beaucoup de photos pour être sûr d'avoir des clichés de tous les animaux que Tom me désignait. Plus tard, sur l'ordinateur, j'ai trouvé les petites limaces et j'ai aussi examiné les branches du bryozoaire, en réfléchissant à combien il ressemblait à un buisson, avec ses tiges et ses nœuds. Ces tiges, encore une fois, étaient de minuscules animaux avec leurs propres systèmes nerveux, liés à jamais aux autres. Je me suis demandé ce qui se passait à l'intérieur d'eux. Puis j'ai vu une petite bande rouge inattendue. En zoomant davantage, j'ai constaté que la bande ornait une pince en forme de serre. Cette pince se trouvait à l'extrémité de ce qui ressemblait au premier abord à une autre tige du buisson, mais cette « tige » était attachée à une autre par quelque chose de tout à fait incongru : une articulation, sans l'ombre d'un doute. Avec la pince et l'articulation, je savais que je ne regardais pas une autre colonie de bryozoaires, mais un arthropode.

Ses pattes et son corps segmenté étaient très minces et, au premier coup d'œil, presque indiscernables des tiges quasi végétales du bryozoaire. J'ai fini par repérer sa tête et la façon dont son corps était disposé. Il était décharné, presque transparent, avec des griffes aiguisées. J'en ai trouvé un autre, puis un troisième. En feuilletant différentes photos, j'ai constaté que ces créatures étaient constamment en mouvement. Ce sont des « crevettes squelettes ». Une collection de ces féroces squelettes vitreux se promenait dans les branches du bryozoaire. Les tiges pâles et immobiles et les grimpeurs griffus sont tous deux des animaux, avec des muscles et des nerfs, qui ont emprunté des voies d'évolution différentes. Je suis retourné plonger quelques semaines plus tard pour voir mes crevettes squelettes. « Voir » est un bien grand mot, car on peut à peine les deviner. Souvent, je ne les ai repérées que plus tard sur l'ordinateur, mais j'ai constaté alors qu'elles étaient *partout*. Accroupies, suspendues la tête en bas, interagissant avec leurs petites serres, escaladant les scènes que je photographiais, elles étaient là, à l'arrière-plan, à peine visibles. Lorsque j'examine des photos d'autres choses, je repère maintenant souvent des crevettes squelettes en petites bandes. Elles me font penser aux minuscules fantômes entassés de générations mortes depuis longtemps qui hanteraient cette portion d'océan.

Un décorateur

Nous avons parcouru un chemin considérable sur la voie qui a donné naissance à la vie animale. Cette voie commence par des eucaryotes unicellulaires relativement similaires aux autres. Ils s'engagent sur un chemin qui mènera plus tard à l'intégration d'innombrables cellules et à un nouveau type d'unité vivante. Les premières étapes des systèmes nerveux et des muscles permettent l'action à l'échelle multicellulaire. Puis les premiers animaux bilatériens apparaissent, et à partir de là une série de ramifications se produit. Tout cela se passe avant le Cambrien, et en grande partie avant les premiers fossiles d'animaux. Avec le Cambrien démarre une course aux armements au niveau de l'action et de la détection. On y voit un nouveau mode de vie inauguré par les arthropodes, avec des actions échafaudées par des corps sculptés, standardisés et des membres articulés.

Voici sur la page qui suit un autre schéma d'une partie de l'arbre de vie, qui reprend les étapes et les animaux dont nous avons parlé jusqu'à présent.

Ici aussi, le temps s'écoule du bas vers le haut de la page, et un très grand nombre d'animaux ne sont pas représentés. Un tel schéma met en évidence l'importance des premiers bilatériens. Nous ne savons pas à quoi ressemblaient ces animaux, bien que les vers plats nous fournissent quelques indications. Comme le montre le schéma, une division importante part de ces premiers bilatériens. Jusqu'à eux, notre histoire, celles de la fourmi, du crabe et du poulpe n'en font qu'une. Après, les différentes lignées évoluent indépendamment.

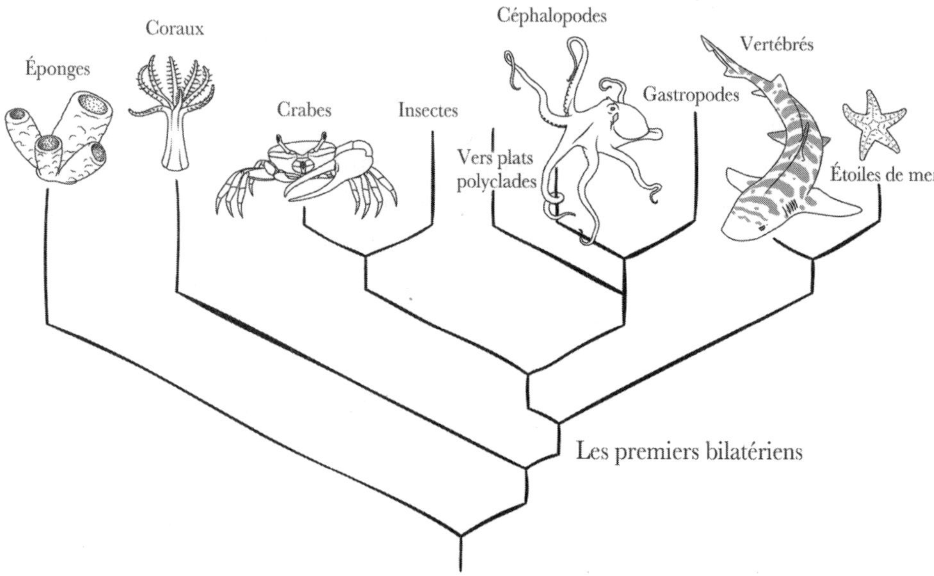

Alors que je plongeais un jour le long de la canalisation sous-marine que j'ai évoquée en début de chapitre, je me suis mis à observer une éponge, un amas rouge foncé avec des extensions molles et plates qui ressemblaient à une collection de doigts du Dr T[19]. Pour un œil humain non averti, elle était complètement immobile, comme une éponge qui se respecte. Soudain, elle est entrée en mouvement dans un crissement. J'ai alors réalisé qu'il y avait aussi un crabe décorateur.

Cet arthropode s'habille d'éponge, c'est-à-dire qu'il encourage cette dernière à se développer sur toute la surface de son corps en produisant souvent des crochets spécialisés pour fixer ce matériau supplémentaire. Le crabe décorateur exploite cette stratégie de façon bien plus complète que les bernard-l'hermite avec leurs anémones. Le bernard-l'hermite se contente en effet de se glisser à l'intérieur d'une coquille d'escargot et de disposer quelques anémones à l'extérieur. Le crabe décorateur utilise son propre corps, sa propre carapace, et les transforme en un lieu accueillant pour d'autres formes de vie. Souvent, son arboretum corporel ne contient pas seulement des éponges, mais aussi des coraux et d'autres cnidaires. Ce sont toutes des formes stationnaires (et non comestibles, selon la plupart des points de vue). Le crabe se protège. La décoration sert à la fois de camouflage et de répulsif pour les prédateurs, le poulpe en particulier.

Mon amas rouge pour partie éponge s'est mis à bouger. Une pince est apparue. Les décorateurs se déplacent beaucoup plus lentement que les autres crabes. Leurs mouvements sont lourds et lents, freinés par le tissu spongieux immobile qui recouvre leur corps et leurs articulations. La tête s'est lentement érigée. Elle était là, incarnant deux produits très différents de l'évolution animale.

Adieu Maestro

Environ deux semaines après avoir visité la crevette manchote qui dirigeait son concerto marin pour requin assoupi, j'y suis retourné voir si elle était toujours là. En chemin, j'ai croisé un poulpe plutôt agressif, qui m'a chassé de son repaire. En m'approchant de la corniche de la crevette, je redoutais qu'un poulpe, peut-être celui-là même que je venais de croiser, ne l'ait mangée pendant mes semaines d'absence. Mais elle était là, ma crevette à une pince, accrochée sous le rebord. Il n'y avait aucun signe du requin.

La crevette était moins active, moins intéressée par moi qu'auparavant, mais elle a fini par descendre pour me fixer et agiter ses pattes. Elle avait l'air un peu négligée, car des algues s'étaient accumulées sur ses pattes et son corps. J'étais malgré tout content de la voir.

Pendant cette période, j'avais beaucoup lu sur la grande crevette nettoyeuse[20]. J'ai appris qu'elle vit longtemps, qu'elle est territoriale et monogame pour la vie. En aquarium, elle peut vivre jusqu'à cinq ans. Les grandes crevettes nettoyeuses sont aussi capables de se reconnaître entre elles en tant qu'individus. Dans une étude ancienne datant des années 1970, des couples ont été séparés pendant une nuit ou deux, puis réunis. D'autres crevettes ont été également séparées de leur partenaire, mais remises en aquarium avec un étranger, du même sexe, de la même taille et de la même apparence que le compagnon perdu (pour autant que les humains puissent en juger). Or les crevettes faisaient la différence entre ces individus. Les étrangers, lorsqu'ils sont mis dans le même espace, se courtisent et se battent davantage. Les partenaires ont tendance à reprendre leur comportement routinier.

Cette étude rapporte aussi que, dans la nature, les couples restent à portée d'antenne toute la journée, mais semblent errer (surtout les mâles) sur quelques mètres la nuit et revenir avant le jour. Ils passent apparemment une grande partie de leur vie dans un territoire d'environ un mètre carré.

Je me suis souvenu d'avoir vu un couple de crevettes à cet endroit des mois plus tôt. Elles étaient toutes les deux très actives et avaient toutes leurs pattes. J'avais filmé le couple face à face en train d'agiter intensément ses antennes. La scène donnait l'impression de tapotements et de contacts sans organisation apparente. Était-ce une forme de signalisation ? de toilettage ? L'article de 1977 conclut que la reconnaissance entre individus chez cette espèce repose probablement sur la détection de substances chimiques. Mais je continue de m'interroger à propos des nombreuses interactions minutieuses en face à face que j'avais observées chez ce couple.

Les femelles sont plus grandes que les mâles, mais il est autrement difficile de distinguer les sexes. Je n'ai pas pu déterminer le sexe de ma crevette solitaire à une pince. Je me suis senti un peu triste pour cet animal, à qui il manquait définitivement un compagnon, qu'il ait fait partie ou non du premier couple que j'avais vu là. En plus d'être privé d'une patte, son corps montrait maintenant les signes sous-marins de l'usure, les fils d'autres formes de vie s'accumulant sur lui. Je me suis demandé encore une fois si les interactions en face à face incluaient le toilettage.

Deux semaines plus tard, aussi invraisemblable que cela puisse paraître, j'ai conduit trois heures jusqu'à la côte pour rendre visite à la crevette. L'eau n'était pas bonne, cette fois. Le site était sombre et oppressant. Les ascidies toussaient et éternuaient[21]. Je suis arrivé près de la corniche, et il y avait une crevette de la bonne espèce et de la bonne taille au bon endroit, seule. Il lui manquait ses deux grosses pinces. C'était probablement le spécimen que j'avais observé, qui avait perdu son autre longue patte.

Je me suis d'abord demandé comment elle pouvait manger ainsi, sans ses deux grandes pinces. Mais elle avait tant de membres au départ qu'il lui restait encore plusieurs petites pinces. Elle se débrouillait d'ailleurs parfaitement avec ces pinces secondaires pour ramasser de petits morceaux de nourriture et les porter à sa bouche. Elle faisait cependant tout cela avec beaucoup moins d'énergie qu'auparavant. Elle semblait fatiguée, très seule et probablement à la fin de ses jours.

Chapitre 5
L'origine des sujets

Sujets, agents, Soi

Jusqu'à présent, l'histoire de l'évolution nous a conduits de la vie primitive aux premiers animaux, en passant par l'apparition de l'action, des systèmes nerveux et de la vision. Nous nous sommes arrêtés au Cambrien. Là, nous avons observé les arthropodes, qui sont des créatures particulièrement actives, mais les animaux qui occupent le devant de la scène dans les chapitres suivants sont déjà présents : il s'agit des vertébrés et des céphalopodes, ces inimitables mollusques qui feront avancer notre réflexion.

Avons-nous progressé dans notre projet philosophique de donner un sens à l'évolution de l'esprit et à la relation entre mental et physique ? Nous avons parcouru un bon bout de chemin, et quelques idées présentées dans les pages précédentes commencent à combler le fameux « fossé explicatif ». D'autres viendront plus tard, mais c'est un moment propice pour faire le point et relier l'histoire que j'ai racontée jusqu'à présent à la façon dont les choses se présentent du point de vue philosophique. Cet exercice implique à la fois d'établir des liens pour montrer les progrès accomplis et de repousser certaines idées erronées qui font paraître le problème plus insoluble qu'il ne l'est.

Dans les précédents chapitres, j'ai essayé de montrer que l'évolution n'a pas seulement donné naissance à de nouveaux organismes, toujours plus grands et plus complexes, mais à un nouveau type d'être, un nouveau type de « soi ». Ces organismes sont connectés d'une nouvelle manière et ont de nouvelles façons d'interagir avec leur environnement.

L'invention de nouveaux types d'action, du mouvement coordonné de millions de cellules rendu possible par les systèmes musculaires et nerveux est central dans l'évolution animale. De nouveaux types de détection apparaissent pour guider ces actions. Grâce à la combinaison de ces innovations, les animaux réagissent à leur environnement comme à quelque chose d'extérieur à eux, en détectant et en agissant sur la base d'un sens tacite du soi (comme la crevette manchote qui reconnaît pour sienne et libère immédiatement la patte qu'elle avait saisie par mégarde).

J'ai évoqué auparavant deux concepts, la *subjectivité* et l'*agentivité*. Ils décrivent différents aspects d'un tout qui nous est familier dans la vie quotidienne : ce tout est un être qui perçoit ce qui se passe autour de lui et agit. La subjectivité implique des sensations et des représentations ; l'agentivité consiste à faire et à initier. La subjectivité et l'agentivité sont présentes chez les êtres vivants (ou du moins chez tous les êtres vivants composés de cellules), mais elles prennent une forme différente chez les animaux.

Dans les débats philosophiques sur le corps et l'esprit, la subjectivité est considérée comme le principal problème ; nous qualifions souvent d'« expérience subjective » ce qui est difficile à expliquer. L'agentivité semble plus facile à comprendre. Mais, comme nous l'avons vu, les aspects sensoriels de la vie et la capacité de ressentir sont liés à l'action de nombreuses façons. La philosophe Susan Hurley a introduit une bonne image pour réfléchir à ces relations[1]. Selon elle, la représentation habituelle de ces relations n'est pas tout à fait correcte. En effet, nous imaginons souvent la personne comme « un sujet et un agent se tenant, pour ainsi dire, dos à dos ». La personne devient un objet cloisonné ou stratifié, flanqué par le monde de chaque côté. Le monde affecte la personne par le biais des sens : c'est le côté sujet. La personne détermine également ce qu'elle doit faire en réponse et agit : c'est le côté agent. Ces deux côtés deviennent les deux sous-parties d'une personne et constituent presque deux personnes différentes. Mais les rôles sont moins distincts que cela, affirme Susan Hurley, et cette image « dos à dos » est trompeuse. Nous sommes à la fois sujets et agents.

Voici une autre façon de décrire la nouveauté apparue au fil de l'évolution. Petit à petit, les animaux sont devenus un nouveau type de point d'intersection, ou nexus, dans les réseaux des voies causales du monde. Lorsqu'un animal capte des informations de toutes sortes à travers ses sens, il devient un point où convergent les lignes de causalité. Lorsqu'il est à l'origine d'une action, il devient un point à partir duquel ces lignes divergent, se propagent et reviennent souvent dans une boucle affecter les sens de l'animal. Un animal est aussi un lieu où présent et passé se croisent : notre façon de gérer le présent sera modulée par ce que l'on a vu auparavant et par le résultat de nos actions précédentes. Les informations entrantes concernant l'ici et le maintenant interagissent avec les traces du passé.

Ces caractéristiques et cette place dans le monde sont courants, mais non immuables, dans le mode de vie animal. Les animaux de ce type ont un point de vue, et c'est à partir de ce point de vue qu'ils agissent. Une partie de ce qui relève de la problématique de l'« expérience subjective » est une conséquence attendue et compréhensible de l'évolution animale. Pour résumer, on peut dire que c'est l'évolution de l'agentivité animale qui est à l'origine des sujets.

Qualia et autres énigmes

Dans le premier chapitre, j'ai dit que l'un de mes objectifs était d'éliminer le sentiment d'arbitraire qui pèse sur les discussions au sujet de l'expérience animale. Pour certaines personnes, les paramécies disposent d'une forme de sensibilité ; c'est inenvisageable pour d'autres, qui considèrent également qu'un poisson ne peut pas éprouver de sensations. J'aimerais faire en sorte que nous puissions dépasser cette situation. Il est vrai que nous manquons d'informations sur certaines créatures, sur ce qu'elles peuvent faire et sur ce qui se passe en elles ; ce sont des questions scientifiques précises qu'il faut étudier. Mais une partie du problème provient d'un manque de points d'ancrage, qui renvoie à son tour à une pierre d'achoppement très ancienne que l'on retrouve dans les arguments traditionnels contre le matérialisme.

René Descartes, au XVIIe siècle, imagine qu'une âme sans corps peut exister[2]. Il argumente comme suit : peut-on être sûr que nous *avons* un corps physique ? Cela pourrait être une illusion. D'un autre côté, on ne peut pas douter que l'on a un esprit (du moins pour le moment), donc l'esprit et le corps ne sont pas la même chose. On ne peut pas *être* son corps et rien de plus, si ce corps est quelque chose de facultatif à notre existence.

Une voie plus récente consiste à inverser l'expérience de pensée de Descartes. Envisagez la possibilité d'un corps sans âme ni esprit. Plus précisément, imaginez le double physique d'une personne ordinaire, sa copie conforme. Si le matérialisme est dans le vrai, ce double devrait avoir une expérience. Mais cela semble être, une fois encore, facultatif. Ce double physique pourrait n'être qu'un simple « zombie », selon l'expression de David Chalmers, une entité totalement privée de conscience[3]. Si cela est réellement possible, alors le corps et l'esprit ne peuvent pas être la même chose ; l'esprit s'ajoute au corps. Il pourrait être produit de façon fiable par le cerveau, le corps et les processus physiques, mais il ne peut pas se confondre avec ceux-ci.

En ce sens, le corps et l'esprit semblent être séparables, j'en conviens. Mais cette division apparente provient d'une bizarrerie de nos capacités imaginatives. Thomas Nagel, pourtant critique du matérialisme, a identifié ce biais et indiqué pourquoi il était trompeur[4]. L'imagination humaine revêt plusieurs formes, parmi lesquelles l'imagination « perceptuelle », qui consiste à imaginer que l'on voit ou que l'on entend quelque chose, et l'imagination « par sympathie », qui consiste à imaginer que l'on est quelque chose d'autre que soi. L'imagination par sympathie ne peut s'appliquer qu'à l'esprit ; en effet, on ne peut imaginer être que quelque chose qui a (selon nous) un esprit, ou du moins des expériences. L'imagination perceptuelle, en revanche, s'applique plus facilement aux corps, c'est-à-dire aux objets que l'on peut voir, entendre ou toucher. Dans les expériences de pensée, les objets que nous imaginons de manière sympathique et perceptuelle peuvent être librement associés, séparés et réorganisés. Dans l'une de ces associations, nous pouvons imaginer une âme sans corps (nous rendons le côté perceptuel « vide ») ; dans une autre, un corps sans âme (c'est le côté sympathique qui est maintenant vide). Le fait que nous puissions faire cela ne dit cependant rien de ce qui peut réellement être séparé ni de ce qui est véritablement distinct.

Nagel lui-même pense que les phénomènes mentaux ne sont probablement pas explicables en termes matérialistes, mais il récuse la possibilité de démontrer que le matérialisme est faux avec ce type d'expériences de pensée, et il a raison.

On peut observer cette absence de points d'ancrage solides ailleurs, sous des formes atténuées. Il est tout à fait possible de conférer une vie intérieure à une paramécie, par un acte d'imagination tel que celui décrit par Nagel. On peut aussi regarder un poisson et l'imaginer totalement inhabité. Ces exercices d'imagination sont peu instructifs lorsqu'ils sont réalisés ainsi librement. L'imagination a un rôle à jouer, et à plusieurs endroits dans ce livre j'essaie d'ailleurs de deviner notre cheminement en scrutant la vie de différents animaux. Mais l'un des objectifs de *Métazoaires* est de trouver des concepts intermédiaires qui permettent d'utiliser notre imagination d'une manière plus rigoureuse, afin de refléter la réalité de la vie des animaux avec plus de justesse.

J'ai dit plus haut qu'une partie de ce qui relève de la problématique de l'« expérience subjective » est une conséquence attendue de l'évolution animale, avec l'apparition de la détection et de l'action, la formation d'un point de vue et ainsi de suite. Mais certains philosophes objecteront que rien de tout cela ne nous fait progresser dans la compréhension de l'expérience en elle-même, puisque nous ne nous attaquons pas au problème le plus difficile dans ce domaine, celui de l'explication des *qualités intrinsèques* de l'expérience, comme le rouge du rouge ou le son particulier d'une clarinette. Le vert d'une forêt provoque en vous une sensation « brute », tout à fait caractéristique, mais aussi très difficile à expliquer en termes biologiques. Le terme qui s'est imposé pour désigner ces caractéristiques de l'expérience est *qualia.* Comment les qualia s'intègrent-ils dans le monde, et quel rôle pourraient-ils jouer dans un processus d'évolution ?

Certains détracteurs, comme le philosophe Daniel Dennett, tentent de montrer que l'idée même de qualia est une erreur, une illusion[5]. Cette critique semble littéralement folle à d'autres, pour qui rien n'est plus incontestable que les couleurs et les sons perçus. Il me semble que certains problèmes posés par les qualia sont bien réels et ne peuvent être balayés d'un revers de la main. Mais je voudrais leur donner leur juste place et redimensionner, d'un point de vue biologique, leur côté « radioactif ».

Lorsqu'une personne dotée d'une vision normale regarde une tomate et fait l'expérience de sa couleur, l'activité biologique de cette personne a des caractéristiques et des particularités physiques qui lui sont propres ; elle a une nature « intrinsèque ». Cela donne à l'expérience une sensation particulière pour cette personne, qui *est* ce modèle d'activité biologique. L'un des principaux défis dans ce domaine consiste à expliquer pourquoi ce sont des processus cérébraux de tel ou tel type qui donnent à une personne la sensation du rouge, et non d'autre chose. Il s'agit bien sûr d'un défi scientifique. Mais certaines attentes envers la narration scientifique, de même que certaines requêtes faites par le matérialiste, deviennent déraisonnables. Une description scientifique ne peut pas encapsuler ou *contenir* l'expérience décrite ; connaître une expérience est différent de la *vivre*, même si le fait d'accumuler des connaissances à son sujet peut aider à l'imaginer. Certains critiques du matérialisme semblent vouloir qu'une description à la troisième personne d'un être humain ou d'un autre animal fasse quelque chose qui lui est impossible : passer magiquement à la première personne[6].

Lorsque les gens se préoccupent des qualia, ils organisent parfois les choses de la manière suivante : le matérialiste est censé décrire un ensemble de processus physiques à la troisième personne d'une façon qui convoque les qualia. Les rouges, les verts et les sons des cymbales sont censés *apparaître* d'une manière ou d'une autre dans le système décrit. C'est une erreur complète. Les qualia ne sont pas des éléments « en plus » produits on ne sait trop comment par le fonctionnement du système physique, et qui nécessiteraient une explication. Au contraire, ils font partie de l'essence même du système décrit. L'expérience est le point de vue à la première personne d'un système vivant et complexe d'un certain type, et non pas un produit du fonctionnement de ce système.

Les qualia ont tendance à passer les bornes du raisonnable sur un autre plan : les exemples sur lesquels les philosophes font une fixation deviennent un modèle pour l'expérience dans son ensemble. À force de se focaliser sur l'expérience du rouge, on finit par considérer l'expérience elle-même comme une succession de couleurs et de sons. Le cas paradigmatique de l'expérience devient la rencontre avec une couleur pure. Nous pourrions appeler ces expériences des « expériences à la Rothko », en hommage aux aplats de couleur (*color field*) de l'artiste américain Mark Rothko. Cette étiquette n'est pas seulement censée être évocatrice, elle constitue aussi un diagnostic. Je pense en effet que l'impression que font les peintures de Rothko s'explique par leur relation anormale avec le processus habituel de la vision. La vision humaine comprend généralement plusieurs types de vérifications, et l'expérience visuelle se produit par rapport à un environnement dans lequel le sujet donne un sens à la disposition spatiale qui se présente à lui. Mais un champ de couleur n'a de sens ni en nous ni en dehors de nous. Nous pouvons effectivement faire ce genre d'expérience, mais ce n'est pas ainsi que la vision fonctionne habituellement. Je pense que ce caractère désincarné explique en partie pourquoi les peintures de Rothko sont si séduisantes et populaires.

Pour aller plus loin, je vais me servir de quelques idées de Susan Hurley, qui a particulièrement insisté sur ces relations avant sa mort prématurée à l'âge de cinquante-deux ans. Hurley a apporté à la philosophie une distinction utilisée en psychologie et en neurobiologie de la vision, entre les systèmes « quoi » *(what systems)* et les systèmes « où » (*where systems*) dans nos cerveaux[7]. Les premiers traitent les formes et les couleurs, les seconds les configurations spatiales. Dans une certaine mesure, ces deux types d'informations sont acheminés différemment vers le cerveau, bien que la distinction entre ces circuits ne soit qu'approximative. La forme, par exemple, est une question « quoi », mais elle implique aussi des arrangements spatiaux entre les parties (« où »). Dans la vision quotidienne, ces deux aspects sont intimement mêlés.

Ils diffèrent toutefois dans leur rapport à l'action et à la rétroaction. Dans des circonstances normales, notre perception de l'emplacement des objets est continuellement modifiée par notre propre mouvement et peut souvent être vérifiée par le toucher. Cet aspect de la vision est intégralement lié à notre perception de *nous-mêmes par rapport au monde*. Nous sommes un objet qui change d'emplacement, au milieu d'autres objets qui se déplacent également. Les couleurs font partie de la façon dont nous enregistrons cette situation : nous exploitons les contrastes et la façon dont les couleurs dessinent des formes. Toutefois, les couleurs en elles-mêmes ne sont en général pas liées à l'action de la même façon. Il est impossible de vérifier les couleurs avec le toucher, et, dans le cas des aplats de couleur aux bords indécis de Rothko, le système « où » de notre cerveau n'a pas grand-chose à quoi se raccrocher. Hurley pensait que le type de traitement que le système « où » effectue pour nous est « fondamental pour avoir une perspective unifiée, c'est-à-dire un point de vue en tant que percepteur et agent, la sensation d'être un soi présent dans le monde, et donc pour avoir un esprit[8] ». L'expérience que nous faisons de champs de couleur, dans lesquels le côté « où » de la vision est quasi inutile, est une expérience réelle – je ne le nie pas –, mais elle est loin d'être aussi paradigmatique que le pensent certains.

Comment la réflexion dans ce domaine a-t-elle évolué pour que le problème nous apparaisse ainsi aujourd'hui ? Comment les qualia ont-ils fini par occuper une place centrale dans le débat ?

Les ancêtres des qualia sont apparus et ont prospéré aux XVIIe, XVIIIe et XIXe siècles. Il s'agissait au départ des « idées simples » et des « impressions » de la philosophie empiriste de l'époque, notamment chez John Locke, George Berkeley, David Hume et J. S. Mill[9]. Pour eux, les idées simples et les impressions sont des sensations pures, comme des taches de couleur et des sons brefs, qui peuplent l'esprit comme une collection d'atomes mentaux. Pour certaines théories philosophiques, elles représentent à peu près tout ce qui existe, ou dominent en tout cas la perception et l'expérience. Ces sensations pures ont un double rôle pour la philosophie. Elles s'inscrivent d'une part dans une tentative de décrire ce que les esprits contiennent et comment ils fonctionnent, et constituent d'autre part le noyau des tentatives visant à trouver de nouveaux fondements à la connaissance pour balayer les dogmes. Si nous reconduisons la connaissance au repérage de motifs dans les sensations, nous pouvons éliminer de nombreuses scories intellectuelles obscures.

Cette image de l'esprit s'est longtemps maintenue dans la philosophie anglo-saxonne, avec quelques changements mineurs. Au début du XXe siècle, les « données des sens » reprennent ce double rôle. Aujourd'hui, les philosophes ne parlent plus d'« idées simples » ou de « données des sens », mais le concept a survécu dans les qualia.

À partir de la fin du XVIIIe siècle, une révolte s'élève contre les conceptions de l'esprit et de la connaissance fondées sur les sensations. On leur reproche de dépeindre l'esprit comme entièrement passif. D'autres défauts sont également relevés dans ces approches, mais c'est la passivité qui se trouve le plus souvent au cœur de la critique. Le projet « idéaliste » allemand en philosophie rejette ainsi les conceptions passives et atomistiques de l'expérience et a tendance à aller vers l'autre extrême, en affirmant la primauté d'une conscience autodéterminée et autonome[10]. La question suscite une succession de prises de position exagérées de part et d'autre.

Dans les débats récents sur la perception et l'action, les oppositions sont tout aussi tranchées. Une approche nommée « énactivisme » tente, du moins dans certaines versions, d'expliquer la perception comme une forme d'action : elle considère que « voir est une façon d'agir », et que les expériences sont « des choses que nous faisons »[11]. Les défenseurs de cette position utilisent la rétroaction entre action et perception (le fait que ce que nous faisons affecte ce que nous ressentons) pour tenter de faire passer la perception entièrement du côté de l'action. Leur but est de s'éloigner le plus possible d'une image dans laquelle l'esprit percevant serait un réceptacle passif ou un simple écran sur lequel apparaissent les qualia, mais ils vont si loin que le côté réceptif de l'esprit – qui est réel – est complètement nié.

L'une des caractéristiques constantes de la philosophie est d'ailleurs la production de théories totalement excessives. Comme le philosophe américain John Dewey le fait remarquer avec ironie, un étudiant en philosophie commence par être ébahi par les énormes différences affirmées par des positions rivales (« tout est changement » ; « non, le changement n'est qu'une illusion ») avant d'acquérir la désinvolture qui lui permettra de déplacer sur l'échiquier ces pièces en perpétuel mouvement[12]. C'est une pathologie de la discipline, bien que de nouvelles idées voient souvent le jour de cette façon : une image frappante et stylisée est opposée à une autre. On ne sait trop pour quelle raison, dans le domaine particulier de la compréhension de l'expérience, il est apparemment difficile de simplement reconnaître une *circulation* entre les systèmes vivants et le monde, qui fasse coexister la détection et l'action dans un processus à double sens. Non, l'attention de la philosophie continue de virer follement d'un bord à l'autre.

Au-delà des sens

Le sujet de ce chapitre est l'expérience et la subjectivité, mais il a surtout porté jusqu'à présent sur l'expérience *sensorielle*. J'ai critiqué certaines façons dont les philosophes envisagent la détection, mais beaucoup de travaux récents en philosophie posent un autre problème : pour eux, la détection n'est pas seulement une partie importante de l'expérience, mais pratiquement l'expérience *in toto*. Il s'agit là d'un aspect que nous devons dépasser si nous voulons mieux comprendre comment l'expérience s'inscrit dans le monde.

Les philosophes qui pensent que toute expérience est sensorielle acceptent que certaines sensations viennent de l'intérieur de nous. Ils utilisent le terme « sensation » pour désigner la détection à la fois de phénomènes internes (tels que la faim ou la fièvre) et de phénomènes externes. Nos sens sont en effet orientés tant vers l'intérieur que vers l'extérieur. Ces philosophes parlent aussi parfois de « perception » plutôt que de détection ou de sensation, mais ces termes sont très proches. Voici deux exemples des positions auxquelles je me réfère, qui émanent de philosophes appartenant à différentes générations. Jesse Prinz, avec qui j'ai travaillé à New York, est direct : « Toute conscience est perceptive[13]. » Fred Dretske, l'un des philosophes qui m'ont le plus influencé lorsque j'étais étudiant et avec qui j'ai travaillé à Stanford à la fin de sa carrière, défendait une position similaire, tout en l'exprimant de façon plus prudente : peut-être que toute la conscience ne se résume pas à cela, mais les cas « les plus clairs et les plus convaincants » se trouvent dans « l'expérience sensorielle et la croyance ».

Avez-vous vraiment l'impression que les cas « les plus clairs et les plus convaincants » de conscience se trouvent dans « l'expérience sensorielle et la croyance » ? Les émotions, les volontés, les humeurs et les pulsions sont tout aussi claires et convaincantes. En ce qui me concerne, je dirais même qu'il s'agit de cas d'expériences conscientes beaucoup *plus* nets que les croyances.

Les émotions et les humeurs reflètent peut-être la perception d'activités hormonales et d'autres états du corps. Cette approche englobe tous les types d'expérience comme la détection, le suivi ou l'enregistrement de quelque chose. Dans cette optique, notre expérience de la mauvaise humeur est liée à la détection de quelque chose qui se passe en nous. Il existe une alternative, évidente mais souvent négligée : une humeur ne serait pas la *présentation* d'un fait ou d'un état de notre corps, mais simplement *comment sont les choses pour nous* à ce moment-là.

Prenons une autre illustration : notre niveau d'énergie, notre état de fatigue. Le meilleur exemple n'est pas la fatigue physique, due à des muscles trop sollicités, mais la fatigue mentale. Supposons que vous êtes en train de conduire et que votre niveau d'énergie diminue. Un sentiment de lourdeur et d'ennui s'installe. C'est un ressenti particulier ; cela fait partie de l'expérience. Ou bien s'agit-il d'une présentation qui vous est faite de l'état de votre corps, un peu comme une jauge de carburant affiche un niveau bas ? L'alternative, encore une fois, est que cette façon brumeuse et lourde d'être appartient à votre expérience, comme si elle était saturée par elle. Il existe une différence perceptible entre des processus de pensée lents et laborieux, ou agiles et faciles. Notre niveau d'énergie est un aspect de notre activité vivante, un aspect que l'on ressent.

Considérons également les *élans de résolution*. Ces derniers nous éloignent aussi de l'idée selon laquelle l'expérience ne serait qu'une question de détection et de perception. Ils nous incitent à voir l'expérience comme un aspect de l'activité vivante dans son ensemble. L'expérience ne consiste pas seulement à *être informé* de quelque chose. Une grande partie de la vie réside dans ce que l'on ressent. Dans quelle proportion ? Voici une citation du philosophe John Searle.

> Imaginez que vous vous réveillez d'un sommeil sans rêves dans une pièce complètement sombre. Pour l'instant, vous n'avez aucun flux de pensée cohérent et presque aucun stimulus perceptif. À part la pression de votre corps sur le lit et la sensation des couvertures, vous

ne recevez aucun stimulus sensoriel extérieur. Pourtant, il doit bien y avoir une différence dans votre cerveau entre l'état d'éveil minimal dans lequel vous vous trouvez et l'état d'inconscience dans lequel vous étiez avant… Cet état d'éveil est la conscience « basale » (ou de fond)[14].

Dans ce contexte, « basal » signifie fondamental, essentiel, et renvoie à l'idée du niveau minimum. Nous avons ici l'impression que Searle décrit quelque chose de réel. Toutefois, la signification de ce qu'il évoque n'est pas si évidente. L'une des façons de suivre le fil conducteur qu'il nous propose est de conclure que la conscience n'a pas besoin pour exister que quelque chose se déroule *en son sein* ; c'est tout simplement un « état ». Cette conclusion est très éloignée de la plupart des approches de la psychologie et la philosophie contemporaines, qui abordent la conscience comme une façon dont l'information peut se présenter à un esprit. Si tel est le cas, alors il y a forcément une information en train d'être présentée. Les tenants du courant majoritaire répondront à Searle que, dans son scénario du réveil, il y a toujours les prémices d'un monologue intérieur, l'enregistrement d'une légère faim ou quelque chose de similaire. Sur l'autre versant, certains chercheurs renommés issus des neurosciences, comme Rodolfo Llinás, ont pour leur part esquissé des théories de la conscience qui se rapprochent de « l'état » envisagé par Searle, dans lesquelles la conscience reflète généralement les informations qui arrivent par les sens, mais ne dépend pas d'elles[15].

Il existe peut-être une autre façon de décrire ce qui se passe lorsque l'on se réveille et que l'on retrouve un faible degré de conscience dans une pièce sombre. On se sent à nouveau *présent.*

L'idée d'une sensation de présence joue un rôle incertain autour des discussions récentes sur l'expérience[16]. Parfois, ce n'est qu'un mot évocateur auquel on attache de vagues espoirs. La présence serait la sensation d'être réel et présent dans une situation donnée. Il est assez difficile d'étoffer ce concept, mais une bonne façon de voir ce qu'il peut apporter est d'examiner les positions opposées à son sujet. Un peu plus haut, j'ai évoqué l'idée selon laquelle l'expérience ne serait que perception des choses, enregistrement des événements. Parmi les personnes qui acceptent cette idée, certaines défendent également une théorie connue sous le nom de *transparence*, selon laquelle nous ne sommes jamais conscients dans l'expérience de notre moi ou de notre expérience, mais seulement des choses qui nous sont présentées[17]. L'expérience est transparente, et nous voyons le monde (y compris notre corps) *à travers* elle. Des idées similaires sont parfois avancées par des personnes qui écrivent sur la méditation ; celle-ci révélerait l'absence inattendue du moi[18]. Si cette théorie de la transparence est juste, alors l'expérience consciente pointe toujours vers quelque chose d'autre, et la conscience elle-même n'est rien de plus que cette direction indiquée ou cette représentation.

La « transparence » est un exemple d'une certaine tendance à l'auto-effacement dans de nombreuses conceptions de l'expérience. L'idée de présence s'oppose à cette approche, à l'idée que le sujet n'est qu'un simple médium ou réceptacle. Le soi n'est pas le sujet, l'épicentre de la plupart des expériences quotidiennes, mais il ne disparaît pas non plus. Au moins pour certains d'entre nous, la sensation de présence dans une situation donnée est une partie importante de l'expérience.

Mais *qu'est-ce que* cette sensation ? Une fois la présence reconnue, il est tentant de la considérer comme une caractéristique inséparable du simple fait d'être un organisme vivant dans le monde[19]. Nous pouvons ressentir d'une façon primaire certaines choses sur ce que nous *sommes* biologiquement. Si tel est le cas, une forme d'expérience de base équipe « gratuitement » tout ce qui est vivant.

C'est une idée séduisante, mais probablement trop simple. La sensation de présence est plus complexe que cela ; elle semble dépendre d'un grand nombre de processus compliqués, qui se déroulent pour la plupart en coulisses. Parmi eux, on trouve la surveillance permanente de notre corps et la façon dont les événements qui s'y produisent sont liés à ce qui se passe autour de nous. Ces activités de fond deviennent évidentes surtout lorsque les choses tournent mal.

Le sentiment de présence est lié au sentiment que notre corps nous appartient, et ce sentiment est sujet à un large éventail de pathologies et de distorsions. Commençons par l'« illusion de la main en caoutchouc ». Si l'on observe une fausse main en train d'être caressée par un pinceau exactement au même moment que notre vraie main (que l'on ne peut pas voir, contrairement à la main en caoutchouc), on peut avoir au bout d'un moment la sensation de ressentir les mouvements du pinceau et finir par avoir l'illusion que la fausse main est la nôtre. Et ce n'est que la pointe émergée de l'iceberg[20] ! Il existe un large éventail d'illusions ; elles se produisent parfois à la suite d'une lésion cérébrale, mais elles peuvent dans une certaine mesure être induites lors d'expériences dans lesquelles une personne a l'impression d'être ailleurs que là où se trouve son corps. À peu près toutes les distorsions sont possibles. Les expériences « extracorporelles » complètes en sont un exemple, de même que d'autres cas où l'on voit et occupe à moitié un corps projeté sous forme d'image dans son champ de vision. En psychiatrie, l'altération de la sensation de présence, une sensation de « déréalisation » par exemple, peut être un symptôme important d'un problème sérieux.

Si la sensation de présence découle toujours de processus complexes, il s'agit de quelque chose de plus qu'une conséquence automatique du fait d'être vivant dans un corps vivant. Il est possible que cette sensation existe à la fois sous des formes simples et primordiales et sous des formes plus complexes, qui reposent sur un contrôle interne, etc. La sensation simple et inévitable d'être vivant pourrait prendre des formes différentes chez des animaux ayant des corps et des systèmes nerveux différents. Cette idée est tentante, mais elle ne repose pas pour l'instant sur des arguments suffisamment solides. La présence *semble* primordiale, mais ce n'est pas une indication fiable.

La présence n'est apparemment pas essentielle à l'expérience consciente. Une « sensation d'irréalité », différente de la présence selon les personnes qui l'expérimentent, reste malgré tout une sensation. Mais nous touchons ici du doigt un élément important pour « combler le fossé » entre le biologique et l'expérientiel. Le sentiment « *d'être là* » (*thereness*) contribue largement au caractère spécial et distinctif de l'expérience ; c'est une partie importante de la subjectivité. Au fur et à mesure que nous apprenons à connaître les activités de notre cerveau et de notre corps qui nous donnent ce sentiment de présence, nous améliorons notre compréhension de l'expérience dans le monde biologique.

Prenons par exemple une description biologique du fonctionnement de la vision. Celle-ci fera intervenir la lumière, les yeux, les connexions avec le cerveau, etc. On a souvent l'impression que cette description passe à côté de quelque chose, qu'elle ne capture pas la sensation de la vision. Je pense que, si une telle narration nous semble incomplète, c'est en partie dû au fait que l'expérience de la vision inclut généralement, ou accompagne, un sentiment de présence. Ce sentiment de présence, doux, insaisissable, presque entièrement en arrière-plan, explique en partie pourquoi la vision est ressentie de cette manière.

Que vous soyez philosophe, scientifique, ou que vous réfléchissiez simplement à ces sujets, vous identifierez probablement des types d'expériences particuliers qui vous sembleront indicatifs ou révélateurs de la nature de la conscience ou de la subjectivité. Ces impressions informelles ne sont pas fiables, mais il est parfois difficile de ne pas se sentir guidé par elles. Pour ma part, celles qui m'inspirent présentent un certain équilibre entre la sensation de ma propre présence et la prise en compte de ce qui se passe autour de moi. Cet état d'esprit n'est pas autocentré ni introspectif, mais je n'ai pas non plus l'impression de disparaître dans la transparence en me contentant de la scène elle-même. Un équilibre s'instaure entre ma présence et la présence des choses environnantes. Il émerge parfois dans certains contextes de méditation. Il y a une scène, et le sentiment d'en faire partie. Cette sensation est un correctif utile étant donné la façon dont les théories dans ce domaine, en particulier en philosophie, ont tendance soit à surestimer l'autonomie du moi, soit à l'effacer. Les gens ont toujours tendance à exagérer les oppositions. Au lieu de cela, nous pouvons voir à travers les illusions de la transparence sans évacuer le monde extérieur.

J'ai affirmé plus haut que ce chapitre serait un mélange d'ouvertures et de rejets : des ouvertures pour tenter de franchir le fossé entre le mental et le physique, et le rejet d'idées erronées qui font paraître le problème plus compliqué qu'il ne l'est. D'abord, nous avons jeté des ponts. L'évolution a fait des animaux non seulement des assemblages complexes de cellules, mais aussi des centres d'agentivité et de subjectivité. La formation de ces unités contribue à l'origine de l'expérience. Il y a beaucoup d'idées et de thèmes différents dans ce domaine, et je ne suis pas sûr de l'importance à donner à chacun. L'un d'entre eux est le simple regroupement de ces nouvelles unités et la formation d'un état général d'activité vivante chez les animaux, modulé par la détection. Un autre facteur est la façon dont la détection et l'action s'associent pour produire un sens implicite ou explicite de soi par rapport à l'autre. Dans le cas de la vision, l'expérience humaine préférée des philosophes, tout cela se rassemble en un suivi de *ce à quoi* (*what*) nous sommes confrontés, de *l'emplacement (where)* des choses, de notre sens de moi-et-le-monde, de notre appartenance corporelle, etc. Si l'on prend en compte tous ces éléments, il n'est pas étonnant que le fait de voir fasse un effet particulier, au lieu d'être une simple prise d'informations, comme ce serait le cas avec un appareil photo[21]. Et bien que les philosophes aient dépensé une grande partie de leur énergie à ne penser qu'à l'aspect sensoriel de l'expérience, en particulier à ces lavis de couleur à la Rothko, d'autres aspects du vivant y contribuent. Combien de processus, souvent considérés comme « inconscients », exercent une influence subtile sur l'expérience ressentie ?

L'histoire est loin d'être complète à ce stade, mais c'est un début.

Plongée de nuit

Environ une heure après le coucher du soleil, Tom Davis (le plongeur spécialiste du corail mou que nous avons rencontré au chapitre 3) et moi étions seuls sur le chemin qui mène du bord de la route à l'eau calme de la baie. Nous nous sommes frayé un passage à travers les herbes des hauts-fonds et les premières présences énigmatiques du site : des éclairs rouges, des mouvements furtifs. Au fur et à mesure que nous nous enfoncions, la solitude nocturne de ces étendues marines m'a frappé. À peine on éteint sa lampe de plongée qu'un noir d'encre reprend immédiatement ses droits. Sur la terre ferme, les animaux nocturnes ont toujours un peu de lumière. En mer, par une nuit sombre, à trente pieds de profondeur, on n'y voit goutte. Les animaux sont immergés dans un monde d'odeurs, de saveurs et de contacts.

Tom cherchait des poissons rares, des visiteurs tropicaux de la baie qui, la nuit, se réfugient sous les corniches. Il en a trouvé quelques-uns, mais il y avait surtout beaucoup de poissons diurnes endormis. Des espèces familières, des grands labres et des morwongs serrés les uns contre les autres. Il était difficile de repérer les petits voyageurs parmi les habitants endormis.

À la fin du chapitre précédent, j'ai décrit ma rencontre avec un crabe décorateur. Durant la journée, les crabes décorateurs que l'on rencontre sont principalement couverts d'éponge. La nuit, on trouve à leurs côtés des décorateurs vêtus de coraux mous. Ils font penser aux membres d'une société secrète, un ordre mystérieux de crustacés reconnaissable à son uniforme et qui ne sortirait que la nuit. Un décorateur de ce genre a défilé sur le récif. Le long de son corps, des doigts de coraux mous s'étiraient dans l'eau. Environ la moitié des mains coralliennes étaient grandes ouvertes, l'autre moitié fermées. Pendant que les gros poissons dormaient sous les corniches et que le décorateur se pavanait, deux bernard-l'hermite dans leur coquille s'affrontaient.

L'un d'eux avait tapissé sa carapace de nombreuses anémones, l'autre n'en avait que quelques-unes. Les anémones, auxquelles les crabes conféraient une mobilité inattendue, allaient de surprise en surprise. Leurs tentacules étaient tendus, touchaient parfois la carapace de l'autre crabe et réagissaient en se retirant. Je n'ai pas vu deux anémones juchées sur leurs chars à crabes se toucher l'une l'autre, mais cela a dû se produire à un moment donné. Tant de créatures variées dans une immensité noire.

Chapitre 6

Le poulpe

Lady Octopus sème la panique

Profitant de la tranquillité de l'étale, je suis retourné plonger dans l'un des sites de coraux mous décrits au chapitre 3. Habituellement, cette heure de pause permet d'observer une vie relativement placide. Des animaux à l'allure un peu étrange se promènent, chacun vaquant à ses propres affaires : une coexistence tranquille d'excentriques. Mais cette fois-ci, un poulpe était dans les parages ; il partait en vadrouille au moment où je suis arrivé. Il était de taille moyenne, avec un corps pas beaucoup plus gros qu'une balle de baseball. Pas très grand pour son espèce, il était cependant extrêmement actif.

En le suivant, j'ai pensé que c'était probablement une femelle. Il est difficile de déterminer le sexe des poulpes, mais les mâles se déplacent souvent en protégeant l'un de leurs bras, le troisième à droite chez la plupart des espèces. Les huit bras (ou tentacules) d'un poulpe entourent sa bouche ; si l'on regarde l'animal de face, ses deux tentacules centraux se répartissent l'un à droite, l'autre à gauche de la bouche : c'est la première paire. On trouve ensuite les deuxièmes tentacules gauche et droit, et ainsi de suite jusqu'à la quatrième paire. Sous le troisième bras droit des mâles se trouve un conduit particulier utilisé pour l'accouplement, et les mâles ont tendance à ne pas exposer ce bras autant que les autres.

Le troisième bras droit du poulpe en question s'agitait dans tous les sens avec le reste, je considère donc qu'il s'agissait d'une femelle. À plusieurs reprises, dans une étreinte à huit bras, elle s'est enroulée autour d'un morceau de corail ou d'une éponge, provoquant une sortie générale. C'était intéressant de repérer parmi toutes ces créatures celles qui avaient l'air inquiet et celles qui gardaient leur flegme. Parmi les plus paniquées, de petits poulpes jusque-là bien cachés s'éloignèrent d'un air vigilant, voire s'enfuirent d'un jet. Les crabes décorateurs, dans leur vêtement d'éponge protecteur et trompeur, semblaient en revanche parfaitement à l'aise[1]. À plusieurs reprises, le poulpe a touché le manteau d'un crabe décorateur avec l'un de ses bras, sans pour autant susciter de réaction.

Étonnamment, les hippocampes restaient eux aussi sereins. Lorsque le poulpe a fait irruption, ils se sont élevés lentement comme des oiseaux de porcelaine, en battant l'eau de leurs minuscules nageoires. Là encore, il est arrivé que le poulpe effleure un hippocampe, mais ni l'un ni l'autre n'ont semblé remarquer l'interaction.

Les poissons plats, enterrés dans le sable, étaient assurément inquiets. Ils se sont précipités vers le haut et ont fui. Mais les animaux les plus nerveux étaient les crabes qui n'étaient pas protégés par un manteau d'éponge ou de corail. Ils décampaient à toute vitesse, et le poulpe les poursuivait parfois énergiquement. Un crabe est arrivé droit vers moi, et le poulpe l'a suivi d'un jet. Le crabe s'est alors faufilé quelque part dans mon équipement, sans pour autant décourager son poursuivant. Le poulpe a fini par se dégager, et je suppose que le crabe s'est échappé, puisque la chasse a continué.

Le poulpe déchaîné dans le lit de corail mou m'a fait penser à un éléphant dans un magasin de porcelaine. À la fin, l'animal s'est brusquement arrêté et commodément installé sous un amas de coquillages et de débris divers. Je ne sais pas s'il avait attrapé quoi que ce soit pendant cette chasse de près d'une heure, mais il avait certainement semé la panique tout le long de son parcours.

Ce n'était même pas un poulpe particulièrement gros, comme je l'ai dit, mais ce jour-là il éclipsait la plupart des animaux qui l'entouraient. Il était bien plus agressif et plus actif, faisant fuir les autres créatures alentour. Un modeste écho de l'époque où les céphalopodes régnaient sur les mers.

Lorsque les céphalopodes dominaient les mers

Les poulpes sont des mollusques, un groupe fourni qui compte aussi dans ses rangs les escargots, les huîtres et les palourdes. Avec les seiches, les calmars et quelques autres, ils forment une catégorie particulière, celle des céphalopodes.

Les mollusques sont peut-être apparus durant l'Édiacarien et existaient certainement au Cambrien. Leur corps est mou, sans os ni squelette externe. Toutefois, à partir du Cambrien, de nombreux mollusques se sont dotés d'une protection solide, une coquille dure et minéralisée.

Ce corps semble à première vue peu propice au développement de l'action et de comportements complexes. Pourtant, peu après le Cambrien, quelques céphalopodes primitifs quittent le plancher océanique et s'aventurent en eaux libres (ou se mettent du moins à survoler le sol marin)[2]. Leur coquille leur permet de flotter, et un bouquet de tentacules autour de la bouche leur donne un nouvel outil comportemental.

Au cours de l'Ordovicien (juste après le Cambrien), certains de ces céphalopodes grossissent et dépassent parfois cinq mètres de long, avec une tête, un groupe de bras et une longue coquille conique derrière. Ils deviennent les plus grands prédateurs de l'époque, supplantant les arthropodes. Ces céphalopodes à coquille actifs qui prospèrent dans les mers pendant plusieurs centaines de millions d'années ont aujourd'hui presque tous disparu.

Seul un petit représentant de cette expérience a traversé le temps : le nautile, que l'on trouve encore aujourd'hui dans le Pacifique, montant et descendant dans la colonne d'eau dans un paisible rythme quotidien.

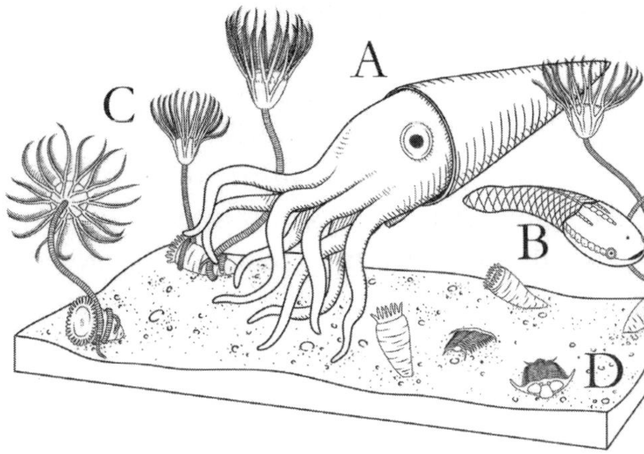

Une scène de l'Ordovicien. Les animaux représentés sont A : un grand céphalopode à coquille droite, *Orthoceras* ; B : un astraspide, un poisson cuirassé semblable à ceux du chapitre 7 ; C : un lys de mer, apparenté aux étoiles de mer (*Glyptocrinus*) ; D : des trilobites.

Alors que les formes géantes à coquille reculent, à l'époque des dinosaures, un autre groupe de céphalopodes adopte une approche différente pour mener une vie plus ambitieuse que celle du mollusque typique. Les *coléoïdes* sont un groupe de céphalopodes qui a divergé des autres plus ou moins au moment de l'apogée des formes à grande coquille. Au cours de l'ère suivante, le Mésozoïque, ils font un pas qui aura une série de conséquences surprenantes : ils internalisent leur coquille dure, ce qui leur fait perdre leur protection mais leur permet de conserver une certaine flottabilité. Ce groupe d'animaux se divise ensuite à plusieurs reprises et, dans certains cas, évolue vers l'abandon complet de la coquille. Un seul groupe poussera ce processus jusqu'à l'extrême, éliminant totalement sa coquille, externe ou interne, et presque toutes ses parties dures. Le résultat de cette opération, il y a environ 100 millions d'années, est le poulpe[3].

Les poulpes possèdent le plus grand système nerveux de tous les invertébrés et ont un comportement très complexe. Ils sont complexes d'une manière toute particulière : explorateurs, manipulateurs, ils sont souvent intéressés par la nouveauté. Ils ont plusieurs façons différentes de se déplacer, y compris la propulsion par jet et divers types de marché-glissé. Les poulpes sont à la fois si actifs et complexes, et si éloignés de nous en termes généalogiques, qu'ils constituent une expérience évolutive tout à fait remarquable. J'ai présenté la forme de base de l'arbre des animaux au chapitre 4. Le dernier ancêtre commun des animaux bilatériens (à symétrie bilatérale) y occupe une place singulière. De cet animal inconnu ont émergé il y a peut-être 600 millions d'années deux minuscules rameaux généalogiques qui ont fini par devenir d'énormes branches d'animaux. L'une de ces branches est la nôtre. L'autre comprend les mollusques, les arthropodes et la plupart des autres invertébrés familiers. Parmi tous les animaux issus de ces anciennes ramifications, seuls trois groupes ont produit des espèces dotées de grands systèmes nerveux et de comportements complexes : les céphalopodes (des mollusques), les arthropodes et les vertébrés : le poulpe déchaîné, les crabes qui décampent et l'homme bardé d'équipements qui s'évertue à les suivre.

Le degré de complexité de l'ancêtre commun à tous ces animaux continue à faire l'objet de débats. Pendant de nombreuses années, nous l'avons imaginé sous la forme d'un ver plat. Mais des travaux récents ont soulevé la possibilité que l'animal ait été plus complexe qu'on ne l'avait supposé. Certains biologistes qui se sont intéressés de près aux insectes ont suggéré que de subtiles similitudes de conception entre nous et les arthropodes indiquent qu'un petit « cerveau exécutif » était présent dès les premiers bilatériens[4]. C'est ce que soutiennent par exemple Nick Strausfeld et Gabriella Wolff, et ce serait une petite révolution. Un tel cerveau exécutif n'a rien d'impressionnant ; il s'agirait seulement d'un tout petit groupe de dispositifs de contrôle situé à l'avant de l'animal, mais c'est déjà plus que ce que l'on supposait exister. Toutefois, ainsi que le reconnaît Strausfeld, si un cerveau exécutif était présent à ce stade précoce, les mollusques s'en sont ensuite débarrassé. Ils ont trouvé un abri avec leur coquille et n'avaient pas vraiment besoin d'un système nerveux conçu pour une vie active. Les céphalopodes ont reconstruit un cerveau complexe bien plus tard, et l'ont fait sur un modèle différent. Certes, leur cerveau utilise en grande partie la même boîte à outils chimique que celle d'autres cerveaux. En 2018, on a administré de la MDMA, autrement dit de l'ecstasy, à des poulpes pour voir comment ils réagiraient[5]. De manière surprenante (du moins pour moi), ils ont semblé devenir plus amicaux et grégaires, un peu comme leurs homologues humains. Mais, même si les principaux éléments chimiques sont identiques chez les autres animaux et les poulpes, la disposition de leur cerveau est profondément différente.

La distance et l'indépendance du parcours évolutif de ces gros cerveaux sont l'une des raisons pour lesquelles je trouve les poulpes si intéressants. Ils suscitent également une réflexion sur les différentes manières d'être un animal et sur les différents types d'expériences associées à différents corps animaux.

Considérez le contraste entre une pieuvre et la grande crevette nettoyeuse à laquelle j'ai rendu visite au chapitre 4. Les arthropodes et les céphalopodes ont été les premiers grands prédateurs des mers, dominant tour à tour différentes périodes. Comparez maintenant leurs parents. La façon d'être des arthropodes, en particulier chez les insectes, les crustacés et autres, repose en grande partie sur des parties dures, des parties qui façonnent et soutiennent les actions de l'animal. Un tel corps dispose d'un grand nombre de comportements efficaces, mais il est aussi, en un sens, clos ou limité. C'est un corps de ressorts et de spatules, de pinces, de pattes et de massues. Plus tôt, j'ai comparé ce corps à un couteau suisse ; c'est une bonne analogie, car, si un couteau suisse peut être utilisé pour faire beaucoup de choses, il incarne bien ces restrictions en raison de sa spécialisation et de sa fixité. Le corps des arthropodes est rempli de parties dures qui ne font que ce qu'elles font et rien de plus. Un poulpe, en revanche, peut saisir et manipuler à peu près n'importe quoi, mais aussi doubler la longueur de ses bras ou s'aplatir comme une crêpe. Tous les possibles (ou presque) restent ouverts.

Lignes de contrôle

Le corps des céphalopodes, flexible et musclé, possède un grand potentiel d'action, mais il est soumis à des exigences particulières. Dans un bras de poulpe, les

« degrés de liberté » sont presque infinis. Il est difficile d'organiser ce corps et d'en coordonner les actions, mais il recèle un grand nombre de possibilités lorsque l'on y parvient.

C'est peut-être pour cette raison que le poulpe possède une organisation très différente de la nôtre. Son système nerveux est décentralisé : environ deux tiers de ses neurones ne se trouvent pas dans le cerveau (qui n'est d'ailleurs pas nettement délimité), mais dans ses bras, en particulier dans les bras supérieurs. Ceux-ci n'agissent pas seulement comme des capteurs périphériques et des systèmes de relais qui alimentent le cerveau central ; le contrôle de certains mouvements est en apparence délégué aux bras eux-mêmes.

Cette organisation peut être considérée à la fois comme une réponse à une difficulté et comme une formidable opportunité. Il y a plusieurs décennies, Roger Hanlon et John Messenger ont suggéré que le système nerveux étendu et décentralisé du poulpe était tel en raison de la difficulté à contrôler ce corps[6]. Mais cette configuration ouvre aussi un monde de possibilités. Une fois que l'on a enfin huit bras qui se meuvent librement autour d'une bouche, pourquoi ne pas les doter d'une batterie de capteurs et leur permettre de suivre, dans une certaine mesure, leur propre chemin ?

Dans de nombreuses situations, les poulpes semblent se comporter comme un tout, mais on a longtemps ignoré quelle était la relation exacte entre le cerveau central de contrôle et les neurones de leurs bras. Les premiers chercheurs estimaient que le contrôle central des bras était assez limité, et qu'un poulpe pouvait même ne pas savoir où se trouvaient ses bras à un moment donné. Cette première évaluation était influencée par les difficultés qu'éprouvaient les animaux à exécuter certaines tâches artificielles en laboratoire, ainsi que par le fait que les connexions au sein du système nerveux entre les bras et le cerveau sont plutôt ténues.

Depuis, le laboratoire qui a le plus étudié ces questions est celui de Benny Hochner à Jérusalem[7]. Une expérience astucieuse a montré qu'un poulpe utilise sa vision pour envoyer un seul bras explorer un nouveau parcours hors de l'eau afin d'atteindre la nourriture. Cela semble témoigner d'un contrôle central considérable. Le compte rendu de l'expérience, rédigé par Tamar Gutnick et ses collaborateurs, note également que, lorsque les poulpes accomplissent avec succès la tâche proposée, le bras semble effectuer une exploration locale au fur et à mesure de son déplacement (cela pourrait toutefois n'être qu'une impression). Le même laboratoire a réalisé des travaux neurobiologiques qui suggèrent que les poulpes ne disposent pas d'une carte de leur propre corps dans leur cerveau, comme c'est le cas pour nous. Cela impliquerait que, si une pieuvre a une certaine idée de la façon dont son corps est disposé à un moment donné, elle y parvient d'une façon très différente de la nôtre.

La décentralisation des « postes de contrôle » du corps n'est pas propre au poulpe : on la retrouve sous différentes formes chez de nombreux animaux, humains compris, et des raisons bien précises expliquent pourquoi elle est dans une certaine mesure prévisible. Les caractéristiques responsables de la détection et de l'action, dont j'ai retracé l'histoire, sont compliquées et font appel à de nombreux éléments. Des réseaux organisés de cellules sont nécessaires pour voir, d'autres pour produire le mouvement, ainsi que des systèmes nerveux composés d'encore plus de cellules pour coordonner le tout. Une fois que l'on dispose de toute cette machinerie, de nouvelles options évolutives s'offrent à nous. On peut séparer certaines voies, créer des lignes de contrôle locales. Il s'agit alors d'un choix, au sens évolutif : créer des flux séparés qui contrôlent l'action, ou tout intégrer dans un flux unique. On peut également faire un mélange des deux et avoir des voies largement séparées avec quelques ponts.

Ce point est important au regard des thèmes abordés dans ce livre pour plusieurs raisons. J'ai évoqué la notion de « point de vue » comme un élément pouvant rendre compte de l'idée de subjectivité. Le *point* de vue est toujours métaphorique, mais il suggère un haut degré d'intégration. En réalité, de nombreux animaux ne sont que partiellement intégrés. Lorsque l'on sépare les flux, on obtient certains avantages (on gagne souvent en vitesse) et on en perd d'autres. Si les flux sensoriels sont séparés les uns des autres, on ne peut plus combiner différents types d'informations utiles lorsqu'elles sont considérées ensemble, comme les nombreuses prémisses d'un argument ou les différentes pièces d'un puzzle. Si l'on permet à différentes parties de soi-même d'effectuer leurs propres actions, on risque que les parties actives décident de faire des choses contradictoires. En poussant cette logique à l'extrême, on pourrait finir entièrement fragmenté en sous-agents qui voient leurs propres scènes et prennent leurs propres décisions. Cela ne semble pas une bonne idée, mais nous ne devrions pas pour autant supposer que toute organisation prévoie un P-DG au centre et une myriade d'exécutants.

Un exemple important et qui nous concerne également est celui de la *latéralisation* du cerveau[8]. Comme nous l'avons vu précédemment, nous sommes des animaux à symétrie bilatérale, avec un côté gauche et un côté droit. Cela signifie que de nombreuses parties de notre corps fonctionnent par deux, notamment nos membres, nos poumons et une grande part (mais pas la totalité) de notre cerveau. Les deux côtés des zones supérieures de notre cerveau sont reliés par un épais canal de fibres. Chez les vertébrés, les voies nerveuses se croisent également. Les événements vus dans la partie droite du champ visuel sont traités par le côté gauche du cerveau, et vice versa. Chez les invertébrés à symétrie bilatérale, les parties du cerveau sont souvent appariées dans une certaine mesure, mais ne se croisent pas de cette manière. Chez le poulpe, par exemple, un grand « lobe optique » est situé derrière chaque œil et traite séparément l'information propre à chacun d'entre eux.

Ce couplage des deux côtés du cerveau des animaux a entraîné une surprenante division du travail. Par exemple, certains vertébrés préfèrent l'œil gauche pour gérer leurs interactions sociales avec d'autres animaux de la même espèce, et l'œil droit pour se nourrir. Là encore, si l'*œil* gauche est préféré pour les interactions sociales, cela signifie que c'est le côté droit du *cerveau* qui est utilisé, et vice versa. Les seiches, qui sont des céphalopodes comme les poulpes, utilisent de préférence l'œil droit pour se nourrir et le gauche pour faire face aux prédateurs[9]. Comme les voies nerveuses des céphalopodes ne se croisent pas, œil gauche signifie cerveau gauche. La répartition des rôles est donc similaire, même si leur cerveau est conçu différemment.

L'illustration humaine la plus radicale de ce phénomène, qui ne résulte pas, ou presque jamais, d'un événement naturel mais plutôt d'un acte chirurgical, est celle des patients au « cerveau divisé » (*split brain*). Certaines personnes souffrant d'épilepsie grave acceptent de « déconnecter » les deux moitiés de leur cerveau en sectionnant le corps calleux, pour limiter leurs crises à un seul hémisphère. Les personnes qui subissent cette opération semblent parfois avoir deux esprits dans un seul crâne. Dans d'autres circonstances, elles se comportent tout à fait normalement. Je reviendrai plus tard sur le cas des cerveaux divisés ; ils fournissent des indices qui pourraient nous aider à résoudre les énigmes de l'expérience des poulpes. Mais, avant cela, essayons de faire plus ample connaissance avec ces derniers.

À la rencontre des poulpes

Les mystères et les charmes du comportement des poulpes sont particulièrement visibles dans deux sites en Australie où j'observe ces animaux depuis une dizaine d'années maintenant[10]. Le premier site a été découvert par Matt Lawrence en 2008, au hasard de l'exploration d'une grande baie – une autre que celle où se sont déroulées les scènes que j'ai décrites dans les chapitres précédents, Nelson Bay. Les sites d'observation des poulpes se trouvent à environ six heures de route au sud, sur la même côte. Alors qu'il parcourait une plaine sablonneuse sous-marine peuplée de coquilles Saint-Jacques, Matt est tombé sur une zone bien délimitée où s'entassaient des milliers de coquilles Saint-Jacques vides et où vivaient une douzaine de poulpes. Nous avons baptisé ce site « Octopolis ».

Les poulpes sont généralement considérés comme des animaux très solitaires, et de nombreuses espèces le sont probablement, mais ce site a montré qu'ils peuvent, dans certaines circonstances, vivre les uns près des autres. Au maximum, nous en avons compté seize. Les deux sexes et toutes les tailles sont représentés. D'une certaine façon, « tous les âges » aussi, mais les poulpes ont une durée de vie étonnamment courte, d'un à deux ans seulement[11]. De nombreuses générations se sont succédé depuis que nous avons commencé à les observer. Un gros poulpe a un corps plus ou moins de la taille d'un ballon de football et des bras d'un mètre de long. D'autres ne sont pas plus grands qu'une boîte d'allumettes et ont moins d'un an.

L'origine d'Octopolis est inconnue, mais nous avons quelques idées pour l'expliquer. Le site offre aux poulpes une nourriture illimitée, mais il compte également de nombreux prédateurs : requins, phoques, dauphins et bancs de poissons agressifs. Le sable est fin et limoneux, et il est difficile d'y creuser une tanière suffisamment protectrice. Ce site illustre bien le dilemme de la vie des poulpes, à la fois proies et prédateurs. Dans ce contexte, nous pensons qu'un objet fabriqué par l'homme est tombé d'un bateau ou a été jeté à l'eau il y a déjà un certain temps. Cet objet, d'environ trente centimètres de long, probablement en métal, est aujourd'hui en grande partie enfoui. Mais il a pu ensemencer le site comme un cristal. Un poulpe, ou peut-être deux, ont construit un abri à côté de cet objet et ont ramené des coquilles Saint-Jacques qu'ils mangeaient dans leur tanière. Les coquilles se sont accumulées jusqu'à devenir un meilleur matériau de construction que le sable limoneux. D'autres poulpes ont alors construit une tanière à cet endroit pour y vivre en sécurité. À leur tour, ils ont ramené des coquilles Saint-Jacques supplémentaires, et bientôt un processus de « rétroaction positive » s'est enclenché, dans lequel chaque nouveau poulpe en quête de nourriture ouvrait involontairement des possibilités de vie pour les autres.

Que les choses aient ou non débuté ainsi, il est certain que les poulpes apportent des coquilles Saint-Jacques, les mangent puis abandonnent les coquilles vides, qui leur servent ainsi qu'à leurs congénères à construire des tanières de qualité. Celles-ci ressemblent dans certains cas à des puits de mine de plus de cinquante centimètres de profondeur, avec des parois rectilignes tapissées de coquilles. Elles offrent une protection efficace, du moins contre les espèces autres que les poulpes. En effet, le site se caractérise par de nombreuses querelles territoriales et des expulsions. Il arrive qu'un poulpe plonge dans une tanière et en chasse l'occupant. Ils se battent, et le perdant s'éloigne. Le vainqueur s'installe parfois dans la tanière ainsi conquise, mais il peut aussi très bien retourner d'où il est venu.

Ce site est important pour tenter de comprendre ces animaux, car les poulpes qui s'y trouvent ont dû apprendre à vivre les uns avec les autres, à s'accommoder de la présence continuelle d'autres animaux de leur espèce. Dans l'environnement d'un animal, le facteur le plus compliqué à gérer est la présence d'autres animaux, y compris et surtout des animaux de sa propre espèce. Les poulpes ont en général peu d'interactions, mais à Octopolis ils sont entourés de leurs semblables. Il leur faut donc s'adapter à cette complexité. Cette adaptation passe par un certain nombre d'agressions, mais l'hostilité affichée est souvent assez faible. Les poulpes présentent également un certain nombre de comportements qui semblent avoir pour but de surveiller qui est présent sur la zone, en accordant peut-être une attention particulière au sexe des individus. Un poulpe arrive par exemple sur le site, en marchant ou en se propulsant lentement ; sur son passage, des bras se lèvent, il y a des contacts et des fouettements. Certaines de ces interactions évoquent une sorte d'entraînement de boxe, une rafale rapide de bras palpeurs. Mais de nombreuses autres interactions ne se déroulent pas de cette manière. Il s'agit souvent d'un étirement, unilatéral ou bilatéral, suivi d'un bref contact avec l'animal qui passe. Le promeneur disparu, le curieux reprend son poste ou regagne sa tanière.

Il arrive que ces interactions dégénèrent en combats, mais mon impression, qui ne s'appuie pas encore sur des chiffres, est que la plupart des vrais affrontements commencent différemment. Les grandes bagarres se produisent lorsqu'un poulpe marche ou glisse vers le site depuis l'extérieur et qu'un autre sort à sa rencontre. Ils se battent ensuite dans un enchevêtrement frénétique de tentacules.

Nous avons vu d'innombrables conflits sur ce site, mais il n'y a jamais eu de mort ou de blessé grave. J'en suis venu à penser qu'un poulpe peut difficilement blesser un autre poulpe avec les armes dont il dispose, à moins qu'il y ait une grande différence de taille entre les animaux. Des décès ont été constatés dans des bagarres entre poulpes ailleurs, apparemment par strangulation. Je soupçonne que dans ces cas, une différence de taille substantielle devait exister entre les adversaires. Lorsque les poulpes sont de taille similaire, beaucoup d'affrontements ressemblent (comme l'a dit Miranda Mowbray après avoir vu une de mes vidéos) à une bataille d'oreillers géante, entre deux oreillers.

Dans certains cas, les mâles excluent activement d'autres mâles et semblent capables de déterminer les individus à refouler à partir d'un simple contact. Ce dernier n'est toutefois pas infaillible : parfois, les poulpes se trompent sur le sexe d'un individu. Il est arrivé que des mâles se faufilent à la barbe des autres et s'installent à côté des femelles. Des tentatives d'accouplement ont parfois échoué parce que, je le soupçonne, le sexe d'un animal avait été mal identifié au départ. Tout cela se déroule souvent dans le plus grand désordre, au milieu de bousculades et de querelles de territoire.

Il n'est pas sûr que certains des comportements que nous observons ici soient véritablement nouveaux, ou du moins inhabituels pour l'espèce. Il pourrait s'agir d'une situation où des animaux d'une espèce essentiellement solitaire ont fini par vivre dans des densités inhabituelles et apprennent, individuellement, à s'entendre. Il se peut également que la socialité soit plus importante dans la vie des poulpes, dans cette espèce et dans d'autres, que nous ne le pensions[12].

Cette image d'Octopolis, avec toutes ses incertitudes, s'est dessinée il y a quelques années maintenant, et je l'ai décrite dans mon précédent livre *Le Prince des profondeurs*. Un événement qui a fait considérablement avancer toutes les questions que nous nous posions alors s'est produit en 2017. Deux plongeurs, Marty Hing et Kylie Brown, ont découvert en explorant la plaine où se trouve Octopolis un deuxième site, avec un nombre équivalent de poulpes et des activités similaires[13]. Mais sur ce second site, baptisé Octlantis, aucun objet d'origine humaine ne semble avoir joué un rôle dans le démarrage de l'activité ; il s'agit d'un site entièrement « naturel ».

Ici aussi, dans un environnement qui présente une nourriture abondante, de nombreux dangers et peu de possibilités d'abri, quelques rochers isolés dépassant du fond de la mer ont probablement permis à un processus de rétroaction de s'enclencher. Les poulpes apportent des coquilles Saint-Jacques et laissent les coquilles vides. Les tanières de ce site sont dans certains cas nichées contre les rochers et dans d'autres construites directement dans le fond marin jonché de coquillages. Octopolis n'est donc pas un événement unique, dépendant d'un acte humain involontaire. Octlantis montre qu'il peut se reproduire. Les chiffres d'Octlantis sont similaires à ceux d'Octopolis ; le plus grand nombre de poulpes que j'y ai dénombré est de quatorze, répartis sur trois sous-régions du site, mais dans une zone assez petite.

Ces deux sites suscitent une gamme de comportements plus riche que ce que l'on observe habituellement chez les poulpes : il y a plus d'interaction, plus d'activité. Nous n'y faisons pas d'expériences ; nous nous contentons de regarder les poulpes mener leur vie. Mais les années d'observation – certaines organisées et planifiées, d'autres très informelles – nous ont donné une idée de plus en plus précise de l'éventail des possibilités. En les observant, je m'interroge toujours sur les relations entre le cerveau central et les « cerveaux » périphériques des bras.

Le plus souvent, nous observons un comportement coordonné du corps entier. Les animaux passent par exemple d'un type de locomotion à l'autre. Dans la propulsion par jet, les bras sont rassemblés, et l'animal se transforme en un missile élancé. Lorsqu'ils déambulent sur le fond marin, leurs bras sont partout à la fois. Certains comportements peuvent être regroupés dans ce qui semble être des démonstrations sociales. Un animal agressif se dresse sur ses bras écartés et oriente son manteau – la partie arrière de son corps – vers le haut. Il arbore également des couleurs sombres et intenses (un poulpe peut changer entièrement de couleur en moins d'une seconde). Cette combinaison rend l'animal le plus gros possible et véritablement sinistre. Nous appelons cela la « pose Nosferatu ».

Un comportement particulièrement intrigant est le lancer[14]. Les poulpes rassemblent parfois des matériaux dans leurs bras. Ensuite, ils les transportent et les abandonnent un peu plus loin ou les lancent délibérément, de manière parfois spectaculaire. Les bras recueillent d'abord des coquillages, des algues et de la vase (parfois un seul de ces matériaux, parfois plusieurs). Lorsqu'ils sont bien calés, le dispositif de propulsion de l'animal s'oriente dans la bonne direction, et un jet d'eau soudain propulse le tout lorsque les bras lâchent leur cargaison. Ces jets de débris peuvent parcourir plusieurs longueurs de corps. Souvent, le matériau lancé touche un autre poulpe.

Mon collaborateur David Scheel a été la première personne à envisager un rôle social pour ce comportement. Les poulpes dirigent-ils ces lancers vers les autres ? S'agit-il d'une autre forme de la légère agressivité souvent observée sur le site ? C'est très difficile à dire, car il faudrait pour cela déterminer ce que le poulpe a l'intention de faire. La tâche n'est déjà pas évidente dans le cas d'animaux très proches de nous, elle est encore plus ardue avec un poulpe. David et moi avons passé beaucoup de temps à essayer d'interpréter les intentions des poulpes, une activité pleine d'énigmes tant scientifiques que philosophiques. Voici comment je vois les choses actuellement.

La plupart des lancers de débris font probablement partie des activités de construction et de nettoyage des tanières. Les poulpes passent beaucoup de temps à éliminer les déchets qui s'accumulent dans leur abri, ce qui explique en partie les lancers. Un poulpe peut très bien faire son ménage tout en surveillant un autre poulpe. Dans ce cas, on peut s'attendre à ce que certains lancers atteignent par inadvertance le poulpe surveillé. Les femelles tirent plus souvent que les mâles, ce qui est intrigant, mais elles ont également tendance à mieux construire et entretenir leurs tanières que les mâles. Ce qui est logique, puisqu'elles doivent couver leurs œufs.

Je pense toutefois que certains lancers ont aussi un rôle social. Les femelles lancent souvent des débris vers les mâles qui les harcèlent. Nous avons par exemple filmé un poulpe femelle qui a effectué plusieurs lancers sur une période de quelques heures, en direction d'un mâle précis. Environ la moitié de ces tirs ont atteint leur cible, les autres l'ont manquée uniquement parce que le mâle les a esquivés ou s'est mis à couvert. Vers la fin, le mâle visé semblait s'habituer à ces attaques ; il a commencé à anticiper les tirs, et les derniers sont presque tous passés au-dessus de sa tête.

Les lancers au rôle social ont un sens en tant que modification de deux comportements plus courants. Le premier consiste à utiliser le jet pour dégager les débris qui obstruent l'ouverture d'une tanière, le second à diriger directement le jet vers des poulpes et d'autres animaux. Si l'on se poste près d'un poulpe et de son repaire durant une plongée et que notre présence commence à le déranger (parce que l'on perturbe son environnement ou qu'on encombre peut-être tout simplement son espace), il enverra probablement un jet d'eau. En gardant ces comportements en tête, on peut imaginer un parcours où un poulpe lance des débris sans intention particulière, ou heurte de manière fortuite un autre poulpe et remarque les effets produits, souvent considérables : si le lancer est important, le mâle harceleur reculera, effrayé. Les femelles visent aussi d'autres femelles. C'est peut-être une autre manifestation de l'agression à faible intensité que j'ai mentionnée plus tôt. Je ne suis pas certain de tout cela ; avec les poulpes, il est toujours difficile de savoir ce qu'il en est.

Les lancers sont intéressants à la fois en raison de leur éventuel rôle social et parce qu'il s'agit de comportements coordonnés, organisés de manière centrale. Comme la propulsion par jet, ils nécessitent une disposition particulière des bras pour maintenir le matériau en place. Les comportements de construction que nous observons sur nos sites sont également intéressants par rapport à ces questions sur les bras et les cerveaux. Octopolis n'est pas une ville édifiée délibérément, bien que les tanières individuelles dans lesquelles vivent les animaux soient construites à dessein et entretenues, dans certains cas, avec beaucoup de soin. Nous supposons que les poulpes ne sont pas conscients qu'en rapportant des coquilles Saint-Jacques pour les manger, ils contribuent à procurer à d'autres poulpes la possibilité de vivre en sécurité sur le site. Individuellement, ces animaux sont plutôt de bons ingénieurs, mais on ne constate aucune coopération dans la construction, même chez les couples.

J'ai été témoin d'une utilisation intéressante d'un objet trouvé. Un petit poulpe fixait depuis son repaire l'une de nos caméras automatiques sur trépied. Au bout d'un moment, il est sorti du champ et est revenu avec un morceau d'éponge morte. Il l'a disposé au sommet de son repaire (cela faisait quelque chose entre le toit et le casque) et s'est blotti dessous tout en continuant à observer ce qui se passait dehors. L'éponge était le meilleur matériau possible pour cet usage, de la bonne taille, à la fois rigide et léger. Je ne suis pas certain que ce petit poulpe ait été dérangé par la caméra et ait souhaité édifier une barrière contre sa présence, mais cela en avait tout l'air.

Tous ces comportements rapides, coordonnés sur l'ensemble du corps et guidés par la vue suggèrent l'existence d'un contrôle important du centre vers la périphérie. Ces poulpes ont également une bonne vue ; ils sont loin d'être chroniquement myopes, comme on a pu le prétendre. J'ai noté des cas où des poulpes ont repéré l'arrivée d'autres poulpes à une distance considérable et ont réagi de manière très différente de ce que nous avons observé quand l'animal est une raie ou un autre intrus.

Lorsqu'ils observent attentivement quelque chose, les poulpes font souvent un mouvement de tête, de haut en bas et un peu sur le côté. Ainsi que le note Jennifer Mather, cela ressemble à une tentative d'améliorer leur perception de la distance d'un objet, de sa profondeur dans la scène, en modifiant l'angle de vue[15]. Étant donné la forme de leur tête, les poulpes voient la plupart du temps les objets avec un seul œil. Sans ce mouvement, ils auraient du mal à apprécier la profondeur. Il s'agit d'une recherche active d'informations par la vision, qui nécessite de gérer des relations subtiles entre ce que l'on appelle la *réafférence* (les changements sensoriels causés par nos propres actions) et l'*exafférence* (les changements sensoriels causés par quelque chose qui se passe en dehors de nous).

Les poulpes présentent tous ces comportements très organisés, mais leurs actions ont aussi une autre caractéristique : l'exploration continuelle de leurs bras. Un poulpe qui n'est pas pressé laisse la plupart du temps ses tentacules vagabonder dans plusieurs directions lorsqu'il déambule. Quand il est assis tranquillement, certains de ses bras s'éloignent, ressemblant à de petites anguilles avec leurs pointes délicates et interrogatives. J'observe cela beaucoup plus souvent ailleurs qu'à Octopolis et Octlantis (y compris à Nelson Bay, le théâtre de la balade ravageuse de Lady Octopus au début de ce chapitre). Je soupçonne que c'est parce qu'en dehors de ces deux sites, les poulpes sont généralement seuls et n'ont pas à se confronter à leurs congénères. Ils sont alors plus détendus. Il me semble que les poulpes d'Octopolis et d'Octlantis font preuve d'une attention accrue, en raison de la complexité sociale de leur environnement et des questions de sexe omniprésentes.

Tout cela suggère que le corps du poulpe est soumis à une sorte de contrôle mixte. Il peut être partiellement commandé et dirigé par le cerveau central, mais certaines parties s'engagent dans leur propre exploration, réagissant individuellement à leur environnement. Les actions coordonnées par le cerveau central peuvent prendre le dessus sur les tendances exploratrices des bras. L'observation des poulpes donne parfois lieu à une séric de renversements de perspective, entre une vision de l'animal comme un tout dont chaque bras est un outil et celle d'un bras se mouvant apparemment en réponse à ce qu'il perçoit lui-même.

Un célèbre patient en neurologie, au nom particulièrement adapté à notre propos, Ian Waterman, a perdu toute proprioception – c'est-à-dire toute perception interne de la disposition de son propre corps, comme l'emplacement de ses bras et de ses jambes – à la suite d'une infection survenue à l'âge de dix-neuf ans[16]. Pour regagner le sens de son propre corps, il a dû apprendre à utiliser la vision. L'expérience a été extrêmement perturbante, et il a eu du mal à retrouver la capacité de bouger et d'agir de manière cohérente ; il y est toutefois parvenu. Quelques personnes ont établi des comparaisons avec les poulpes ; selon l'expression de Fred Keijzer, un poulpe serait un « Waterman naturel ». Ces interprétations s'appuient sur des travaux qui suggèrent que les poulpes ne disposent pas d'une cartographie interne de leur propre corps. S'ils sont comparables à des Waterman, ils gèrent en tout cas cette condition sans effort. Bien sûr, ce serait assez prévisible si l'« état Waterman » leur était réellement naturel. Mais je serais très surpris qu'un poulpe ne réussisse à organiser ses bras pour effectuer un mouvement complexe qu'à condition de les voir. Lorsqu'ils veulent agir rapidement, les poulpes donnent l'impression d'une cohésion immédiate.

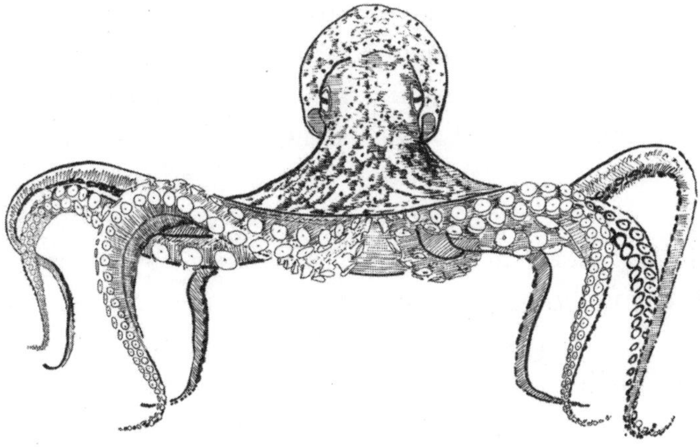

On dit souvent aujourd'hui que les poulpes sont « intelligents », et à certains égards c'est bien le cas. Mais ce n'est pas le terme qui me vient spontanément à l'esprit. Les poulpes sont des animaux au comportement complexe, et je pense que ce sont aussi des animaux sentients, qui expérimentent la vie de manière très riche. Le terme « intelligent » indique cependant une façon d'être particulière. Il suggère que nous interprétons leur complexité comportementale comme le résultat d'une activité intellectuelle. Or les poulpes sont des animaux explorateurs qui dirigent la complexité de leur corps vers tout ce qui se présente à eux. Ils manipulent, essaient des choses et retournent le problème dans tous les sens, mais le font de manière physique et non mentale. Ils ont un sensorium extraordinaire et une approche corporelle anarchique de la nouveauté, mais ce ne sont pas dans l'ensemble des animaux méditatifs.

Ils ont malgré tout une petite dose de cet aspect « intellectuel » ; les récits mythiques de poulpes s'échappant mystérieusement de leur bassin d'aquarium révèlent quelque chose qui ressemble à de la planification, et la façon dont ils se servent d'objets comme des coquillages et des noix de coco pour se protéger est une forme d'utilisation d'outils. Ce dernier trait a dans certains cas un aspect improvisé et opportuniste, comme le petit poulpe d'Octopolis qui va chercher une éponge pour se cacher de la caméra. Ces comportements suggèrent une sorte d'exploration aussi mentale que physique. Cette apparence est peut-être trompeuse : toutes ces utilisations de coquillages, noix de coco, éponges et autres éléments pourraient être des comportements bien établis que l'évolution a façonnés en réponse aux prédateurs. C'est là, ainsi que du côté social, que je chercherais des signes d'« intelligence ».

Les poulpes sont étonnamment conscients de ce que font les autres agents, y compris les humains. Ils choisissent par exemple le moment où l'on ne les regarde pas pour s'échapper. C'est aussi vrai des seiches. Bret Grasse, qui s'occupe des poulpes et autres céphalopodes au Woods Hole Marine Biological Laboratory, dans le Massachusetts, a passé plus de temps que quiconque auprès de ces animaux[17]. Il a l'impression qu'ils suivent souvent avec attention ce qu'il est en train de faire. Ils l'aspergent parfois d'eau, mais attendent pour cela qu'il ne les regarde pas. Une fois, Bret a été aspergé ; lorsqu'il s'est retourné, il n'a vu qu'un groupe d'innocentes seiches au fond de leur bassin. Il s'est alors servi de l'appareil photo de son téléphone pour les observer en leur tournant le dos. Plusieurs sont remontées à la surface et l'ont aspergé à nouveau.

Une autre chose que j'aime chez les poulpes – plus plaisante qu'elle n'est liée à l'intelligence –, c'est le fait que les individus d'une même espèce sont très différents, même lorsqu'ils accomplissent une tâche relativement basique. On pourrait dire qu'ils ont un style personnel, faute d'un meilleur terme. Une autre fois, pas très loin du site de Nelson Bay, je suis tombé sur un gros poulpe dans son repaire. Je ne l'ai pas dérangé, mais il s'est hissé hors de sa tanière sous mes yeux et nous sommes partis nous promener ensemble. Il a ensuite chassé un poulpe de sa tanière et s'est accouplé avec un autre. Pendant tout ce temps, il se déplaçait d'une manière inhabituelle, stylisée, en aplatissant ses bras comme des épées ou en les faisant onduler au-dessus de sa tête et derrière lui sans raison apparente, voire en les enroulant comme des spirales. Je n'avais jamais vu un poulpe se servir de ses bras de cette façon, sans aucune raison particulière. C'était juste une excentricité, une bizarrerie, comme les nombreuses bizarreries individuelles dans la construction des tanières. Tout ce qu'il faisait était ostentatoire.

Poulpes et requins

Les arthropodes et les céphalopodes ont été les premiers grands prédateurs des mers, semant la terreur chacun à leur tour au cours des différentes périodes. Les poulpes n'ont toutefois jamais dominé leur environnement. Ils ont évolué de nombreuses années après le premier âge d'or des céphalopodes et ont eu dès le début de redoutables concurrents, les poissons, qui les ont toujours accompagnés. Les poulpes n'ont jamais eu le champ libre pour eux seuls, contrairement à l'impression que pouvait donner la femelle au début de ce chapitre.

À la fin d'une plongée diurne dans la baie de Nelson auprès des coraux mous, alors que je me dirigeais vers le rivage et que ma réserve d'air tirait sur sa fin, j'ai vu un poulpe impressionnant étalé sur une zone plate avec des rochers et des herbes éparpillés aux alentours. J'ai pris quelques photos et ai alors réalisé que d'autres bras bougeaient sous le corps de l'animal. J'ai pensé qu'il s'agissait peut-être d'un accouplement, mais, après un moment, j'ai découvert que, s'il y avait bien un autre poulpe en dessous du premier caché dans une crevasse, je n'assistais pas à un accouplement mais à une lutte acharnée. Les poulpes se battaient pour un poisson de bonne taille. C'était une lente épreuve de force, qui a duré plus de dix minutes. D'un certain point de vue, la scène évoquait malgré tout un accouplement, avec une femelle tapie dans son antre et un mâle tournant autour à l'extérieur, une configuration courante. Il vous semble peu probable que deux partenaires se battent pendant dix bonnes minutes pour un simple poisson ? Pas chez les poulpes. Je soupçonne, au vu de divers détails, que le poulpe que j'avais aperçu en premier sur le haut de la tanière était un mâle, l'autre une femelle, mais je vais tout de même raconter l'histoire de manière neutre en les nommant Poulpe 1 et Poulpe 2.

Poulpe 1 a fini par emporter le poisson, qui a disparu sous son corps. Il s'est un peu éloigné et s'est assis là. Poulpe 2 est resté dans la tanière.

Au bout d'un moment, un requin wobbegong (ou requin-tapis) s'est approché. Cette espèce a un corps épais et large, avec un motif de camouflage semblable à celui d'un vieil avion bombardier, vert olive, brun et gris. Ils ont tendance à rester étendus au fond de l'océan, attendant en embuscade une proie imprudente, mais nagent de temps en temps. Ils ne sont généralement pas dangereux pour les humains, sauf si on les dérange, auquel cas ils peuvent mordre douloureusement (et dangereusement, car ils ont tendance à s'accrocher). Le spécimen en question était loin d'être adulte, puisqu'il ne mesurait qu'un mètre de long. Les plus gros font le triple de cette taille.

Poulpe 1 semblait un peu agité et a reculé, vigilant. Il a gardé ses distances pendant que le requin se promenait. Je ne voyais plus Poulpe 2, qui s'était profondément enfoncé dans sa tanière. Dans une attaque foudroyante, le requin a plongé la tête la première dans la crevasse, cherchant le deuxième poulpe. Le corps et la queue presque à la verticale, s'agitant violemment, il essayait d'enfoncer son corps dans la tanière. Malgré l'intensité de l'attaque, celle-ci semblait échouer. Au bout d'un moment, les mouvements du requin ont ralenti, puis se sont arrêtés. Il a reculé et s'est posé très près de la crevasse.

Poulpe 1 ne s'était ni éloigné ni caché, au contraire, il s'était rapproché pendant tout ce temps. Je me suis avancé pour voir comment allait Poulpe 2 : il était blessé et immobile. Poulpe 2 n'avait pas craché son encre sur le requin, ce qui m'a surpris. Il est resté tapi et a attendu. Bientôt, le requin est reparti à l'attaque, de nouveau sans succès.

Le requin a alors abandonné la partie et a reporté son attention sur Poulpe 1. Encore une fois, à ma grande surprise, ce dernier a réagi avec lenteur. Il a reculé, sans se presser. Puis le requin s'est élancé, et j'ai compris pourquoi le poulpe se montrait si désinvolte. D'un jet, il s'est maintenu sans effort à une distance sûre. Il semblait savoir qu'il pouvait s'échapper dès que l'élément de surprise ne jouait plus en faveur du squale.

La situation semblait maintenant dans une impasse. Le requin s'est déplacé derrière un rocher. La position qu'il avait choisie était intéressante, car les poulpes ne pouvaient probablement pas le voir. La tête du requin était orientée vers les poulpes, derrière le rocher. En regardant d'en haut, je me suis demandé si ce n'était pas une tentative d'embuscade sophistiquée, le requin sachant qui pouvait voir qui. Mais si c'était le cas, aucun poulpe n'est tombé dans le panneau. Le requin a abandonné sa position et s'est éloigné dans les herbes.

Poulpe 2 n'avait pas bougé du tout. Sa blessure semblait sérieuse, mais il était vivant. Il avait survécu, comme les poulpes depuis des millénaires et malgré le partage des mers avec les requins.

Intégration et expérience

Dix années passées à suivre les poulpes et à les étudier, en particulier à Octopolis et Octlantis, où tant de comportements peuvent être observés, ne m'ont laissé aucun doute quant au fait que les poulpes sont des sujets expérientiels ; ils sont conscients, au sens large du terme. Ce point de vue n'est pas seulement une réponse à leur évidente complexité, à ces yeux actifs avec de gros cerveaux derrière eux. Même les théories qui attribuent une grande partie du comportement animal à des processus inconscients auraient des raisons de placer les poulpes du côté « conscient » de la ligne. Ils font preuve d'un engagement attentif envers la nouveauté, y compris les comportements nouveaux des humains, et la plupart de leurs actions ne sont pas routinières. Ils semblent avoir des humeurs différentes : stressé, curieux, joueur…

À Octopolis, nous avons vu un grand mâle essayer de surveiller simultanément plusieurs autres poulpes, semblant parfois se demander qui poursuivre et qui ignorer. Le poulpe est assez clairement un invertébré conscient. C'est même le cas le plus clair, peut-être avec les bernard-l'hermite d'Elwood. Étant donné la forme de l'arbre de vie, cela implique quelque chose pour l'histoire de la conscience. Soit la conscience a au moins deux ou trois origines distinctes, une pour nous, une pour les poulpes, une pour les crabes (et peut-être plus), soit, si elle n'a eu qu'une seule origine, elle était très éloignée dans le temps et a pris une forme très simple.

Le poulpe pose également des énigmes. J'ai dit dans le chapitre précédent qu'une partie de l'explication de l'évolution de l'expérience réside dans l'origine d'un nouveau type de *soi*, un soi connecté d'une manière qui lui donne un point de vue, qui en fait un sujet. Une grande partie de cette évolution peut être décrite comme une sorte d'intégration de l'animal, un thème qui revient dans de nombreuses réflexions récentes sur le matérialisme et la conscience. L'intégration est parfois considérée comme l'*élément* crucial pour expliquer comment un système physique peut avoir des expériences. Chez le poulpe, cependant, nous voyons un animal très complexe, mais moins intégré. Le poulpe fonctionne à bien des égards comme un tout, un centre d'action et de détection, mais il est organisé d'une manière inhabituelle. Toutes ces questions sont rendues difficiles par le fait que nous ne savons pas exactement ce que ces animaux peuvent faire, ni comment ils sont organisés à l'intérieur. Mais retenons à des fins d'exploration l'hypothèse esquissée plus tôt dans ce chapitre, selon laquelle le comportement des poulpes résulte d'un mélange de contrôle central et de contrôle périphérique. Quel effet cela pourrait-il faire de l'intérieur ?

Une première option est que l'organisation interne du poulpe, inhabituelle, n'est pas déterminante. Bien que l'examen des parties de l'animal révèle une conception moins intégrée, ce qui n'est peut-être pas très significatif pour l'ensemble. Un poulpe se comporte souvent de manière très unifiée. Toutefois, cela ne règle pas la question, car l'unité de comportement peut émerger de différentes manières. Prenons l'exemple des colonies de fourmis légionnaires, des abeilles et d'autres groupes sociaux étroitement organisés, parfois appelés *superorganismes*. À certains égards, ils agissent eux aussi comme des ensembles, mais sous l'unité coloniale se cache un assemblage d'agents individuels, chacun percevant et agissant. Ces colonies nous rappellent que le travail d'équipe entrepris par plusieurs individus peut efficacement donner naissance à un comportement unifié.

Nous devrions alors au moins envisager la possibilité qu'un poulpe soit un être doté de plusieurs « soi » : un soi primaire, le plus complexe, c'est-à-dire le cerveau central, et huit autres plus petits. Ces petits « soi » ne sont peut-être pas sentients ou conscients, mais la situation globale serait la suivante : 1+8.

Il existe une troisième option, outre 1 et 1+8 : 1+1. Les réseaux de cellules nerveuses dans les bras d'un poulpe ne sont pas seulement connectés au cerveau central, ils sont aussi connectés « latéralement » les uns aux autres, au sommet des bras. Les systèmes nerveux des bras pourraient être suffisamment connectés entre eux pour former un grand réseau qui équivaudrait à un deuxième cerveau, plus grand que le cerveau central si l'on inclut tous les neurones des bras. Le biologiste et roboticien Frank Grasso a ainsi écrit un article intitulé « The Octopus with Two Brains » (Le poulpe aux deux cerveaux), où il développe cette idée de manière prudente[18]. Sidney Carls-Diamante a examiné d'un point de vue philosophique ce que cela pourrait impliquer pour l'expérience de l'animal. Le poulpe a peut-être deux courants conscients différents, un pour chaque cerveau.

Carls-Diamante considère tant l'option 1+8 que l'option 1+1. L'exploration la plus approfondie de la possibilité 1+1 que je connaisse se trouve dans un roman de science-fiction, *Dans les profondeurs du temps*, d'Adrian Tchaikovsky[19]. Le livre imagine des poulpes ayant évolué vers des animaux techniquement plus intelligents (avec l'aide d'une intervention humaine). Lorsqu'il décrit chaque poulpe, Tchaikovsky le traite en trois parties : la Couronne (le cerveau central), le Domaine (le réseau neuronal de ses bras) et la Parure (la peau, qui n'est pas réellement un agent, seulement une partie de l'animal qui change de couleur). Il décrit le comportement et l'expérience du poulpe comme une interaction, presque un dialogue entre la Couronne et le Domaine, qui ont des compétences et des styles différents. Il est difficile de dire si le Domaine est un sujet expérientiel à part entière dans le livre, mais il s'en rapproche.

D'autres possibilités se présentent en plus de ces trois-là. Peut-être que l'organisation inhabituelle du poulpe le fait sortir complètement du domaine de l'expérience ; je laisserai cette possibilité de côté, car les preuves de l'existence d'une *forme* d'expérience chez le poulpe me semblent solides. Ce que j'appelle le « 1 » dans 1+8 pourrait aussi être double, avec un côté gauche et un côté droit. Le point de vue que je défendrai prudemment ici, cependant, est un mélange ou une combinaison des deux premières options, le 1 et le 1+8. Il y a manière de les concilier.

L'idée que je veux explorer est celle d'un va-et-vient entre une situation plus unifiée et une situation moins unifiée. Dire que l'animal passe d'un seul sujet expérientiel à neuf sujets serait probablement exagéré, mais une version moins extrême de ce point de vue pourrait être pertinente. Cette hypothèse m'a été suggérée dans les grandes lignes par Jordan Taylor, qui était alors étudiant, lors d'une conférence que j'ai donnée à l'université de Pennsylvanie. Je comparais les situations 1 et 1+8, en les présentant comme deux options entre lesquelles choisir, et Taylor a demandé : « Pourquoi l'animal ne pourrait-il pas passer de l'une à l'autre ? » Je vais explorer cette possibilité en faisant un détour par un autre cas, plus célèbre et plus spectaculaire : le phénomène du cerveau divisé (*split-brain*) chez l'homme.

J'ai donné plus haut une première idée de ce syndrome. Il affecte des patients dont la connexion entre les deux hémisphères du cerveau a été interrompue par section du corps calleux pour traiter des cas graves d'épilepsie[20]. Les patients *split-brain* se comportent normalement la plupart du temps, mais, dans certaines circonstances expérimentales, ils donnent l'impression d'avoir deux esprits dans un seul corps. Cela se produit lorsque des informations différentes sont envoyées à chaque champ visuel, le gauche et le droit, car ceux-ci sont connectés à des moitiés différentes du cerveau. (Je parlerai de « moitiés du cerveau » par souci de concision, même si ce n'est que la partie supérieure du cerveau qui a été divisée, un point qui aura son importance par la suite.) Les connexions entre ces deux moitiés présentent le croisement que j'ai décrit plus haut : du champ visuel gauche au cerveau droit, et vice versa. Durant une expérience, lorsque l'on montre des choses différentes aux deux moitiés du cerveau et que l'on demande à la personne de dire de quoi il s'agit, on obtient toutes sortes de réponses étranges. La parole est généralement contrôlée par le côté gauche, de sorte que la personne ne pourra parler que de ce qui se trouve dans son champ visuel droit. Mais le côté droit du cerveau, en contrôlant la main gauche, peut parfois donner ses propres réponses, par exemple en montrant une image du doigt ou en faisant un dessin.

Ce qui est troublant dans ces cas, au-delà de la possibilité d'avoir deux esprits dans un seul corps, c'est le fait qu'un comportement normal en résulte, du moins la plupart du temps. En dehors des contextes expérimentaux, les patients au cerveau divisé ne semblent généralement pas « scindés ». Ils mènent leur vie comme des personnes normales, bien qu'il y ait des exceptions à cela. Ce qu'il faut expliquer, c'est la combinaison, la plupart du temps, d'une apparente unité et d'une apparente scission dans des contextes particuliers.

Le débat sur ces cas tourne autour de quatre options principales (avec de nombreuses variations pour chacune). Pour commencer, il pourrait y avoir un seul agent conscient, un seul esprit présent, qui se trouverait dans le cerveau gauche. Le fait que le cerveau droit se montre très intelligent dans certains contextes expérimentaux constitue toutefois une sérieuse objection à cette thèse. La deuxième option voudrait que les deux moitiés du cerveau soient conscientes : il y aurait deux esprits. Cependant, ce point de vue ne cadre pas avec le comportement apparemment normal des patients dans la plupart des contextes. Dans cette optique, le comportement unifié résulte d'une coordination subtile entre les deux agents.

La troisième possibilité est celle d'un va-et-vient. Il pourrait y avoir une commutation entre une moitié gauche consciente et une moitié droite consciente, mais l'option que je vais examiner est celle d'une commutation entre une situation avec un esprit unique et une autre avec deux esprits. Peut-être que les circonstances particulières des expériences font émerger des esprits duels, mais le reste du temps il n'y en a qu'un. C'est ce que j'appellerai la *commutation rapide*. Enfin, la quatrième option est celle de l'*unité partielle*. Peut-être n'y a-t-il pas de *nombre déterminé* d'esprits présents dans ces cas. L'esprit est présent dans les corps, mais nous posons la mauvaise question lorsque nous demandons s'il y en a deux ou un seul ; les expériences ne sont pas toujours organisées de manière aussi nette.

Je pense qu'une version de la troisième option, celle de la commutation rapide, pourrait être la bonne[21]. Je suis loin d'en être certain ; les cerveaux divisés suscitent de nombreuses interrogations, et les cas individuels diffèrent les uns des autres. Mais travailler sur la solution de la commutation rapide nous aide aussi à résoudre les énigmes de l'expérience des poulpes.

Pour plaider en faveur de la commutation rapide, je vais d'abord défendre l'idée selon laquelle, dans certaines situations, il y a vraiment deux esprits dans un seul corps. Je m'appuie ici sur les travaux de la philosophe Elizabeth Schechter[22]. Le meilleur argument en faveur de l'hypothèse des deux esprits repose sur des cas de communication improvisée entre les deux moitiés du cerveau, une communication qui a lieu à l'extérieur, dans l'espace public observable. Par exemple, dans un certain nombre de cas documentés, les chercheurs ont constaté que le côté droit du cerveau d'un patient, qui ne peut pas parler, tentait de transmettre des messages au côté gauche en écrivant avec un doigt de la main gauche sur le dos de la main droite. Si l'hémisphère droit connaît la réponse à une question tandis que l'hémisphère gauche ne la connaît pas, le droit peut essayer de faire passer un message de cette manière. Il s'agit parfois d'une tentative de contourner le but d'une expérience, puisque l'objectif est de montrer des images au côté droit et de voir ce que le côté gauche peut en dire. L'expérimentateur voyait le doigt écrire et disait « N'écrivez pas ! ».

Ce comportement intelligent n'a rien à voir avec un réflexe. C'est une bonne preuve de l'existence d'un esprit dans l'hémisphère droit, qui essaie de transmettre des informations à l'autre hémisphère. Parfois, il y a deux esprits dans un corps. Et peut-être, ainsi que le pense Schechter, est-ce permanent. Mais ce n'est pas la seule option.

Une autre possibilité, je le répète, est que les deux moitiés du cerveau travaillent la plupart du temps ensemble pour donner naissance à un seul sujet d'expérience, mais que celui-ci se divise parfois en deux[23]. Il peut sembler dualiste de penser qu'un esprit entier puisse apparaître et disparaître en fonction de changements physiques relativement mineurs, comme le fait d'être soumis à une expérience psychologique. Mais, si un esprit est un modèle d'activité, alors pourquoi ne pourrait-il pas aller et venir très rapidement, changer de forme, adopter une dynamique puis une autre ? Une question plus difficile pour les tenants de cette position est de savoir comment le schéma d'activité qui constitue l'esprit *unique* – celui qui est présent la plupart du temps – peut exister tout court, étant donné que les deux moitiés du cerveau supérieur sont physiquement séparées.

Les premières discussions sur la commutation rapide n'abordaient pas cette dernière question de manière très approfondie. Susan Hurley, dont les idées ont joué un rôle dans le chapitre 5 de ce livre, a alors proposé un point de vue qui expliquerait l'unité d'un esprit dans un cerveau dépourvu de ses connexions habituelles entre les deux hémisphères[24]. Hurley ne défendait pas l'option de la commutation rapide, mais elle essayait de justifier l'existence d'un esprit unique dans les cas de cerveau divisé. Selon elle, certaines des connexions physiques qui unifient le cerveau d'un sujet conscient ne sont peut-être pas des voies qui passent à l'intérieur du crâne, d'un neurone à l'autre, mais des voies qui s'étendent à l'extérieur dans le monde puis reviennent, en boucle. Une rétroaction étroite et rapide entre les actions de la personne et ce qu'elle perçoit pourrait faire partie de la solution. La base physique d'une conscience unifiée peut exister, selon les termes évocateurs de Hurley, comme une « singularité dynamique » dans un « champ de flux causaux » qui s'étend en quelque sorte à l'extérieur du corps lui-même. Un autre philosophe, Adrian Downey, a récemment montré que le point de vue de Hurley s'accorde naturellement avec la commutation rapide d'un esprit à deux dans les cas de cerveau divisé[25].

Supposons qu'une configuration de ce type soit possible. Devons-nous prendre cette hypothèse au sérieux ? Pour montrer que nous le devrions, je vais faire appel à une autre procédure médicale.

Le test de Wada, du nom de son inventeur, le médecin nippo-canadien Juhn Atsushi Wada, peut être effectué sur n'importe qui[26]. Il est toutefois invasif, ce n'est absolument pas un test de routine. L'objectif est de déterminer quel côté du cerveau d'une personne contrôle le langage. Pour ce faire, on anesthésie l'un après l'autre chaque côté du cerveau en laissant l'autre côté éveillé. À chaque étape, le patient est testé sur son utilisation du langage pour voir ce qu'il peut faire avec une moitié de son cerveau endormie. Dans la plupart des cas, lorsque le côté gauche est endormi, le patient ne peut pas parler. Mais il est toujours conscient, ou semble l'être, aux deux stades :

> Pendant le test, il me montrait quelque chose, me demandait de l'identifier et de dire s'il me l'avait déjà montré auparavant... Pour le côté droit du cerveau, je n'ai rien remarqué de différent. En ce qui concerne le côté gauche, ouah ! Quand il m'a montré un objet, je l'ai regardé et j'ai eu la même sensation que lorsque l'on a un mot sur le bout de la langue sans réussir à le retrouver. Seulement c'était vrai pour tous les mots, c'était incroyable ! Je ne savais plus quoi dire.

Chaque moitié du cerveau peut apparemment être consciente par elle-même, l'autre moitié étant endormie. (Les dauphins dorment par exemple d'un seul hémisphère à la fois ; ils s'administrent une version naturelle du test de Wada.) J'ai appris l'existence du test de Wada et ses possibles implications grâce au philosophe James Blackmon. Celui-ci pense que le test montre quelque chose de très surprenant. Selon lui, si une moitié du cerveau peut être consciente alors que l'autre est endormie, cela signifie que les deux moitiés ont déjà été conscientes, pour leur propre compte, avant le test. Chaque moitié possède manifestement ce dont elle a besoin pour être consciente, et elle ne peut pas être véritablement affectée par l'endormissement de quelque chose d'autre, quelque chose qui lui est distinct. La moitié qui n'est pas endormie continue à fonctionner comme avant. Blackmon pense donc que chaque moitié doit avoir été consciente depuis le début. La conscience d'un humain normal et pleinement éveillé est une sorte de mélange ou de fusion des deux consciences propres à chaque moitié, ou peut-être un mélange de plusieurs consciences encore plus petites.

Cependant, une autre possibilité dans la situation du test de Wada est celle d'une sorte de commutation rapide. S'il est vrai que l'endormissement du côté gauche (par exemple) n'altère pas beaucoup le côté droit du cerveau, il modifie tout de même le schéma global d'activité dans le cerveau-plus-corps. Je pense que, lorsqu'un test de Wada est administré, la moitié restante devient l'*élément idoine* pour soutenir l'expérience consciente. Avant le test, seul le cerveau *entier* offre le bon type de schéma d'activité. Durant un test de Wada, le côté gauche perd sa connexion avec le côté droit qui fonctionne, et la base physique de l'esprit se « contracte » en conséquence. Un schéma d'activité qui s'étendait auparavant à l'ensemble du cerveau est désormais confiné à une moitié. Cette moitié est consciente, mais elle n'était pas un système conscient en elle-même auparavant.

À ce stade, une complication indéniable se présente. En suivant la description de Blackmon, j'écris comme si une moitié entière du cerveau était totalement endormie, mais en réalité la partie « inférieure » du cerveau n'est pas divisée dans le cas des patients *split-brain*, ou endormie par moitié dans un test de Wada. L'habitude de parler des cas de cerveau divisé chez l'homme date d'une époque où l'on pensait que la partie supérieure du cerveau, le cortex, était responsable d'à peu près l'intégralité de la pensée et de l'expérience. Aujourd'hui, le rôle de la partie inférieure du cerveau, qui n'est pas séparée dans ces procédures, est pris plus au sérieux. L'expérience consciente ordinaire chez l'homme pourrait résulter du fonctionnement de ces deux parties du cerveau. Lorsque la moitié gauche ou droite de la partie supérieure, le cortex, est endormie pour un test de Wada, ce qui reste actif et associé à l'expérience consciente à chaque étape est l'autre moitié du cortex *plus* toute la partie inférieure du cerveau. Cela n'invalide pas mon hypothèse de « commutation rapide », mais celle-ci se ferait entre deux unités qui ont certaines parties en commun.

Si cela est exact, le test de Wada montre que la base physique de l'expérience est un modèle d'activité qui peut aller et venir rapidement. Une fois que nous acceptons ce type de commutation, il devient plus raisonnable de dire que, dans les cas de cerveau divisé, il peut y avoir une commutation rapide entre un et deux « soi » conscients, et que cela peut se produire à la suite d'une expérience qui sépare les flux d'informations vers chaque moitié du cerveau.

Cela ne suffit pas à tout expliquer dans les cas des patients *split-brain* ; il manque une autre pièce du puzzle. Lorsque deux esprits sont présents, ils ne sont pas totalement séparés. Il semble aussi y avoir un certain degré d'unité partielle. L'hypothèse de l'« unité partielle » implique qu'il ne peut y avoir dans les cas *split-brain* un compte exact des esprits : soit un, soit deux[27]. À certains niveaux, une séparation existe, et les expériences et les souvenirs sont divisés en deux, mais d'autres pensées ou expériences peuvent appartenir aux deux côtés. De nombreux médecins et chercheurs qui travaillent avec des patients *split-brain* pensent que cette situation se présente souvent, car les humeurs et les émotions pourraient être partagées entre les deux côtés, vraisemblablement par la partie inférieure non divisée du cerveau. Une même humeur, le stress par exemple, peut affecter l'esprit 1 et l'esprit 2, ce qui signifie qu'il n'y a pas vraiment deux esprits distincts. L'idée n'est pas que les deux esprits sont nécessairement stressés de la même manière, mais qu'un même état de stress fait partie des deux. Les chercheurs estiment cette hypothèse probable, car, lorsqu'un stimulus est présenté à un seul côté du cerveau, même si l'autre côté ne sait pas de quoi il s'agit, son humeur peut en être affectée bien qu'il ne comprenne pas vraiment pourquoi.

Cette explication complète la description des cas de patients humains *split-brain.* La commutation entre un et deux esprits est relativement rapide. L'esprit unique, lorsqu'il est présent, est en partie unifié par des voies causales qui s'étendent en dehors du corps. Lorsque cet esprit unique se divise, une unité partielle persiste dans des éléments comme les humeurs et les émotions, ce qui signifie que les « deux » esprits ne sont pas totalement distincts. J'ai adopté les deux options les plus controversées, à savoir la commutation rapide et l'unité partielle, et je les ai réunies. Aucune des deux n'est aussi difficile à imaginer qu'on le suppose généralement.

Les cas de cerveau divisé sont très complexes, et cette interprétation pourrait être erronée[28]. Dans certains cas au moins, il existe peut-être une situation permanente « à deux esprits » plutôt qu'une commutation (bien que je pense que ce « deux » inclut une partie de cette situation mixte avec une unité partielle et des humeurs partagées). Nous reviendrons également sur ces questions dans un chapitre ultérieur, lorsqu'une autre pièce du puzzle se mettra en place. Je pense toutefois que le fait d'aborder cette interprétation des énigmes du cerveau divisé nous aide à réfléchir sur l'expérience, la subjectivité et les cerveaux en général.

Revenons maintenant à nos poulpes. Nous ne parlons plus ici des résultats d'une opération ou de circonstances particulières, mais de la vie ordinaire de ces animaux. Nous pourrions retrouver chez eux le même type de combinaison de caractéristiques, sous une forme plus atténuée, sans l'avènement spectaculaire de « soi » conscients. Voici ce que j'imagine.

Parfois, un poulpe est un agent unique et unifié. Lorsqu'il lance des débris, se propulse par jet et bien d'autres choses encore, l'animal est unifié, et son expérience le reflète. Mais à d'autres moments, ses bras sont autorisés à errer et à explorer, et peut-être que le poulpe central n'est pas à l'origine de ces mouvements guidés localement.

Lorsqu'ils se promènent, les bras du poulpe se comportent comme des agents très simples. Ils détectent et agissent en réponse à leur environnement. Ont-ils des expériences qui leur sont propres ? Ce n'est pas certain. Ils sont assez complexes pour avoir des expériences, ou disposent en tout cas de suffisamment de neurones pour que ce soit le cas. Une abeille entière ne compte qu'un million de neurones, tandis qu'un bras de poulpe en compte des dizaines de millions. Mais il est plus probable que les bras ne deviennent jamais des « *soi* » à part entière, étant donné leurs connexions aux réseaux de neurones des autres bras et au centre. Après tout, les deux options que nous prenons en considération sont l'option 1+1 et l'option 1+8 ; cela reflète bien le fait que les réseaux de neurones dans chaque bras ne sont pas autonomes, même lorsque (comme il semble) le bras est autorisé à explorer et mener ses propres actions. Peut-être que ni l'ensemble du réseau multi-bras ni les bras individuels n'ont l'intégration nécessaire pour être de véritables sujets. Mais les bras ont *un peu*, un soupçon, de ce dont j'ai parlé comme étant la base de la subjectivité. S'il devait y avoir des lueurs d'expérience dans les bras individuels ou dans certains d'entre eux, la situation serait probablement aussi celle d'une unité partielle. Le stress, le niveau d'énergie, l'excitation, etc., pourraient exister de manière unifiée dans l'ensemble de l'animal, même lorsque les bras ressentent et réagissent de manière autonome. Je dois également préciser que, bien que j'aie écrit comme si les huit bras étaient équivalents, la première et la deuxième paire de bras sont généralement plus actives que les autres.

Dans tous les cas, les bras perdent leur autonomie lorsque le poulpe « se ressaisit » et impose un contrôle central. Les caractéristiques des bras, quelles qu'elles soient, passent alors au second plan. Les grands renversements de subjectivité que nous avons étudiés dans les cas humains (test de Wada, patients *split-brain*) se produisent parce que la personne subit une intervention. Dans le cas du poulpe, si des changements unifient et fragmentent l'animal d'une façon comparable, ils se produisent cependant de manière différente. Le poulpe se ressaisit, peut-être en réponse à une situation qui exige une action ciblée, en exerçant un contrôle sur ce qui était en « liberté surveillée ».

Dans ce cas, en quoi cette « reprise de contrôle » est-elle différente de ce qui se passe chez les humains ordinaires, lorsqu'une personne prête soudainement attention à sa propre respiration, à sa mastication ou à sa marche, alors qu'elle n'en avait pas conscience quelques instants auparavant ? En quoi est-ce différent du fait de jouer un air sur un instrument de musique de façon machinale, puis d'en prendre conscience ? Je pense que c'est différent. Dans le cas du poulpe, lorsque le centre n'exerce pas de contrôle, les bras s'engagent dans des activités de type agent, contrôlées localement par ce qu'ils perçoivent. Les mouvements propres du bras auront également des conséquences sur ce que le bras perçoit à l'étape suivante. Les cas humains ressemblent davantage à l'utilisation et à la neutralisation occasionnelle d'un pilote automatique central.

Imaginez que votre main touche quelque chose d'intéressant par inadvertance. L'information est transmise au cerveau central et, à moins qu'il ne s'agisse d'un réflexe ou d'un autre cas particulier, la main ne fera rien en réponse à moins que le cerveau ne le lui ordonne. Nous ne savons pas exactement ce qui se passe chez le poulpe. Mais, selon notre hypothèse, si l'un de ses bras touche quelque chose, l'information est effectivement transmise au cerveau central, mais le bras produit également sa propre réponse contrôlée localement. L'animal dans son ensemble sait qu'il y a eu un contact, peut voir et peut-être ressentir ce qui se passe. Mais, dans ces situations, le bras détermine aussi lui-même sa réponse. Lorsque le poulpe exerce son attention et son contrôle, il reprend la direction des opérations de façon centralisée. Le poulpe est ainsi capable de contrôler ensemble plusieurs processus partiellement indépendants dans différentes parties du corps, dans une situation où les différentes parties apparaissent dotées d'une sorte d'agentivité propre lorsqu'elles sont laissées à elles-mêmes. La vie ordinaire des poulpes pourrait ainsi inclure une version atténuée des manifestations spectaculaires caractéristiques des cerveaux divisés chez l'homme ; il pourrait y avoir une alternance entre la centralité de l'animal en tant que tout unifié et une lueur d'autonomie dans les bras (ou dans certains d'entre eux). Cette lueur est submergée ou perdue lorsque le poulpe utilise l'attention pour diriger une action coordonnée. Plus tôt, je me suis inquiété du fait que les poulpes ne sont pas très intégrés, alors que l'intégration semble importante pour la subjectivité et donc pour l'expérience. Nous les voyons maintenant *devenir* plus intégrés ou moins intégrés en temps réel.

Le poulpe nous oblige à questionner de nombreux éléments du tableau que je suis en train de développer. Peut-être que leur organisation 1+8 nous conduira un jour à repenser l'idée de subjectivité et sa relation avec l'intégration chez les animaux. Malgré tous les points qui restent à élucider, cette discussion sur les cerveaux divisés, le test de Wada et les poulpes change l'image que nous nous faisons des différentes façons dont le mental peut exister dans le physique. Pour commencer, la commutation rapide n'est pas une idée totalement extravagante. Si un esprit est un modèle d'activité, il peut aller et venir, se transformer ou s'étendre et se contracter très rapidement. Il est facile d'avancer une sorte d'acceptation formelle de ce point, mais, avec le test de Wada, nous touchons du doigt certaines de ses conséquences. L'idée d'une unité partielle a également été considérée comme très discutable, mais elle peut elle aussi entrer dans le cadre de notre réflexion sur les animaux. Plusieurs animaux ont des flux sensoriels relativement séparés les uns des autres, mais d'autres états (les humeurs, la satiété, le stress…) peuvent être partagés par l'ensemble.

Si l'on met de côté la possibilité, certes excitante, de petits « soi » multiples chez le poulpe et que l'on suppose que l'animal conserve toujours un seul centre d'expérience, ce qu'implique la configuration du corps du poulpe pour cette expérience reste malgré tout très singulier. Un poulpe peut passer de longues périodes assis tranquillement comme un chat, dans un état peut-être proche du sommeil. À d'autres moments, il est au contraire intensément actif : propulsion par jet, lancers, construction… Enfin, son comportement se situe parfois dans un entre-deux, et ce sont des moments particulièrement intrigants pour les questions sur le soi expérientiel. Lorsqu'un poulpe se promène sur un terrain facile, ses bras se déplacent parfois d'une manière qui semble globalement dirigée vers le centre, tout en étant combinée avec des détours imprévisibles et des ornementations ambulatoires. Il peut rester sur place pendant que deux ou trois bras explorent simultanément différentes directions autour de lui. Bien que le poulpe guide nombre de ses actions par la vision, il possède d'autres modes de détection extrêmement sensibles. Les ventouses de chacun de ses bras sont dotées de capteurs chimiques. Lorsque le bras d'un poulpe touche votre doigt, il le *goûte* ; un poulpe perçoit une énorme différence si vous le touchez avec un gant fin ou à main nue. La peau de tout l'animal semble également sensible à la lumière. Il serait exagéré de dire qu'un poulpe peut *voir* avec sa peau, car cette dernière est incapable de former et traiter une image, mais le corps entier de l'animal pourrait être capable de détecter non seulement l'intensité de la lumière, mais aussi les changements, les ombres et peut-être les teintes.

En mettant tout cela bout à bout, nous arrivons à une situation expérientielle très éloignée de la nôtre. Si l'on considère que les informations sensorielles provenant de la peau et des ventouses parviennent au cerveau central ainsi qu'aux réseaux neuronaux locaux, le poulpe devient un animal doté d'une surface sensorielle très étendue et, du point de vue du cerveau central, plutôt imprévisible. Lorsque ses bras se déplacent, ils modifient la forme de son corps et rencontrent également des objets, des surfaces et des produits chimiques qui produisent des événements sensoriels. Cela peut toucher plusieurs bras à la fois. Le poulpe *occupe bien une perspective*, mais elle est protéiforme et peut être parfois chaotique. Quand j'essaie de m'imaginer à sa place, je me retrouve dans un endroit plutôt hallucinant[29]. C'est pourtant à cela que ressemble le quotidien du poulpe.

En bas, au milieu des étoiles

Un jour, en plein hiver, je suis descendu le long d'une ligne d'ancrage jusqu'à Octopolis avec Matt Lawrence, qui a découvert le site dix ans plus tôt.

Il faisait beau à la surface, mais, au fur et à mesure que nous descendions, la lumière s'est estompée. Bientôt, nous sommes arrivés juste au-dessus de la plaine qui entoure le site d'Octopolis. Lorsque nous avons atteint la cité des poulpes, nous avons vu quatre requins tourner autour, le nez pointé vers l'intérieur comme s'ils formaient une ligne d'attaque. Ils appartenaient à la même espèce que celui que j'ai décrit dans « Poulpes et requins », mais ils étaient beaucoup plus gros. L'un d'eux mesurait au moins deux mètres de long, peut-être plus. Il y avait quelques poulpes dans les parages, mais, comme ils restaient bien cachés dans leurs tanières, Matt et moi sommes allés nous promener.

Du sable gris et doux recouvrait le fond de cette partie de la baie, avec des algues de différentes sortes de couleur olive et vert foncé. J'ai vite remarqué qu'il y avait beaucoup d'étoiles de mer, beaucoup plus que d'habitude. En regardant de plus près, je me suis rendu compte qu'il s'agissait d'étoiles à plumes ! Ce sont des *échinodermes,* avec la même forme d'étoile, pourvus de bras fins comme de petits plumeaux.

Les échinodermes comptent deux groupes principaux : celui des *crinoïdes*, auquel appartiennent nos étoiles à plumes, et celui qui regroupe la plupart des étoiles de mer et des oursins familiers. Les crinoïdes sont à la fois les échinodermes les moins mobiles et les plus mobiles. Certains, comme les lys de mer, sont attachés de façon permanente au fond de la mer par une tige. D'autres peuvent nager activement.

Ceux qui se trouvaient près du site des poulpes étaient petits, avec des bras de quelques centimètres de long. La plupart étaient blancs, ou blanc argenté dans certains cas, quelques-uns violet foncé. Il n'y en avait pas absolument partout, mais vous ne pouviez pas faire plus de quelques mètres sans que l'un d'eux apparaisse dans la faible lumière. Nous nagions dans un champ d'étoiles.

Nous sommes en train de franchir une autre étape importante dans notre voyage à travers l'histoire des animaux, en passant d'une branche de l'arbre de vie à une autre. Chez les animaux, il y a une grande branche d'espèces à symétrie bilatérale, que nous avons empruntée lorsque nous avons quitté les coraux avec leur forme en disque. Cette branche constituée d'animaux bilatériens se divise à son tour en deux ramifications principales. Les arthropodes comme les crabes, et les mollusques comme les poulpes et les limaces se trouvent d'un côté : ils font partie des *protostomiens*. L'autre côté est celui des *deutérostomiens* : c'est notre côté, celui des vertébrés. À l'exception de la visite malvenue des requins et de quelques poissons et ascidies, nous ne nous sommes pas encore aventurés du côté des deutérostomiens dans ce livre. À partir de maintenant, ce sont eux qui nous accompagneront. L'animal qui nous accueille est toutefois surprenant : l'étoile de mer.

Les échinodermes existent au moins depuis le Cambrien[30]. Les reconstitutions de leurs premières formes les présentent comme des rampants aplatis, comme les corps réels et imaginés d'autres bilatériens primitifs. Ils ont évolué vers une gamme de formes asymétriques puis spiralées, suivies par la découverte d'une organisation en étoile, un plan qui semble un retour aux coraux mous du chapitre 3.

Certaines étoiles de mer peuvent ramper assez rapidement, et j'ai été surpris de voir de gros concombres de mer, le corps tourné vers le haut, remplir frénétiquement leur bouche de nourriture. Mais de nombreux échinodermes ont adopté un rythme de vie plus lent et un corps en forme de fleur.

Nous avons nagé à travers le champ d'étoiles. Tout n'était pas sidéral, cependant... Alors que nous atteignions un endroit qui est souvent un avant-poste des poulpes, un gros phoque est arrivé à la nage. Il filait à toute vitesse vers nous, pilait, puis nous observait un moment avant de repartir tout aussi rapidement. Il faisait preuve d'une agilité étonnante, ondulant et bondissant dans l'espace.

Le phoque s'est approché si près que j'ai cru qu'il allait me donner un coup de tête. Puis il s'est retourné et s'en est allé définitivement vers la surface et la lumière, nous laissant au milieu des étoiles.

Chapitre 7

La sériole

Puissance à l'état pur

C'était l'heure de rentrer. J'ai abandonné la canalisation de Nelson Bay et j'ai commencé à nager vers le rivage. Je me suis arrêté un instant avant de remonter vers les hauts-fonds. J'ai tourné la tête, et avant de pouvoir réagir j'étais à l'intérieur d'un nuage de missiles. Ils faisaient tous environ un mètre de long, quelques douzaines serrés les uns contre les autres, avec leurs flancs argentés ornés d'une bande jaune et leur fine queue en forme de faucille. C'étaient des *Seriola lalandi* (ou grandes sérioles). Leur queue semblait trop délicate pour la puissance que ces animaux dégageaient. De la puissance motrice vertébrée à l'état pur.

J'étais au milieu du groupe. Les sérioles ont dessiné un arc de cercle, un croissant semblable à leur queue et sont parties. J'avais l'impression de pouvoir presque *entendre* l'électricité dans leurs muscles, la poussée des ions, la contraction des cellules en plein effort. Cette impression sonore n'était pourtant qu'une illusion : la mer était parfaitement silencieuse, mais le frémissement de l'eau autour de moi était bien réel.

Divers représentants du règne animal sont célébrés pour leur vitesse ou leur puissance, et nous en avons déjà rencontré quelques-uns au fil de ces pages : la méduse et ses cellules urticantes qui lancent de minuscules harpons, la crevette-mante et ses marteaux à ressort... Générer un mouvement rapide à l'échelle d'un gros poisson, propulser un corps de cette taille en eau profonde est toutefois un exploit d'un tout autre ordre. Avec les sérioles, nous assistons au triomphe du muscle tendu sur l'os, de l'organisation corporelle des vertébrés. Les poissons rapides se situent au pinacle de la puissance motrice animale.

Histoire des poissons

Les poissons jouent un rôle particulier dans notre récit de l'évolution, car ils font partie de *notre* groupe d'animaux. Ou, plus précisément, nous faisons partie du leur : les mammifères sont une ramification de la partie poissons de l'arbre de vie. Notre lien de parenté avec les poissons n'a rien à voir avec celui que nous partageons avec les animaux des chapitres précédents. Dans un de ses livres, le biologiste Neil Shubin nous demande de réfléchir à notre « poisson intérieur », car nous avons un poisson dans notre ascendance, et son anatomie sous-tend une grande partie de la nôtre[1]. En ce sens, nous n'avons pas de crevette intérieure ou de poulpe intérieur.

Par contre, nous ne descendons pas d'un poisson comme la sériole ou la truite. Ces poissons sont arrivés plus tard, après que notre lignée se fut séparée. Non, nos parents les plus proches sont des poissons à l'allure plus maladroite et plus trapue. Ce sont les poissons à nageoires lobées, représentés aujourd'hui par le cœlacanthe des profondeurs.

Les poissons font leurs débuts en mode mineur[2]. Ils apparaissent au Cambrien sous la forme d'éclats discrets d'un ou deux centimètres de long. À la fin du chapitre précédent, nous sommes passés sur la branche des deutérostomiens, qui rassemble les échinodermes, nous et quelques autres. Ces animaux, comme beaucoup d'autres, ont commencé leur chemin en partant de bilatériens primitifs qui ressemblaient à des vers. À un certain moment, un animal de ce genre a évolué vers une forme plus mobile et plus mince. Il n'était pas capable de faire grand-chose et n'avait même pas de dents, un fétu indéfinissable dans la mer (*Pikaea*, représenté en B à la page 112). Mais ce nouvel animal présentait tout de même quelques caractéristiques distinctives : une forme en fuseau, un cordon nerveux à l'arrière autour duquel organiser les muscles et des débuts de parties dures, non pas à l'extérieur de son corps, comme chez les arthropodes, mais à l'intérieur.

Au Cambrien, lorsque les arthropodes se lancent dans la prédation, ces poissons sont vraisemblablement des proies. C'est peut-être pour cette raison qu'ils développent rapidement de bons yeux de type « caméra », avec une seule lentille et une rétine, plutôt qu'un groupe d'yeux comme chez la plupart des arthropodes. Les premières innovations chez les vertébrés sont un corps conçu pour la mobilité et un œil caméra.

À partir de l'Ordovicien, les poissons deviennent plus gros. Ils comptent bientôt dans leurs rangs des animaux mesurant jusqu'à un mètre de long et recouverts de plaques osseuses, qui échappent désormais aux prédateurs grâce à leur taille et à leur armure. Certains ont une apparence redoutable, mais ne sont pas féroces pour autant. Malgré un corps imposant, ils n'ont aucun moyen de mordre : ils se nourrissaient probablement en avalant de l'eau, par succion et en la filtrant. L'invention décisive qui suit, il y a un peu plus de 420 millions d'années, est celle de la mâchoire.

Dans un exemple classique de ce que le biologiste français François Jacob a décrit comme un « bricolage évolutif », les mâchoires auraient évolué à partir des arcs branchiaux situés sur les côtés de la tête de certains poissons[3]. Il s'agit d'un bricolage aux conséquences profondes, puisqu'il débouche sur une morsure unifiée et musculaire. Pour reprendre une comparaison pertinente que nous devons à Jane Sheldon, une mâchoire est un peu comme un pouce opposable pour notre visage. Grâce à la combinaison de la nage, des yeux et des mâchoires, le rôle des poissons évolue. À la fin du Dévonien, il y a environ 360 millions d'années, les formes à mâchoires se sont diversifiées et les poissons sans mâchoires ont quasiment disparu. Ceux qui s'accrochent, comme les myxines et les lamproies, vivent aujourd'hui en marge.

Les requins font partie des poissons à mâchoires du Dévonien. Ainsi que l'écrit John Long dans *The Rise of Fishes*, les requins ont adopté très tôt leur plan corporel et n'ont fait que l'affiner depuis. En 2018, un chasseur de fossiles amateur en Australie a trouvé des dents d'une taille inhabituelle[4]. Immédiatement reconnaissables comme des dents de requin, elles étaient encore très pointues 25 millions d'années après la mort de leur propriétaire, un mangeur de baleines de neuf mètres de long.

La nage, les yeux et les mâchoires forment une combinaison puissante. Ces éléments sont associés à une autre caractéristique qui me semble être un héritage notable des vertébrés. Leur morphologie et leur façon de se déplacer font des poissons des animaux particulièrement *centralisés*, ce qui se reflète dans le cerveau des vertébrés. Ici comme ailleurs, une surprenante absence d'unité peut parfois émerger : le cerveau des poissons a deux côtés, séparés par un écart non négligeable. Mais, par rapport aux autres corps que nous avons rencontrés jusqu'à présent, il s'agit d'une forme centrée, centralisée. Le cerveau guide les actions de tout le corps ; le poisson n'effectue d'ailleurs pratiquement *que* des actions de tout le corps, puisqu'il n'a pas de bras, de pinces ou de tentacules. Plus tard, lorsque les vertébrés acquièrent des membres pour manipuler les objets, ils sont contrôlés par le même type de cerveau.

J'ai eu l'occasion de voir une sériole chasser. J'observais des calmars en eau peu profonde. Ils se promenaient en me surveillant, changeant de temps en temps de motifs de peau tandis que je les suivais lentement. Soudain, une grande sériole est apparue avec sa queue en faucille. En un instant, elle était sur nous. Elle se déplaçait d'une manière saccadée, comme en staccato. Elle n'avait pas de membres, aucun de ces appendices qui caractérisent les céphalopodes en général, et son mouvement était une impulsion qui impliquait son corps entier. En se dispersant, les calmars ont émis des jets d'encre noire qui sont restés suspendus dans l'eau comme la fumée des tirs antiaériens.

Nager

Ce chapitre évoque pour moi le grand bleu. Une grande partie des plongées sous-marines que j'ai effectuées pendant l'écriture de ce livre se sont déroulées dans des maquis enchevêtrés de vies et se sont déroulées au rythme d'animaux qui rampent ou escaladent les fonds marins. Mon équipement me ralentit, mais les crabes, les coraux et même les poulpes (la plupart du temps) ne sont pas très rapides non plus. Le calmar est une exception. Dans l'ensemble, une grande partie du chemin parcouru jusqu'à présent a toutefois été ponctué par des animaux évoluant dans un habitat circonscrit.

Nous rentrons dans un tout autre monde avec les poissons et leurs vastes voyages sous la surface bleue de la planète. Ces animaux ont pour rayon d'action un océan entier. Nombre d'entre eux passent même d'un océan à un autre, naissant dans l'un puis migrant dans un autre pour se nourrir et revenant pour se reproduire, capables de percevoir les champs magnétiques de la Terre entière[5].

J'ai commencé ce chapitre avec la sériole. Mais l'exemple de puissance vertébrée le plus impressionnant dont j'ai été témoin est celui de la queue du requin-baleine. Le requin-baleine est le plus gros poisson parcourant actuellement les océans[6]. *Rhincodon typus,* le seul membre du genre et la seule espèce de sa famille, est aussi le plus grand animal vivant, à l'exception de certaines baleines. Les requins-baleines mesurent au moins douze mètres de long. Leur corps est gris foncé, avec des taches blanches et des bandes de plusieurs gris plus pâles. Il est propulsé par une énorme queue verticale.

La partie supérieure de cette queue, triangulaire et haute d'environ deux mètres, ressemble à une voile sous l'eau, mais, contrairement à une voile, elle produit sa propre force. À l'avant de la queue se trouve un corps énorme, parcouru tout du long par des crêtes qui ressemblent à des soudures sur le fuselage d'un avion.

Les requins-baleines sillonnent les mers tropicales du monde. Personne ne les a vus s'accoupler. À l'heure où j'écris ces lignes, on pense qu'ils se reproduisent tous à un endroit précis, près des îles Galápagos[7]. Si tel est le cas, ils partent de là vers l'Australie, le Mexique et les Philippines. Comme de nombreuses baleines, ils se nourrissent de plancton. Leur propension à nager lentement à la surface permet aux plongeurs de les accompagner, comme je l'ai fait en Australie occidentale, près d'Exmouth.

Il peut aussi arriver que l'on se retrouve au-dessus d'eux. La première fois que ces motifs corporels sont apparus sous moi, j'ai eu l'impression de planer au-dessus de la surface d'une planète. Un nuage de petits poissons nage souvent sous la gueule ouverte du requin en mouvement, à côté et à l'intérieur de celle-ci. Ils ne sont pas avalés, mais voyagent simplement dans cette bouche-cathédrale. L'agitation constante de ces compagnons contraste avec la tranquille maîtrise de soi du requin.

De temps en temps, le requin s'incline pour plonger ; sa tête s'abaisse lentement, et il s'enfonce vers des eaux plus sombres. Ces animaux peuvent plonger à plus d'un kilomètre de profondeur. Contrairement à une baleine, ils n'ont pas d'horaire de retour : ce ne sont pas des mammifères qui ont besoin de remonter pour respirer. Les rares fois où je me suis retrouvé dans l'eau avec des baleines, j'ai eu le sentiment qu'elles étaient des mammifères comme moi. Les requins-baleines, qui respirent de l'eau, sont *de la* mer dans un sens plus profond.

En nageant avec eux par temps clair, j'ai vu deux fois un requin-baleine pointer vers le bas et plonger. Bientôt, il était à trente pieds de profondeur, mais nous pouvions le suivre facilement. En passant au-dessus d'un récif dans une eau claire, j'ai admiré à nouveau la grâce de son mouvement, le balancement presque doux de sa queue qui, encore et encore, propulsait cet énorme corps.

Comme la sériole, c'est un triomphe de musculature et de conception vertébrée avec des muscles posés sur une armature interne. Les requins n'ont pas de squelette osseux, mais des cartilages, plus légers et plus flexibles. Ils fabriquent toutefois de l'os pour quelques-unes de leurs parties ; ils sont donc capables d'en produire. La transition vers des vertébrés plus osseux a pu se faire par la duplication d'un gène de fabrication de l'os, permettant à ce dernier de recouvrir davantage de fonctions[8]. La plupart des poissons familiers que nous rencontrons ont un squelette fait d'os.

Non loin de l'endroit où apparaissent les requins-baleines se trouve une station de nettoyage pour les requins gris de récif. Il s'agit d'un endroit où de petits poissons attendent de gros poissons, leurs clients, pour les nettoyer. Les petits poissons mangent de minuscules parasites sur la peau et dans la bouche du requin. En plus d'éliminer les parasites, ils s'octroient très souvent une petite bouchée supplémentaire prélevée sur le client lui-même, qui le tolère dans la limite du raisonnable. Les requins de ce site frémissaient parfois à la fin d'un nettoyage, probablement en réponse au petit extra du nettoyeur.

La station de nettoyage est située au-dessus d'énormes monticules de corail en forme de dôme. Les requins de récif sont arrivés rapidement, avançant sans que l'on comprenne comment. Ils évoluaient dans l'eau grâce à des mouvements presque imperceptibles, tout à fait différents de ceux du requin-baleine et du balancement rythmique de sa voile autopropulsée de deux mètres de haut.

La présence de l'eau

Les poissons ont de bons yeux, et ce pratiquement depuis leur apparition. Ils ont hérité de sens chimiques plus anciens. L'évolution les a aussi dotés, encore une fois très tôt – à l'époque des poissons sans mâchoires

– d'un dispositif sensoriel plus spécifique, la *ligne latérale*.

Il s'agit d'un sens tactile, d'une forme de toucher[9]. Il se compose principalement de groupes de cellules ciliées, chacun d'entre eux se trouvant à l'intérieur d'une cupule souple. Ces unités, réparties en de nombreux endroits du corps, sont appelées *neuromastes*. Sensibles au mouvement de l'eau, elles établissent un contact avec les nerfs situés en dessous.

Certains de ces neuromastes se trouvent à l'extérieur de l'animal, tandis que d'autres sont placés dans de fins canaux remplis de liquide, juste en dessous de la surface du corps. Les canaux, qui courent le long du poisson dans de nombreuses directions, mais principalement d'avant en arrière, sont en prise directe sur l'eau grâce à des pores. Les neuromastes à l'intérieur d'un canal peuvent relever de subtiles différences de pression et de minuscules vibrations. Un courant d'eau qui passe le long du corps du poisson crée ainsi des différences de pression lorsqu'il interagit avec les différents pores.

J'ai dit que ce système était une forme de toucher, mais les mouvements et les pressions du toucher se transforment en son. L'audition est la détection des ondes de pression qui font bouger certaines parties du corps. Chez nous, ce mouvement va du tympan jusqu'aux cils de la cochlée dans l'oreille interne. Chez les poissons, le système de ligne latérale associe le toucher à l'ouïe. L'évolution de ce dispositif s'est peut-être déroulée comme suit[10]. Les cils qui dépassent des cellules sont très anciens et étaient probablement déjà présents chez nos ancêtres unicellulaires. Ils peuvent être utilisés à la fois pour propulser le corps (un rôle actif) et pour détecter, enregistrer le toucher et le mouvement dans un milieu environnant. Chez les animaux, les organes de détection de la gravité des méduses, que nous avons brièvement évoqués au chapitre 3, fonctionnent de cette manière, les cils détectant le mouvement de cristaux lorsque le corps s'incline. Chez les vertébrés, il est possible que les canaux de la ligne latérale aient été les précurseurs d'oreilles comme les nôtres, mais les cellules ciliées détectant les mouvements dans nos oreilles ont aussi pu évoluer par une voie différente.

Les poissons ont une bonne ouïe. Ils possèdent plusieurs sortes d'oreilles en plus de leurs lignes latérales. Certains renforcent également leur audition avec des vessies natatoires, des sacs remplis de gaz dont le rôle principal est de servir de dispositif de flottaison.

Le système de la ligne latérale a été décrit comme un « toucher à distance ». Il détecte les mouvements, qu'ils soient proches ou plus éloignés. Comme la ligne court sur une grande partie du corps du poisson, elle confère probablement une forte conscience corporelle. L'air nous isole davantage, nous les mammifères terrestres, de la plupart des événements environnementaux. L'eau transmet très facilement les vibrations et les mouvements, et les canaux de la ligne latérale sont directement en prise avec le milieu aquatique. Il en résulte un contact tactile avec une grande partie de l'environnement du poisson. Pensez à ce que vous ressentez lorsque vos oreilles se remplissent d'eau au moment où vous commencez à nager. Dans un gargouillis, l'air dans vos oreilles est remplacé par de l'eau, et les choses deviennent plus fortes et plus proches. On ressent le moteur d'un bateau à proximité aussi bien qu'on l'entend. Le système de ligne latérale fait un effet semblable, mais il s'étend sur tout le corps. Nous avons vu que les poulpes possèdent une certaine sensibilité à la lumière sur une grande partie ou la totalité de leur peau. Dire que leur corps est un œil géant est une exagération, car leur système est trop simple et incapable de former une image. En revanche, il n'est pas aussi excessif de dire que le corps d'un poisson est une oreille géante sensible à la pression.

La détection assurée par la ligne latérale présente de riches interactions entre la détection et l'action, du type de celles dont j'ai parlé aux chapitres 4 et 5[11]. Lorsqu'un poisson se déplace, il modifie les courants environnants qu'il détecte. Le mouvement des objets dans l'eau laisse des traces durables. Même un petit poisson laisse un sillage qui peut être détecté quelques minutes après son passage[12]. Pour donner un sens à tout cela, le poisson doit différencier les effets de son propre mouvement de ceux de tout le reste. Une partie de ce filtrage est effectué immédiatement ; certains nerfs liés aux cellules ciliées du système de la ligne latérale inhibent le signal sensoriel lorsque le poisson crée lui-même des perturbations dans l'eau. Comme je l'ai également dit dans les chapitres précédents, les effets de nos propres actions sur les sens ne posent pas seulement des problèmes, ils offrent également l'occasion de sonder l'environnement et d'en savoir davantage qu'en restant passif. Les poissons des cavernes aveugles, comme leur nom l'indique, sont entièrement aveugles et s'orientent grâce à la détection de la ligne latérale[13]. Ils génèrent activement des mouvements dans l'eau, qui interagissent avec les objets proches. Grâce à des informations de ce type, ces poissons sont capables de passer à travers une barrière de tiges sans la toucher, utilisant une sorte de sonar à ligne latérale pour se diriger. Ils nagent très rapidement lorsqu'ils sont confrontés à des repères inconnus, apparemment pour fournir davantage d'informations à leur système de ligne latérale.

Chez certains poissons, les requins notamment, le système de ligne latérale a été modifié pour permettre une autre forme de détection : celle des champs électriques[14]. Des poissons de toutes sortes utilisent l'électroperception passive et active. La différence réside dans le fait d'envoyer des impulsions électriques ou de se contenter de détecter celles qui se produisent pour d'autres raisons. Les poissons sans mâchoires ainsi que les requins ont recours à l'électroperception passive. Les requins peuvent détecter les poissons cachés dans le sable en repérant d'en haut leur activité électrique naturelle. La fonction de la forme particulière de la tête des requins-marteaux n'est pas claire, mais elle pourrait rendre l'électroperception plus performante. Le regretté spécialiste des requins Aidan Martin a décrit des requins-marteaux en train de nager près du fond de la mer[15]. Ils balancent leur tête d'un côté à l'autre en arc de cercle, comme s'ils brandissaient un détecteur de métaux : « À plusieurs reprises, j'ai vu ces grands requins-marteaux "démineurs" faire brusquement demi-tour pour happer une raie enfouie dans la vase du fond marin. »

Il est intéressant de noter que cette détection électrique ne s'est généralement pas maintenue chez les poissons osseux apparus au cours des périodes plus récentes de l'évolution. Quelques-uns d'entre eux l'ont réinventée par la suite, comme le poisson-chat, dont l'électroperception semble si sensible qu'elle permet de prédire les tremblements de terre[16]. Certains poissons osseux pratiquent également l'électroperception active, en produisant leurs propres champs électriques et en détectant les objets proches grâce aux modifications de ce champ.

Quelques poissons, les raies en particulier, peuvent générer une charge électrique considérable et l'utiliser comme moyen de défense ou de prédation plutôt que pour la détection. Il y a quelques années, au cours d'une plongée, j'ai imprudemment posé ma main sur ce qui semblait être une petite zone de sable nu. J'ai immédiatement ressenti un SPLAF. J'ai cru qu'il s'agissait d'un impact, que quelque chose m'avait giflé assez fort. Je me suis retourné pour regarder, et immédiatement : BING! Beaucoup plus fort, un vrai choc électrique. Une décharge pointue et précise, très loin d'être agréable. C'était une raie torpille, *Hypnos monopterygius*, qui m'indiquait clairement de passer mon chemin.

Si l'on met de côté les perfectionnements électriques du système de ligne latérale, son côté tactile présente des relations intrigantes avec un autre comportement des poissons : leur regroupement en bancs.

La formation de bancs chez certains poissons semble de prime abord bien mystérieuse, avec ses changements soudains de direction où le meneur devient suiveur et le suiveur devient meneur, presque instantanément. En observant ce phénomène en mer, on imagine immédiatement l'existence de champs cachés ou d'un esprit géant. Le banc semble prendre une décision de groupe instantanée, des centaines de poissons virant dans la même direction au même moment. Malgré les apparences, tout cela se produit grâce aux perceptions, décisions et actions très rapides de chaque individu.

Une fois que j'ai appris que le système de ligne latérale permettait aux poissons de se déplacer sur de longues distances, la formation de bancs m'a immédiatement paru moins mystérieuse. Ce qui me surprend toutefois, c'est que les recherches portant directement sur le rôle du système de ligne latérale dans les bancs sont ambiguës[17]. Certains auteurs affirment que la vision est responsable de presque tout dans la formation des bancs, une affirmation qui ravive ma perplexité initiale. Un certain nombre d'espèces de poissons réussit encore à former des bancs, au moins dans une certaine mesure, après que leur système de ligne latérale a été désactivé, tandis que d'autres semblent en dépendre. Les bancs les plus intégrés fonctionnent peut-être différemment des autres. La formation de tels groupes n'implique pas toujours une coordination à la microseconde près.

Lorsque je suis dans l'eau, les invertébrés sont mon sujet favori d'observation ; c'est le processus d'écriture de ce livre qui m'a rapproché des poissons. J'ai fait une plongée dans le froid de l'hiver sur un site près de Sydney alors que je travaillais sur ce chapitre. Je suis tombé sur un nombre inhabituel de poissons que j'avais souvent vus là, les poissons-flûtes[18]. Ce sont des poissons tellement allongés qu'ils en sont presque comiques. Ils mesurent la plupart du temps un peu moins d'un mètre. J'ai suivi quatre d'entre eux pendant un certain temps.

La tête et le nez représentent plus d'un quart du corps, le corps proprement dit environ la moitié, et le reste est constitué d'une queue filiforme qui ondule derrière. Deux petites nageoires presque invisibles se trouvent près de la tête, une autre paire plus loin derrière. Elles sont presque transparentes et ne sont pas plus grosses qu'une boîte d'allumettes. La paire de nageoires caudales est encore plus petite, puis un filament argenté s'étend derrière comme une longue antenne. Ces minuscules nageoires sont utilisées pour se propulser lentement. Le poisson-flûte est un prédateur furtif qui s'approche imperceptiblement de sa proie avec ces minuscules nageoires difficiles à voir et qui, je suppose, ne perturbent guère l'eau. Puis il frappe.

Ces poissons sont assez élusifs ; on les voit et pfuitt, ils ont filé, pas très loin la plupart du temps. Je les perdais parfois de vue, mais ils réapparaissaient comme quatre lignes calligraphiées dans la mer selon une combinaison d'angles, puis une autre. En me documentant ensuite à leur sujet, j'ai découvert que leur queue en forme d'antenne était *réellement* une antenne : elle contient une extension de leur ligne latérale, réglée sur les faibles vibrations, tremblements et tourbillons de l'eau. Juste au moment où j'essayais de me représenter ce que cela pourrait faire d'avoir un corps comme une énorme oreille plongée dans l'eau dense, je suis tombé sur un poisson qui balade sa ligne latérale sur un fil comme une tour radar.

Plus tôt dans ce livre, j'ai imaginé les mondes sensoriels du poulpe et de la crevette. La crevette remplit l'espace voisin avec un corps composé de parties dures saillantes : des antennes, mais aussi une demi-douzaine de cannes ou de bâtons de marche, en beaucoup plus sensibles, qui pointent dans toutes les directions. Le poulpe possède des bras mous dotés chacun d'une sensibilité intense ; tout ce qu'ils touchent est goûté, et la réponse à ce qui est goûté provient en partie du bras lui-même. Nous arrivons maintenant au poisson. Ici, le paradigme sensoriel n'est pas celui du sondage ou de l'exploration gustative, mais la sensation du mouvement, la perception du passage à travers l'eau, accompagnée d'un toucher à distance omniprésent qui se confond

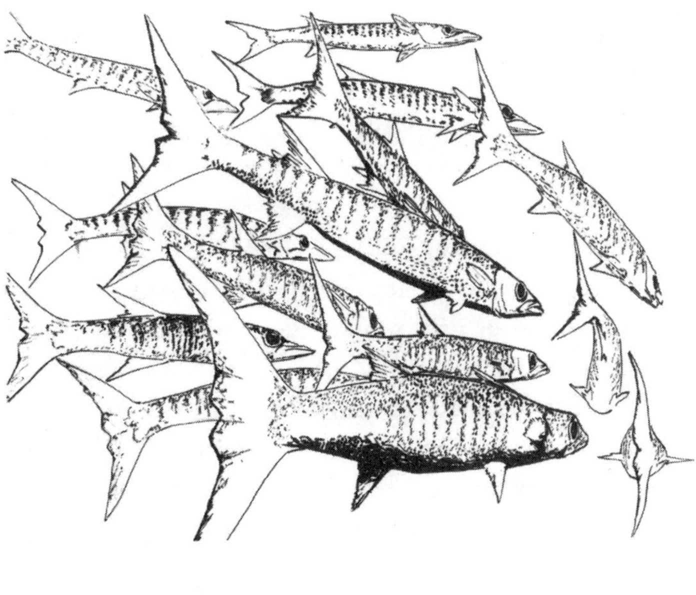

avec l'ouïe. Le mouvement est le métier originel du poisson – un mouvement qui se caractérise par la liberté de déplacement à travers un espace tridimensionnel et ses effets sur un corps entier à l'écoute.

Un autre poisson

Nous avons franchi plusieurs étapes dans l'histoire des poissons, en nous intéressant d'abord à des sortes de feuilles de quelques centimètres de long au Cambrien, en passant par des formes cuirassées plus grandes pour arriver aux poissons à mâchoires. Quelque part dans cette séquence, certains poissons sont aussi devenus intelligents d'une manière qui, au départ, semble un peu déroutante étant donné les thèmes de ce livre[19].

Il y a quelques chapitres, j'ai fait observer que le seul animal ayant réussi une version du test du miroir (qui indique une certaine perception de soi) qui n'est ni un oiseau ni un mammifère est le labre nettoyeur. Les poissons sont aussi capables de compter les objets lors d'expériences. Apparemment, ils utilisent cette compétence en dernier recours et préfèrent s'ils le peuvent s'appuyer sur d'autres indices, mais cela est aussi vrai pour les dauphins et les humains. Les poissons ont appris à distinguer différents styles de musique (le blues du classique, par exemple) et peuvent faire des extrapolations d'un musicien blues à un autre ; ils ne se fixent pas sur les particularités d'un seul interprète. C'est un exploit assez abstrait de reconnaissance de formes. Il se passe beaucoup de choses à l'intérieur d'un poisson.

Ce qui est tout d'abord surprenant, c'est le fait que toute cette complexité soit présente pour guider un corps qui peut *faire* si peu de choses. Le scénario que j'ai développé ici sur certains aspects de l'histoire de l'esprit met l'accent de façon considérable sur l'évolution de l'action. Chez les poissons, on trouve du mouvement, et la mâchoire est très importante, mais ce sont des animaux limités sur le plan comportemental. Ils sont par exemple très peu manipulateurs par rapport à d'autres animaux décrits dans les chapitres précédents, comme les arthropodes et les céphalopodes.

Pourquoi donc les poissons (ou certains d'entre eux) sont-ils devenus si intelligents ? Commençons par poser la question correctement. La mauvaise façon de la poser serait de se demander : « Pourquoi les poissons ont-ils besoin d'être intelligents ? » Il ne s'agit pas ici de besoin, mais d'avantage relatif. Si vous êtes un poisson, et à supposer que vous soyez un peu plus intelligent que les autres membres de votre population, pouvez-vous vous en sortir un peu mieux qu'eux, si l'on tient compte des coûts d'élaboration et de fonctionnement d'un plus gros cerveau ? Si vous pouvez effectivement faire mieux, qu'est-ce qui permet cet avantage ?

Une grande partie de la réponse semble résider dans le fait que les poissons, plus encore qu'il n'y paraît, sont des animaux grégaires : ils sont continuellement en interaction avec d'autres. L'interaction sociale crée un environnement complexe pour un animal et est très souvent un moteur de l'évolution de l'intelligence. Ce principe a été développé à l'origine au sujet des primates, pour expliquer la présence de cerveaux particulièrement gros chez les espèces les plus sociales, mais il pourrait s'appliquer plus largement et très probablement aux poissons[20].

La plupart des poissons fréquentent d'autres poissons, au moins pendant une partie de leur vie[21]. Ils préfèrent leur propre espèce et souvent leur parenté. Dans de nombreux cas, les poissons sont capables de reconnaître les individus, et chez certaines espèces ils préfèrent former des bancs avec des congénères qu'ils connaissent bien. Lors de la dernière plongée que j'ai faite avant d'envoyer le manuscrit de ce livre, j'ai vu, sous une petite corniche, des poissons de quatre espèces différentes reposer ensemble si intimement que leurs corps se touchaient. Il y avait un gros poisson-chat, une murène, une morue jaune-vert tachetée et une rascasse hérissée. L'endroit n'était pas encombré, et de nombreuses autres niches étaient disponibles, mais c'était là qu'ils voulaient être. Mon arrivée a troublé ce bel équilibre : assez rapidement, la morue s'est réveillée d'un air irrité et est sortie en passant devant moi. Beaucoup d'autres animaux sauvages agiraient-ils de la sorte, en se serrant contre des individus de trois autres espèces ? Jean-Paul Sartre (qui, soit dit en passant, avait une peur intense et amplifiée par la drogue des crabes, des pieuvres et d'autres créatures marines) est célèbre pour avoir écrit : « L'enfer, c'est les autres[22]. » Chez les poissons, il semblerait que leurs semblables soient le paradis.

L'ingéniosité des poissons se manifeste surtout dans leurs relations avec les autres[23]. L'imitation en est un exemple. Elle est assez rare chez les animaux, et il est encore plus rare d'imiter sélectivement, c'est-à-dire d'imiter les individus qui réussissent bien plutôt que de le faire sans discrimination. C'est pourtant ce que font certaines épinoches lorsqu'elles cherchent à repérer où trouver de la nourriture. Le cas le plus remarquable d'imitation de poisson est toutefois celui du poisson-archer. Ces animaux envoient un jet d'eau sur des insectes situés hors de l'eau pour les y faire tomber et les manger. En général, ils tirent sur des insectes immobiles, mais ils peuvent apprendre à atteindre des cibles mobiles. Fait remarquable, si un poisson-archer dans un groupe acquiert cette compétence à force de tentatives pendant que les autres poissons se contentent d'observer, ces derniers sont ensuite capables d'atteindre un insecte en mouvement et se montrent presque aussi performants que le poisson qui s'est exercé. Ainsi que le soulignent les chercheurs, ces résultats sont particulièrement impressionnants, car les poissons-observateurs changent de « point de vue », c'est-à-dire qu'ils modifient les angles qu'ils ont observés chez un tireur pour s'adapter à la situation lorsque arrive leur tour. C'est l'une des expériences animales les plus surprenantes que je connaisse.

J'ai mentionné à plusieurs reprises les poissons nettoyeurs, ces petits poissons qui débarrassent d'autres poissons de leurs parasites. Les nettoyeurs s'octroient souvent une bouchée du « client » lui-même à la fin du nettoyage, ce que les gros poissons tolèrent si le poisson nettoyeur reste raisonnable. J'ai décrit une situation un peu plus haut. Si un nettoyeur prend une trop grosse bouchée, il triche, car il ne respecte pas le contrat. Aux stations de nettoyage, il y a souvent la queue, ou du moins d'autres poissons qui attendent leur tour dans les parages. Une espèce de poisson nettoyeur a tendance à moins tricher s'il y a des observateurs et à tricher davantage s'il n'y en a pas[24]. Chaque individu semble veiller à sa réputation. Et les clients présents évitent effectivement les nettoyeurs qu'ils voient tricher.

Cette tendance sociale chez les poissons ne se limite pas aux interactions avec leurs congénères. Les poissons sont enclins à la collaboration et s'associent souvent avec des animaux capables de faire davantage de choses qu'eux, ou du moins des choses différentes. Une grande partie des activités complexes auxquelles se livrent les poissons semblent avoir pour but de surmonter leurs déficiences corporelles dans le domaine de l'action.

De nombreux fonds marins sont le théâtre de collaborations entre crevettes et gobies[25]. Le gobie est un petit poisson en forme de tube qui partage souvent une tanière très étroite avec une seule crevette. La crevette creuse une sorte de terrier dans le sable avec ses appendices qu'elle utilise comme un couteau suisse, tandis que le poisson monte la garde. La combinaison des caractéristiques des arthropodes et des vertébrés est ici frappante : l'œil caméra du poisson, une grande invention sensorielle, pousse la crevette à partager sa maison malgré l'inutilité du poisson en tant que bâtisseur.

Une forme élaborée de coopération sur un thème similaire a été découverte chez certains grands poissons, les mérous, dans la mer Rouge et sur la grande barrière de corail en Australie. Ces poissons chassent en coopération avec les murènes et coordonnent leurs actions grâce à des signaux inter-espèces[26]. Un mérou détecte facilement une proie cachée dans une crevasse du récif, mais, comme il est gros et qu'il n'a ni bras (comme le

ˑeux grands nudibranches, *Armina major*, devant certains des coraux mous
ui ouvrent le chapitre 3, à Nelson Bay, en Australie.

ɔnges tubes formant un chœur dans le détroit de Lembeh, en Indonésie.
ne sont pas des éponges de verre, mais plutôt des démosponges,
groupe plus commun.

Un ver plat polyclade, *Cycloporus venetus*, se déplace de droite à gauche sur une éponge. Un minuscule arthropode, presque invisible, se laisse porter à l'arrière.

Phyllodesmium poindimiei, un nudibranche éolidien, à Nelson Bay.

Une crevette nettoyeuse d'anémone presque transparente, *Ancylomenes holthuisi*, au sommet d'une anémone dans le détroit de Lembeh.

Une grande crevette nettoyeuse, *Stenopus hispidus*, toujours dans le détroit de Lembeh, exhibe ses nombreux appendices.

Le poulpe plus sombre sur ces photos est décrit à la fin de la section intitulée « À la rencontre des poulpes ». C'est un *Octopus tetricus*, à Nelson Bay.

Une seiche géante, *Sepia apama*, à Cabbage Tree Bay, en Australie.

Voici la femelle poulpe déchaînée du début du chapitre 6, que l'on voit ici s'attaquer à un corail mou dans une étreinte prédatrice.

Un requin-chat et un poisson-épervier se reposent sur une grande éponge à Fly Point, Nelson Bay. Le requin est de la même espèce, *Brachaelurus waddi*, que celui qui sommeille dans la section intitulée « Un chef d'orchestre ».

Un hippocampe de White, *Hippocampus whitei*, à Nelson Bay.

Cette page et la suivante : requins-baleines, *Rhincodon typus*, à Ningaloo Reef, en Australie.

poulpe) ni pinces (comme le crabe), il ne peut pas faire grand-chose pour la débusquer. Il a donc intérêt à faire équipe avec la murène, capable de se faufiler pour extraire ou faire fuir la proie. Pour communiquer, le mérou exécute certains mouvements de tête ou de son corps. Alexander Vail, qui a étudié ce comportement en détail, a vu des mérous attendre au-dessus de leur proie jusqu'à vingt-cinq minutes avant de trouver un partenaire à qui faire signe. Vail a également constaté que ces poissons se souvenaient très bien de lui ! Il a par exemple nourri un mérou à quelques reprises, puis s'est absenté pendant trois semaines. Lorsqu'il est revenu, le mérou s'est approché beaucoup plus près que ces poissons ne le font habituellement et est resté là à attendre. Vail pense qu'il l'a reconnu et s'est souvenu de lui comme d'une source de nourriture. Bien que les partenaires de chasse habituels des mérous soient les murènes, on a vu plusieurs fois des poulpes répondre aux signaux d'un mérou et plonger dans le récif à la recherche de la proie ainsi signalée.

Un scénario de l'évolution de l'intelligence chez les poissons pourrait se présenter plus ou moins comme suit. Les poissons sont grégaires, car cela les aide de diverses manières, mais surtout pour faire face aux prédateurs. Dans un environnement social complexe, il est utile de développer des capacités de reconnaissance, de mémoire et de stratégie. Celles-ci peuvent ensuite être utilisées dans d'autres contextes, ce qui est le cas lorsque les poissons sont placés dans des circonstances non naturelles : ils sont capables d'apprendre des choses de peu d'utilité sur le plan biologique, comme les différences entre les styles musicaux. Les poissons font également preuve d'une coopération inhabituelle entre espèces, puisqu'ils passent outre le fossé évolutif considérable qui les sépare des crevettes. Du côté des poissons, cela s'explique par le fait que les poissons plus coopératifs ont un avantage sur les autres membres de la même population. (Ce qui est également vrai pour les crevettes.)

Tout cela explique en partie l'intelligence des poissons. Je voudrais proposer une idée supplémentaire, qui n'a pas trait à la raison pour laquelle leur intelligence a émergé, mais à la forme d'intelligence qu'ils ont acquise et à ses conséquences en aval. Le corps du poisson forme un tout unique, et non une masse de parties périphériques comme chez le poulpe. Il est construit pour le mouvement et pour d'autres actions qui impliquent la coordination de l'ensemble du corps. Son système nerveux est centré dans la tête, entre les yeux caméra.

Au cours de l'évolution, il arrive souvent qu'un animal soit conditionné par un ensemble de circonstances et se retrouve ensuite dans un contexte très différent. Lorsque cela se produit, notre manière d'être et d'appréhender les choses est héritée du contexte antérieur, ce qui peut présenter des avantages ou des inconvénients. Les choses se présentent d'une manière particulière, et certaines possibilités s'ouvrent, relativement du moins, tandis que d'autres restent fermées. Bien des choses allaient advenir pour ces cerveaux centralisés des vertébrés, explorés en premier lieu par les poissons.

Rythmes et champs

Au début des années 1920, dans son laboratoire allemand, Hans Berger croyait à la télépathie (ou perception extrasensorielle) et était déterminé à en découvrir le fonctionnement[27].

S'il était fermement convaincu de l'existence de la télépathie, c'est à cause d'un incident advenu alors qu'il servait dans l'armée quelques années auparavant, en 1892. Jeté à bas de sa monture, Berger manque d'être écrasé par la lourde roue d'un chariot d'artillerie. Le soir même, il reçoit un télégramme de son père, car sa sœur est certaine que quelque chose de terrible lui est arrivé. Pour Berger, il s'agit d'une sorte de connexion télépathique : sa terreur à ce moment-là, face à l'approche de l'attelage, a en quelque sorte atteint sa sœur à distance. Dévoiler les relations cachées entre l'esprit et la matière devient sa passion. Il fait une grande partie de ce travail de recherche seul, souvent en secret, même s'il a un poste respectable dans une clinique d'Iéna et poursuit des travaux plus conventionnels. Un jeune collègue, Raphael Ginzberg, qui devient le sujet de certaines de ses expériences[28], le décrira plus tard comme une personne à la routine obsessionnelle : « Ses journées se ressemblaient comme deux gouttes d'eau. Année après année, il donnait les mêmes conférences. Il était la personnification de l'immobilisme. » (Je ne suis pas complètement d'accord avec Ginzberg ; je pense qu'un meilleur terme pour qualifier quelqu'un qui donne toujours les mêmes conférences est « cyclique ».)

Berger cherche à comprendre le lien entre l'esprit et le cerveau en étudiant le mouvement de l'énergie et ses conversions en différentes formes. Après avoir suivi plusieurs pistes et sachant qu'un autre chercheur, Richard Caton, a mesuré l'électricité dans le cerveau, il commence à utiliser un galvanomètre pour évaluer l'activité électrique à proximité de la surface du cerveau, parfois directement sur le cerveau de personnes blessées, ou encore à travers le crâne et le cuir chevelu. Il finit par observer quelque chose d'intéressant : des ondes régulières d'activité électrique, produites par le cerveau mais détectables à faible distance de celui-ci. Il repère deux types d'ondes : une plus lente et plus profonde, observée lorsque le sujet a les yeux fermés, qu'il nomme onde « alpha », et une plus rapide et moins profonde, lorsque les yeux sont ouverts, l'onde « bêta ». Berger fait des électroencéphalogrammes (EEG). Il n'est pas le premier ; comme c'est souvent le cas, des précurseurs presque oubliés ont été retrouvés par les historiens[29]. Mais il est le premier à les pratiquer sur un être humain et donne à son « miroir du cerveau » le nom qui s'est imposé partout, en allemand, *Elektrenkephalogramm*.

Ce qui se cache derrière la découverte de Berger, ou ce que nous en comprenons actuellement, n'est pas de la télépathie. Il n'empêche que cela reste assez étrange et suscite encore aujourd'hui des interrogations.

Nous avons étudié la charge électrique et son rôle dans les organismes vivants au chapitre 2. Les ions sont des atomes ou de petites molécules chargés, positifs ou négatifs. Leur va-et-vient fait partie de la circulation incessante à travers les membranes des cellules, et ces mouvements sont essentiels à la domestication de la charge par les organismes vivants. Les cellules nerveuses sont parcourues par des potentiels d'action, des spasmes soudains en chaîne, qui induisent l'ouverture et la fermeture de leurs canaux ioniques. La transmission de l'influx d'un neurone à l'autre est (généralement) réalisée par la libération de substances chimiques dans le milieu extracellulaire, afin d'activer ou d'inhiber un potentiel d'action dans la cellule suivante. En résumé, l'activité cérébrale est un grand réseau interconnecté d'événements de ce type.

Mais la charge électrique joue également d'autres rôles. Les ions vont et viennent à travers les membranes des neurones dans des courants plus lents, parfois rythmés. Ceux-ci viennent s'ajouter aux flux soudains qui font partie du potentiel d'action décrit ci-dessus. Les mouvements plus lents ont un effet sur les potentiels d'action, car ils affectent la charge globale de la cellule à chaque instant. Certains de ces flux plus lents font partie de l'action d'un neurone sur un autre, tandis que d'autres sont « intrinsèques » ou auto-générés et s'apparentent en quelque sorte à une respiration électrique, une activité de fond sur laquelle se détache le changement brutal et transitoire du potentiel d'action.

Supposons que nous fassions un zoom arrière sur cette activité et que nous essayions de la détecter à distance. Lorsque de nombreux événements électriques se produisent, leurs conséquences ont tendance à s'étendre dans l'espace. C'est le résultat d'une dualité dans le rôle de la charge comme force naturelle[30].

L'activité électrique a en effet un aspect local, observable dans les courants et les réactions chimiques (celui que nous avons étudié jusqu'à présent), et un autre aspect, qui implique des *champs* étendus de façon invisible dans l'espace. Un champ est un motif ou un modèle quelconque qui s'étend dans l'espace et qui exerce une influence sur les objets situés dans la zone qu'il couvre. Un champ électrique est un type de champ. Lorsque des charges électriques sont à l'œuvre à l'intérieur d'un objet, comme un cerveau, elles génèrent autour de celui-ci des champs, plus forts à proximité et qui s'affaiblissent au fur et à mesure que l'on s'éloigne. Comme nous l'avons vu plus haut, les neurones d'un cerveau se livrent à de minuscules et continuelles activités électriques. Supposons que nous puissions écouter ces activités en combinaison, additionnées les unes aux autres, depuis la surface du crâne. Nous pourrions nous attendre à percevoir une sorte de grésillement ou de bourdonnement aléatoire. Mais ce n'est pas le cas. Nous distinguons des rythmes cohérents, pas un seul mais bien plusieurs types de rythme, comme l'avait détecté Hans Berger lorsqu'il était à la recherche de la télépathie.

J'ai écrit un peu plus haut que les cellules du cerveau effectuent une sorte de respiration électrique. Ce que nous apprenons maintenant, c'est que certaines d'entre elles respirent ensemble ; pas toutes, ni même la majorité d'entre elles, mais un certain nombre, suffisant pour que leur rythme soit perceptible si l'on s'intéresse à l'ensemble et que l'on filtre l'activité aléatoire. Ces rythmes sont compliqués, composés d'ondes superposées, mais ils sont là. Si nous pouvons les « entendre », c'est parce que ces événements électriques locaux génèrent un champ, et que ce champ change avec le mouvement de va-et-vient des ions à travers les membranes. (Je trouve cette métaphore auditive irrésistible, mais en réalité les rythmes s'affichent visuellement sur un écran ou un graphique.) Les motifs d'un électroencéphalogramme sont principalement dus à ces changements plus lents plutôt qu'aux potentiels d'action, bien que chacun affecte l'autre[31]. Berger a décrit deux types d'ondes : alpha et bêta. Depuis, plusieurs autres ont été identifiées, notamment les ondes gamma, plus rapides, et plusieurs autres beaucoup plus lentes, observées pendant le sommeil.

Ces motifs rythmiques ressemblent à un signal. Au-delà de la signalisation locale entre une cellule et une autre, il se dégage de l'ensemble une sorte de transmission. Vers qui se dirige-t-elle ? Dans quel but ?

Une première possibilité serait qu'il ne s'agisse que d'un sous-produit non significatif, un accident intéressant, le bourdonnement musical d'une machine. C'est ce qu'ont pensé les neuroscientifiques pendant un certain temps. Mais plusieurs conditions doivent être réunies pour qu'un rythme émerge, et ces rythmes se retrouvent chez un large éventail d'animaux, y compris chez des animaux très éloignés de nous. Il n'est pas possible de faire passer à un invertébré un électroencéphalogramme du type de celui pratiqué sur un être humain, avec une série d'électrodes réparties sur le crâne au sein d'un maillage. Il est en revanche possible d'insérer une microélectrode dans leur cerveau et « d'écouter » l'activité des cellules voisines, pas les millions de cellules qui contribuent à un EEG, mais quelques centaines ou milliers de cellules. C'est un enregistrement des potentiels de champs locaux (*local field potentials* en anglais, ou LFP). Lorsque cette méthode est appliquée à des mouches à fruits, des écrevisses, des poulpes et bien d'autres animaux, on découvre des rythmes souvent similaires à ceux observés chez l'homme[32]. Certains rythmes sont associés au sommeil, d'autres à l'attention, et ainsi de suite. Les poulpes présentent des rythmes particulièrement semblables à ceux de l'homme. Étant donné que des rythmes d'apparence similaire existent dans des cerveaux aussi différents, il est difficile de soutenir que l'ensemble du phénomène ne serait qu'un accident sans signification particulière.

Une deuxième possibilité serait que seul l'un des deux éléments observés ici soit biologiquement important. Ce serait l'activité synchronisée des cellules, c'est-à-dire le fait qu'elles agissent ensemble « en temps voulu ». Les champs électriques plus importants qui en résultent et qui se propagent dans l'espace, ainsi que les changements ondulatoires des champs eux-mêmes, ne seraient que de simples sous-produits de cette activité cellulaire, sans rôle propre dans le cerveau.

Une partie du même type de raisonnement que celui utilisé ci-dessus semble initialement invalider cette hypothèse. Pour obtenir des ondes dans un EEG, il faut non seulement que l'activité des cellules soit synchronisée dans le temps, mais aussi que ces cellules soient alignées dans l'espace. Si toutes les cellules contribuant à l'EEG étaient disposées pêle-mêle, orientées dans de nombreuses directions différentes, même si elles se comportaient de manière synchrone, nous ne verrions pas d'ondes dans un EEG, car les effets des cellules sur-le-champ s'annuleraient mutuellement.

Cela suggère que les champs et leurs motifs pourraient également exister « à dessein », avec une tâche à accomplir. Toutefois, une telle organisation spatiale pourrait avoir émergé pour d'autres raisons. Elle pourrait apparaître naturellement lors de la croissance du cerveau. La disposition des neurones en colonnes pourrait aussi avoir une utilité du point de vue du traitement de l'information. Un cerveau pourrait ainsi finir par être configuré d'une manière qui génère un champ, sans que ce champ ait une utilité dans le dispositif. Dans cette seconde hypothèse, la synchronisation d'une cellule avec d'autres a bien des effets sur le fonctionnement du cerveau, mais les champs électriques plus importants n'en ont pas.

L'idée selon laquelle la synchronisation de l'activité tient un rôle important dans la façon dont le cerveau fait les choses s'impose de plus en plus[33]. Le cerveau semble être un organe qui génère et utilise des rythmes d'activité à plusieurs niveaux, un rythme s'imbriquant dans un autre. Pour un certain nombre de chercheurs (dont Rodolfo Llinás et György Buzsáki), cette vision du cerveau présente un aspect philosophique ou semi-philosophique : elle vient à l'appui d'une conception du cerveau comme intrinsèquement actif. Le cerveau n'a pas besoin de recevoir des informations sensorielles pour se mettre en mouvement ; le rôle des informations sensorielles consiste plutôt à moduler l'activité auto-générée du cerveau. Ce point de vue s'oppose aux descriptions passives « empiristes » pour lesquelles l'esprit serait uniquement réactif et structuré par des éléments extérieurs.

Ces idées sur les rythmes modifient effectivement notre conception de ce qu'est un cerveau, mais la question ne s'arrête pas là. Une troisième possibilité, plus controversée, confère aux champs eux-mêmes un rôle biologique. Ce que Berger a découvert fait partie du fonctionnement du cerveau et n'en est pas un simple sous-produit. Bien que je ne sois pas un neuroscientifique, je parie sur cette dernière hypothèse. La question restera probablement ouverte pendant un certain temps, mais voici comment les choses se présentent.

Cette nouvelle étape de l'histoire commence par une autre découverte faite par une scientifique travaillant dans des circonstances inhabituelles. Angélique Arvanitaki est une neurophysiologiste française (d'origine grecque, comme son nom le laisse deviner)[34]. Dès la fin des années 1930 et les années 1940, elle travaille sur le système nerveux des mollusques dans la station de biologie maritime de Tamaris, près de Toulon. Les conditions de recherche sont difficiles, l'armée italienne ayant occupé la station après la capitulation française. Arvanitaki fait partie de ces femmes scientifiques dont les travaux semblent avoir été sous-estimés – peut-être en raison de leur sexe, peut-être parce qu'ils n'étaient pas en phase avec les grandes orientations de l'époque, peut-être pour ces deux raisons à la fois (je pense ici aux « gènes sauteurs » de Barbara McClintock ou à la théorie de l'origine symbiotique des mitochondries de Lynn Margulis)[35]. À l'époque, de nombreux chercheurs se focalisent sur la synapse, l'espace entre deux neurones au sein d'un réseau, et sur la manière dont est comblé cet espace. Arvanitaki commence son article le plus important, publié en 1942, en disant que les cellules nerveuses peuvent s'influencer mutuellement sans que cette influence passe par les synapses, ce qu'elle démontre expérimentalement[36]. Ce type d'influence est aujourd'hui appelé (d'après sa terminologie) *couplage éphaptique* des cellules nerveuses.

Cette découverte n'est pas directement liée aux ondes de Berger, et les travaux sur le couplage éphaptique portaient initialement sur les interactions locales entre une cellule et une autre. Mais un lien entre ces différents travaux a récemment été mis en évidence. Dans certains cas, les schémas rythmiques des champs générés par une région entière du cerveau peuvent affecter l'activité de cellules individuelles[37]. En particulier, l'activité des neurones, y compris de leurs potentiels d'action, est affectée par ces champs, qui constitueraient l'une des façons utilisées par le cerveau pour les synchroniser. Lors d'expériences menées dans des boîtes de Pétri, ces influx se sont propagés entre des morceaux de cerveau séparés chirurgicalement mais placés à proximité les uns des autres. D'après Christof Koch et Costas Anastassiou, il s'agit d'un nouveau mécanisme de rétroaction, « les champs électriques modifiant l'activité des éléments neuronaux qui les ont générés[38] ». J'ai dit plus haut dans cette section que le flux d'ions à travers les membranes cellulaires est un peu comme une respiration électrique. J'ai aussi affirmé que certaines cellules respirent de façon synchrone et produisent un rythme donné. J'ajoute maintenant que chaque cellule peut détecter électriquement la respiration synchronisée de l'ensemble.

Ces influences ne sont pas mystérieuses d'un point de vue physique. Une analogie introduite par le neurobiologiste colombien Rodolfo Llinás, l'une des figures centrales de l'exploration de l'activité rythmique du cerveau, nous aide à mieux les comprendre. Dans un livre paru il y a une vingtaine d'années, Llinás introduit le thème des rythmes dans la nature par un chœur de cigales[39]. Lorsqu'un grand nombre de cigales chantent ensemble, quelque chose de rythmique et de pulsatile peut apparaître spontanément. L'analogie est intéressante, mais, dans le cadre utilisé par Llinás, il existe une différence notable entre les cigales et les neurones : les neurones ne peuvent « entendre » que les neurones voisins auxquels ils sont connectés, tandis que la cigale peut entendre toutes les autres cigales en même temps. Dans la démonstration de Llinás, ce sont ces relations neuronales « de voisin à voisin » qui permettent la création des rythmes du cerveau. La révélation surprenante des recherches plus récentes sur les effets de champ décrits ci-dessus, réalisées après la parution du livre de Llinás, est que parfois les neurones *peuvent* entendre l'activité de l'ensemble : ils sont affectés par le champ électrique global. L'activité cérébrale ressemble apparemment encore davantage à un chœur de cigales que ne le supposait Llinás.

Pendant que je travaillais sur ce chapitre, j'ai fait une promenade estivale au crépuscule dans une forêt. En Australie, il y a des années à cigales, d'autres moins. Cette année-là était une grande année. Le son émis par chaque cigale ressemblait à un *cri-cri*. On percevait déjà un léger rythme dans ces syllabes, mais les cigales montaient aussi de façon répétée en crescendo. La montée prenait environ quinze secondes avec un diminuendo un peu plus rapide, le silence se faisant environ douze secondes après le sommet de l'intensité sonore. Les cigales effectuaient alors une pause, puis recommençaient. Ce motif, qui au total durait un peu plus de trente secondes, était assez stable.

J'ai lu quelques articles sur les raisons pour lesquelles les cigales et les espèces apparentées chantent[40]. Il existe différentes possibilités et peut-être différents cas, certains plus coopératifs, d'autres plus compétitifs. Je vais faire une hypothèse ici à titre d'illustration. Supposons que chaque cigale essaie d'être aussi bruyante et perceptible que possible pour attirer un ou une partenaire. Une cigale se lance, d'autres essaient de couvrir son chant, et tout le monde monte en puissance. Puis la fatigue commence à s'installer, les premiers chanteurs s'arrêtent, puis les autres. Dans le silence qui s'ensuit, quelqu'un se met à chanter, et le crescendo repart. Supposons que cette hypothèse soit exacte. Le chant de chaque cigale est alors influencé non seulement par celui de ses voisines, mais aussi par le volume total du chœur à ce moment-là. Chaque cigale participe au chœur et lui répond à la fois. Le modèle n'est pas coordonné par un chef d'orchestre, mais le résultat donne un rythme régulier.

Ainsi que je l'ai mentionné plus haut, des travaux expérimentaux récents suggèrent que les champs générés par l'activité cérébrale ont des effets sur le fonctionnement du cerveau. Les neurones individuels sont « à l'écoute », ou du moins affectés par la combinaison des champs générés par une masse d'activité neuronale. Il s'agit peut-être d'un détail mineur, d'une curiosité sans importance pour la façon dont le cerveau fonctionne la plupart du temps. Je doute que ce soit le cas, mais je me trompe peut-être. C'est d'ailleurs pour cette raison que je m'y attarde. Voyons maintenant comment toutes ces idées contribuent aux thèmes que j'explore dans ce livre.

Parmi les questions que nous nous posons ici, une partie concerne les rythmes et la synchronisation, tandis qu'une autre porte sur les champs eux-mêmes. L'importance de la synchronisation et de l'activité rythmique est assez largement reconnue, tandis que celle des champs est plus controversée. Comme je l'ai indiqué précédemment, un grand nombre d'animaux présentent ces rythmes, notamment les poissons, les mouches, les poulpes et même les vers plats. L'ancêtre commun à tous ces animaux, à l'époque de l'Édiacarien, produisait-il des rythmes de ce type dans son système nerveux ? Ou bien des rythmes similaires sont-ils apparus indépendamment dans différentes lignées évolutives ? Ceux-ci pourraient se retrouver chez différents animaux en raison des caractéristiques de base des neurones eux-mêmes. Quoi qu'il en soit, l'invention du neurone n'est pas seulement à l'origine d'une cellule excitable avec une transmission vers d'autres cellules, mais aussi d'un dispositif oscillant, avec des rythmes que de nombreux animaux ont utilisés d'une manière ou d'une autre.

Alors que nous spéculons sur la façon dont les choses se sont déroulées, une expérience scientifique ancienne, due au hasard, devient pertinente dans notre réflexion. Christiaan Huygens est un polymathe scientifique du XVIIe siècle, dans le style merveilleux de l'époque, et l'inventeur de l'horloge à pendule[41]. En 1665, il remarque que deux de ces horloges synchronisent naturellement leurs oscillations, battant en opposition s'il y a un lien physique entre elles et si leurs cycles naturels sont de longueur similaire. Les choses rythmiques partagent, écrit Huygens dans une lettre envoyée à la Royal Society de Londres cette année-là, « une étrange sorte de sympathie ». Comme le note le neuroscientifique Wolf Singer, cela suggère que, si vous avez des oscillateurs dans le cerveau, on doit facilement pouvoir les amener à se synchroniser naturellement. Une fois que c'est le cas, leurs rythmes peuvent remplir certains rôles, fonctionnant peut-être comme divers types de codes. Certaines connexions synaptiques dans le cerveau semblent également avoir été conçues par l'évolution comme des synchronisateurs et des gestionnaires de rythmes, consolidant ainsi ces tendances. À la lumière des travaux récents sur les influences éphaptiques, on peut ajouter qu'une fois la synchronisation établie, si les cellules sont également alignées dans l'espace de la bonne manière, les champs électriques qu'elles génèrent peuvent finir par avoir leurs propres effets. Ils peuvent unir l'activité du cerveau d'une manière supplémentaire, lui permettant de se comporter comme un tout.

Revenons-en momentanément à Hans Berger, qui nous a mis sur cette piste. L'une des raisons pour lesquelles sa recherche de télépathie était inévitablement vouée à l'échec réside dans le fait que, même si le rayonnement électromagnétique peut se propager dans l'air ou le vide, les effets électriques qu'il étudiait nécessitent un milieu conducteur, et l'air, contrairement à l'eau, est un mauvais conducteur. D'une certaine manière, peu de choses empêchent les poissons de s'adonner à une télépathie électrique à la Berger. La principale limite qu'ils rencontrent vient de la puissance du signal. Les ondes générées par un poisson seraient probablement en mesure d'affecter les neurones d'un autre poisson si le signal était suffisamment fort pour être transmis, mais la force de cet influx diminue trop rapidement dans l'espace et serait probablement noyée par d'autres activités chez le poisson « récepteur ». Certains poissons communiquent entre eux au moyen de champs électriques plus puissants, générés activement, et les poissons se débrouillent de toute façon parfaitement avec leur toucher à distance.

Quelle importance tout cela a-t-il pour les questions relatives à la sentience et à l'expérience ? S'agit-il simplement de points de détail du fonctionnement des cerveaux, ou ont-ils une influence sur les questions plus vastes des esprits et des corps ?

Les champs sont l'élément qui pourrait transformer radicalement les données du problème et se présentent comme un nouveau candidat pour la base physique de l'esprit. Peut-être que notre difficulté à concevoir comment l'expérience consciente peut exister dans un cerveau est due, au moins en partie, au fait que nous ne considérons qu'une fraction de ce qui s'y passe. Je pense qu'il

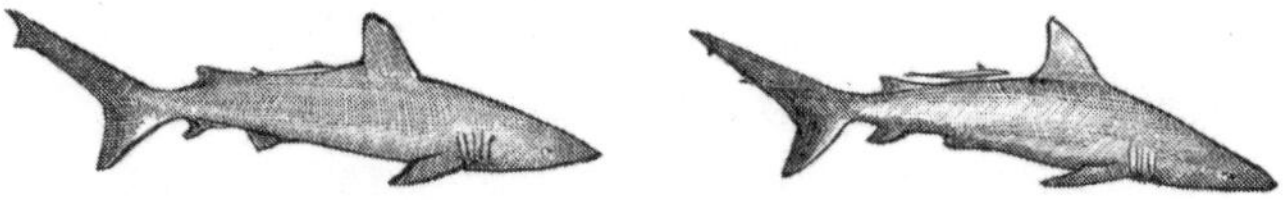

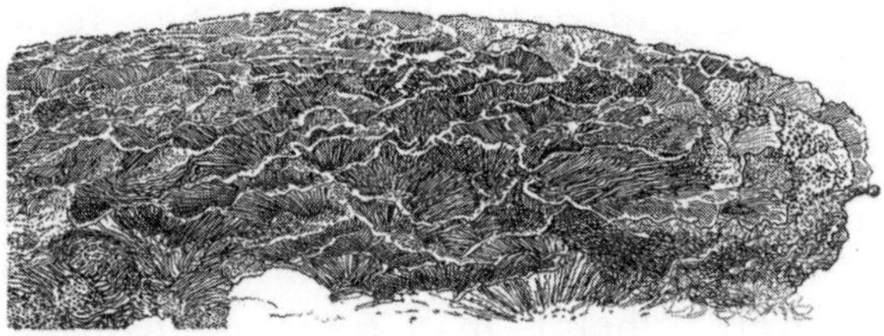

y a une bonne part de vérité dans cette dernière pensée, mais il nous faut ici résister à certaines tentations.

Un champ semble un objet idéal pour nous aider à résoudre l'énigme de la conscience : une zone lumineuse invisible et chaude ayant son centre dans le cerveau, mais qui se diffuse, une nuée d'énergie dans notre tête. Cet objet flou semble avoir une forme plus proche de l'expérience que tout ce qui a pu être découvert dans nos crânes. Mais un champ ne peut pas résoudre le problème simplement parce que c'est quelque chose de spécial. Il faut aussi qu'il fasse les bonnes choses.

L'image mentale qui s'impose à nous lorsque nous imaginons ces champs est une sorte d'expérience à la Rothko, un lavis flou de qualia – ce qui devrait nous alerter sur le fait que nous sommes en train de tomber dans l'une des erreurs que j'ai diagnostiquées au chapitre 5 lorsqu'on demande au matérialiste de trouver un moyen de tirer des couleurs et des sons de machines sombres et silencieuses. Cette erreur a été en partie corrigée, en faisant remarquer que l'expérience consciente est le point de vue à la première personne d'un système vivant d'un certain type, et non pas quelque chose obtenu par le fonctionnement de ce système, qui pourrait être vu de l'extérieur si nous savions où regarder. Il est cependant difficile de se débarrasser entièrement de ce raisonnement erroné, et, lorsque nous trouvons des champs invisibles dans le cerveau, nous avons l'impression d'avoir découvert un meilleur matériau pour faire apparaître la couleur et le son. Il est alors tentant de tout recommencer. Tentant, mais toujours aussi faux.

Quoi qu'il en soit, je pense que ces découvertes, celle des rythmes certainement, et peut-être aussi les champs, font une différence dans notre projet d'expliquer l'expérience. Tout d'abord, elles changent notre conception de ce qu'est un cerveau.

Pour illustrer ce point, le moyen le plus efficace consiste à procéder par opposition. Il existe une image ancienne, mais encore courante, qui assimile le cerveau à un réseau de signalisation vaste et compliqué, un central téléphonique automatisé par exemple. Cette analogie est presque aussi vieille que les centraux téléphoniques eux-mêmes[42]. Le scientifique anglais Karl Pearson fait cette comparaison si tôt, en 1900, que l'automatisation n'entre pas encore en ligne de compte et qu'il doit mettre en scène des opérateurs humains effectuant manuellement les connexions. Des représentations ultérieures ont imaginé un réseau de commutation qui se câblerait automatiquement. Un point de vue couramment exprimé par les neuroscientifiques (je me souviens avoir entendu un neuroscientifique de Harvard le défendre très fermement autour de 2010) est que, si nous connaissions toutes les voies de signalisation locales d'un neurone à un autre dans un cerveau, nous aurions une compréhension complète de ce que fait ce cerveau. Cette image d'un réseau de signalisation était presque incontournable pour de nombreux spécialistes des cerveaux, mais elle était aussi difficilement conciliable avec une explication de l'expérience consciente. Pour autant que je le sache, cette vision du cerveau est en train de changer.

Les travaux que j'ai décrits dans ce chapitre nous donnent en effet une image bien différente[43]. Un cerveau est un organe biologique doté d'une activité électrique auto-générée, rythmique, souvent synchronisée, modulée par les sens. Des cellules du système nerveux autres que les neurones, comme les astrocytes, jouent des rôles subtils, mais de plus en plus reconnus. Il y a sûrement une grande quantité de signaux échangés entre neurones, mais ce n'est pas tout. Cette autre image du cerveau est à la fois mieux étayée scientifiquement et plus compréhensible en tant que base de l'expérience. Si l'idée selon laquelle la base physique de votre expérience n'est qu'un réseau de signalisation similaire à un central téléphonique ne vous convainc pas, alors nous sommes deux. Notre nature est autre.

Ces idées sur les systèmes nerveux et les cerveaux constituent une pièce importante du puzzle corps-esprit. À mon sens, il s'agit du deuxième élément rencontré jusqu'à présent dans ce livre qui nous aide à combler le « fossé » apparent entre le mental et le physique. Nous avons évoqué le premier élément au chapitre 5, lorsque j'ai décrit la subjectivité comme une caractéristique du soi animal et de ses relations avec le monde (les points de vue, le soi et l'autre, la subjectivité et l'agentivité). Le deuxième élément est une interprétation des systèmes nerveux façonnés par l'évolution de l'agentivité chez les animaux, qui affirme l'importance de ce que j'appellerai les propriétés dynamiques à grande échelle du cerveau. Celles-ci comprennent les rythmes et les modèles de synchronisation, les effets plus controversés des champs eux-mêmes, et probablement d'autres activités connexes. Certains de ces modèles sont globaux – ce sont des caractéristiques du cerveau dans son ensemble –, et d'autres sont plus localisés, bien qu'ils relient malgré tout plusieurs milliers de cellules. Ces facteurs contribuent à expliquer comment advient l'expérience subjective et son existence dans un monde physique. Cela ne revient pas à dire que l'expérience ou la conscience seraient un champ au sens physique du terme[44]. Il s'agit plutôt d'un modèle d'activité auquel contribuent les champs ainsi que beaucoup d'autres éléments. L'évolution a produit des animaux qui s'engagent dans le monde en tant que sujets, et elle a également produit un organe d'un type biologiquement surprenant qui sert de médiateur à ces activités.

Cet organe, je le répète, n'est pas seulement le cerveau des humains ou des mammifères. Des animaux très divers possèdent des caractéristiques identiques. Il est d'ailleurs remarquable de constater combien d'animaux, dotés de cerveaux organisés très différemment, présentent des schémas rythmiques similaires. Ce constat a provoqué chez moi une sorte de *gestalt switch*. Il y a quelques années, des scientifiques et des philosophes ont émis l'hypothèse qu'un type particulier d'onde de haute fréquence dans le cerveau (l'onde gamma) aurait un lien spécial avec la conscience[45]. Cette idée a été lancée par Francis Crick (célèbre pour sa découverte de la structure de l'ADN) et Christof Koch. J'y ai d'abord réfléchi comme à quelque chose qui pourrait effectivement être important dans notre propre cas – l'expérience humaine –, mais qui serait peu susceptible d'aider à répondre aux questions les plus générales. Toutefois, il s'est avéré que les rythmes de ce type général ne sont pas propres aux cerveaux comme le nôtre ; ils sont présents dans tout le règne animal. (Le chercheur qui a le plus défendu cette thèse est probablement Bruno van Swinderen. Il a par exemple découvert avec Ralph Greenspan qu'une forme d'onde particulière est un indicateur de l'attention portée à un objet, ou quelque chose comme de l'attention… chez une mouche[46].) À partir de là, j'ai compris que ces travaux modifiaient de manière fondamentale notre vision de l'activité cérébrale et du même coup de l'aspect physique de l'expérience, non seulement chez les humains mais aussi chez les animaux en général.

Ces caractéristiques sont importantes. Mais comment ? Dans une explication globale de l'expérience (sensibilité, conscience…), quelle est la division du travail entre les deux facteurs que nous examinons : l'engagement avec le monde en tant que sujet et les propriétés dynamiques à grande échelle dans le cerveau ? N'importe quelle histoire détaillée sur ce point ne serait que spéculation sur des questions scientifiques non résolues. Mais je vais tenter d'esquisser une forme générale de la situation qui pourrait avoir un sens.

Ceux qui mettent l'accent sur le rôle de ces schémas dynamiques dans la perception et la pensée, en particulier celui des rythmes, les considèrent souvent comme un élément qui relie un grand nombre de processus, permettant au cerveau de combiner les nombreux aspects différents de ce qu'il rencontre dans une image ou une scène. Cette intégration a de nombreuses conséquences sur l'expérience subjective. À un moment donné, notre expérience peut inclure non seulement un tableau visuel, mais aussi une ambiance, un sentiment de présence, etc. Ces modèles dynamiques étendus ne se limitent peut-être pas à rassembler différents types d'informations. Ils pourraient contribuer à la manière dont tous ces événements finissent par former un tout expérientiel. Et peut-être que, d'une autre manière, ils donnent à notre expérience une partie de sa texture particulière.

Cela est lié à un point délicat, sur lequel je n'ai aucune certitude. Lorsque nous nous demandons pourquoi la vue ou l'ouïe sont (ou peuvent être) expérimentées, un sentiment de perplexité émerge parfois lorsque nous imaginons ce que fait le cerveau pendant que nous voyons ou entendons. Nous imaginons en général des neurones qui s'activent et communiquent avec d'autres neurones, lesquels s'activent à leur tour, et ainsi de suite. Supposons que nous imaginions ce processus de la manière dont les différents neurobiologistes évoqués dans ce chapitre voudraient que nous l'imaginions[47]. Notre cerveau présente de nombreuses activités, y compris celle de ces motifs à grande échelle intégrés, et le stimulus visuel ou auditif qui entre module (c'est-à-dire qu'il transforme ou perturbe) cette activité. Qu'il y a-t-il de surprenant ou d'énigmatique à ce que cela fasse un certain effet ?

Les deux éléments de mon scénario (la subjectivité et les propriétés dynamiques du cerveau à grande échelle) suscitent ensuite une question prévisible : et si vous, ou un autre être, possédiez un seul de ces deux éléments ? Plus spécifiquement, que se passerait-il si vous étiez un animal doté des types de détection et d'action évoqués au chapitre 5, mais sans les propriétés dynamiques supplémentaires du cerveau évoquées dans ce chapitre ?

Les expériences de pensée de ce type peuvent devenir un piège. Nous en arrivons à croire qu'il est possible d'imaginer la copie conforme d'un être humain, avec le même comportement, mais avec des processus physiques sous-jacents entièrement différents. Or, si une personne ou un autre animal ne possède pas les propriétés dynamiques à grande échelle dont il est question ici, elle ne percevra pas les choses et ne se comportera pas de la même manière qu'un être qui les possède. Pourtant, les caractéristiques de la subjectivité abordées au chapitre 5 (détection, action, point de vue) sont d'une certaine façon plutôt schématiques ; un organisme pourrait peut-être en posséder une version différente de la nôtre, tout en différant par ses propriétés dynamiques à grande échelle du cerveau. C'est ce que suggère le fait que, lorsque nous passons en revue ces caractéristiques de la subjectivité et que nous considérons ce qu'un système nerveux doit faire pour les engendrer, les neurones sont apparemment capables d'agir comme des voies de signalisation, des relais, etc. Il semble donc que des bases puissent exister sans les propriétés dynamiques discutées dans ce chapitre. Nous pouvons alors nous demander, en utilisant l'expression de Nagel : est-ce que cela fait un certain effet d'être un système de ce genre ? Peut-on parler d'expérience ?

Il se passe effectivement quelque chose dans ce système, dès lors qu'il perçoit et qu'il agit. Tout système qui possède les caractéristiques schématiques de la subjectivité est nécessairement le théâtre de nombreux événements. Sont-ils pour autant expérientiels ? Cela semble être la question suivante à poser, mais qu'est-ce que cela signifie ? Nous pourrions nous demander si ce système vit une version atténuée de ce qui se passe en nous. La réponse à cette question est probablement non : après tout, le scénario que nous examinons suppose de grandes différences biologiques entre eux et nous. Cette question ne résout donc pas le problème, car elle est trop liée à notre propre cas. Nous pourrions nous demander si cet organisme a un point de vue, si les choses lui apparaissent d'une certaine manière, etc. La réponse est alors affirmative, de même que nous avons affirmé plus haut qu'il possédait les caractéristiques schématiques de la subjectivité examinées au chapitre 5.

Peut-on poser une question intermédiaire ? Je pense ici à la sensation de présence, bien qu'elle ne soit pas nécessaire à une quelconque expérience. De nombreuses personnes voudront introduire ici les qualia. L'être que nous imaginons a-t-il des qualia ? Si par qualia nous entendons des champs de couleur et des choses similaires (ce que la plupart des gens ont en tête lorsqu'ils s'interrogent sur les qualia), alors nous faisons une fois de plus une comparaison trop étroite avec notre propre cas. Lorsque nous demandons s'il y a « quelque chose qui fait l'effet d'être cela », alors nous sommes de retour au point de départ. Notre langage actuel semble inadéquat pour poser les questions cruciales. Mais je ne pense pas que le problème puisse être résolu simplement en trouvant de meilleurs termes ; à ce stade, nous nous trouvons dans un épais maquis d'incertitudes.

Dans un maquis peut-être, mais nous avançons tout de même : un peu plus haut, j'ai demandé quel effet cela ferait d'être un organisme qui s'engage avec le monde en tant que sujet, mais qui n'a pas les propriétés dynamiques à grande échelle que l'on trouve dans nos cerveaux. Qu'en est-il de la situation inverse, à savoir un organisme doté de ces fameuses propriétés dynamiques à grande échelle, mais qui ne s'engagerait pas en tant que sujet ? D'une certaine manière, c'est impossible, car les propriétés dynamiques dont il est question ici font partie de la façon dont nous réalisons les choses évoquées dans les chapitres précédents. Si vous imaginez un organisme qui ne fait rien de tout cela, il n'aura pas non plus de propriétés dynamiques à grande échelle[48]. Si quelque chose n'est qu'un système physique rempli de rythmes et de champs électromagnétiques, le moteur d'une voiture par exemple, il n'y a aucune raison de supposer que cette chose a des pensées ou des expériences. Supposer qu'elle en a, c'est retomber dans l'erreur qui consiste à traiter les propriétés électriques comme quelque chose d'intrinsèquement mental, ce qu'elles ne sont pas. De même, un esprit conscient n'est pas simplement un système aux activités liées entre elles de manière inhabituelle ou particulièrement active et énergique[49]. Cette approche est séduisante, mais c'est une fausse piste.

La nature exacte de la relation entre les facteurs que nous examinons est cependant incertaine, et les possibilités sont nombreuses. Rodolfo Llinás, le neuroscientifique cité à plusieurs reprises dans ce chapitre, suggère que la conscience est un état semblable au rêve, généré par des rythmes, des boucles et des résonances dans l'activité du cerveau[50]. La conscience ordinaire se distingue du rêve par le degré auquel les sens en pénètrent et en modulent l'état. C'est un point de vue qui accorde plus de poids aux propriétés dynamiques à grande échelle du cerveau, et moins à l'engagement du sujet avec le monde. Björn Merker, le neuroscientifique qui a influencé ma réflexion sur le premier élément de ma description, défend pour sa part une position opposée à celle de Llinás. Il soutient en effet que l'importance de certains rythmes observés dans le cerveau – les rythmes de 40 hertz dont parlent Crick, Koch et d'autres – est surestimée, du moins sur l'aspect « cognitif » des choses, c'est-à-dire la pensée, la perception et le sens donné à l'environnement. Merker pense quant à lui que ces rythmes pourraient être importants pour la régulation de l'activité cérébrale en arrière-plan : ils permettent un fonctionnement harmonieux tout en évitant un emballement de l'activité cérébrale, comme dans les crises d'épilepsie[51]. Les propriétés dynamiques à grande échelle du cerveau pourraient revêtir des rôles différents en fonction des animaux et des différents stades de l'évolution. Même lorsqu'elles ne font pas grand-chose sur le plan de l'« intelligence », pourraient-elles avoir une incidence sur la façon dont les choses sont ressenties ?

La rivière qui s'ouvre

Toujours en Australie-Occidentale, dans le territoire des requins-baleines, lors d'une plongée dans des eaux d'un bleu tropical, on m'a emmené visiter un site où de profondes crevasses entaillent un récif de corail. Un torrent de petits poissons vert argenté courait au fond de ces crevasses. Il y en avait d'innombrables milliers, se frayant un passage à travers ces anfractuosités. Ils semblaient avoir un but, sans qu'une direction précise se dégage de leur mouvement ; ils allaient et venaient sur eux-mêmes, encore et encore. Le courant qu'ils formaient ressemblait à une coulée de lave à grande vitesse qui aurait régulièrement changé de trajectoire. Les habitants les appellent « poissons de verre ». De loin, ils font effectivement penser à du verre, avec leur couleur vert argenté. Vue de près, la scène était toutefois très animée.

Des dizaines de poissons plus gros, peut-être une centaine en tout, les attaquaient. Il y avait des carangues aux éclats métalliques, des petits barracudas et bien d'autres. Le génie de la forme poisson était évident, ainsi que ses limites. Lorsque les gros poissons s'élançaient, la rivière de petits poissons s'écartait, instantanément ou juste avant l'arrivée du gros corps, de sorte que le prédateur fonçait dans le vide. Parfois, un gros poisson se laissait tomber de tout son corps sur le flot, dans l'espoir d'assommer ainsi quelques petits poissons. Lorsque l'attaquant arrivait, les poissons de la rivière sursautaient de façon synchrone, comme un seul et même objet, et s'écoulaient autour de lui.

La carangue et les autres prédateurs missiles étaient accompagnés d'un couple de mérous plate grise (*Epinephelus multinotatus*), des poissons mouchetés à l'aspect grincheux et à la mâchoire inférieure proéminente. Ils traînaient là, l'air frustré, car ils n'avaient pas l'agilité de la carangue. Pourtant, il était difficile de dire si les chasseurs avaient un quelconque succès, alors que la rivière de petits poissons serpentait à travers les plaques sombres de corail.

Une grande partie de la façon d'être des poissons était exposée à ma vue : la vitesse et la puissance, la sensibilité corporelle par le « toucher à longue distance » et le regroupement en bancs qu'il permet. Un spectacle acrobatique de vie et de mort dans un petit coin d'eau bleue du monde.

Chapitre 8

Sur la terre ferme

Une serre

Le soleil, un soleil féroce, cogne sur notre tête alors qu'elle brise la surface de l'eau à la fin du plongeon. Nous émergeons lentement, et, alors que nous gravissons les marches du brise-lames, trois choses s'imposent à nous comme une évidence. La gravité : notre équipement pèse soudainement une tonne. L'évaporation : les gouttes d'eau de mer qui dégoulinent sur les rochers sombres se volatilisent immédiatement dans l'air. Et la lumière chaude qui nous éblouit.

L'histoire de la vie et de l'esprit a commencé dans l'eau ; nous portons un peu de mer en nous dans chacune de nos cellules. Mais le passage à la terre ferme marque également une étape capitale. Les comportements y sont différents ; ce qui était facile se complique, tandis que certaines choses difficiles deviennent plus aisées. Le monde terrestre est une serre remplie de plantes. Le soleil est la source d'énergie ultime pour presque tous les êtres vivants, mais les plantes terrestres, en particulier les plantes à fleurs, ont des taux de photosynthèse bien supérieurs à tout ce que l'on trouve dans la mer ; les écologies terrestres présentent donc des taux très élevés de flux d'énergie[1]. Lorsque l'on sort de l'eau, cette impression d'être *frappé* par l'énergie du soleil n'est pas une illusion. En termes d'énergie, la terre ferme est pleine ; si l'on survit, beaucoup de choses peuvent advenir.

Pionniers, une fois de plus

Les premiers animaux à sortir au soleil sont les arthropodes[2]. Pas des insectes, le groupe qui nous est le plus familier aujourd'hui, mais plus probablement des parents des araignées et des mille-pattes. Les arthropodes dominaient le Cambrien, semble-t-il, et nous les retrouvons de nouveau ici dans un rôle de leader.

L'entreprise est ardue, mais les arthropodes ont des caractéristiques qui leur permettent de relever le défi[3]. L'évaporation commence dès que l'on gravit les marches, et le squelette externe des arthropodes devient un bouclier qui retient l'humidité. Le mouvement est plus difficile sur la terre ferme, mais les arthropodes ont des pattes. Leur attirail infini d'appendices leur donne ici un avantage considérable.

Si les lointains parents des araignées et des mille-pattes amorcent le processus, il ne s'agit que de la première tentative : les arthropodes se sont lancés au moins sept fois vers la terre ferme[4]. Une branche des arthropodes, appelée aujourd'hui « Pancrustacés », regroupe les crustacés familiers du chapitre 4 ainsi que d'autres. Les membres de ce groupe sont partis à la conquête de la terre ferme à plusieurs reprises, et l'une de ces sorties (dont la date est controversée) a donné naissance aux insectes. Dans ce nouvel habitat, ils ont connu une diversification sans précédent, quasi illimitée. L'écrasante majorité des espèces animales connues aujourd'hui appartiennent à cet énorme groupe, celui des insectes.

Les insectes sont pour la plupart des spécialistes de la terre ferme, et une grande partie de leur histoire est liée à leur coévolution avec les plantes terrestres. Cette association entre deux grands groupes est caractérisée par la coopération et le conflit sous de nombreuses formes différentes. Il est tentant de penser que les plantes sont anciennes, mais elles ne le sont pas autant que la plupart des animaux dont j'ai parlé ici. Les plantes sont issues d'une algue verte, et elles ont connu leur propre transition vers la vie multicellulaire. Assez rapidement après le Cambrien, certaines formes d'algues modifiées ont commencé à se frayer un chemin vers la terre, et au Carbonifère, il y a environ 350 millions d'années, les plantes étaient bien présentes sous la forme de structures vertes et robustes : fougères, cycadales et conifères d'abord, puis plus tard, à l'époque des dinosaures, plantes à fleurs (angiospermes).

Les plantes terrestres, en particulier les angiospermes, consomment l'énergie du soleil avec une intensité et une efficacité qui dépassent de loin celles de la vie marine. Les insectes ont progressivement été associés à ce flux d'énergie, en tant que passagers mais aussi en tant que partie intégrante du processus par lequel les plantes terrestres ont développé leurs propres caractéristiques. Les insectes consomment les plantes, mais ils sont également les pollinisateurs qui rendent possible leur floraison.

La vie des insectes dans cet environnement exigeant mais riche a donné naissance à des modes d'existence inhabituels. Les arthropodes marins présentent des innovations élaborées dans et sur leur corps. Les arthropodes terrestres ne sont pas en reste, mais ils ont aussi exploré des innovations inouïes dans leurs cycles de vie. Chez certains insectes (de minuscules acariens parasites), les œufs éclosent à l'intérieur de la mère, donnant naissance à une couvée de sœurs et à un mâle. Le mâle s'accouple avec les femelles, la mère meurt, et les femelles désormais pleines la dévorent pour sortir à la lumière. Chez les cochenilles, les femelles sont ce qui se rapproche le plus sur la terre ferme d'une forme animale stationnaire et immobile, tandis que les mâles volent, ne mangent jamais et ne vivent que quelques jours. Ces excentricités et bien d'autres encore sont des moyens d'atteindre une fécondité massive et d'exploiter au maximum les sources temporaires de nourriture. La vie des insectes est souvent éphémère.

Bien que de nombreux insectes soient de véritables miracles de miniaturisation, ils font également preuve d'un comportement et d'une cognition complexes. Les abeilles en sont une illustration particulièrement remarquable. Par l'apprentissage, elles sont capables de traiter des relations abstraites d'une manière tout à fait exceptionnelle chez les animaux. Certaines de leurs performances sont si subtiles qu'il est difficile de les décrire brièvement[5]. Dans une étude réalisée en 2019, des abeilles devaient apprendre que, si elles pénétraient dans une pièce et voyaient un carré jaune avec, disons, trois éléments, elles devaient ensuite choisir un carré contenant un élément de plus (quatre, dans ce cas). Si le premier carré était bleu, elles devaient par contre choisir un carré contenant un élément de moins (deux). Les abeilles se sont plutôt bien débrouillées et ont respecté la règle.

Comme le poisson-archer du chapitre précédent, elles apprennent en imitant les comportements de leurs sœurs. Si un bourdon apprend à préférer une disposition spatiale présentée sous forme d'odeur, il est capable d'extrapoler et de choisir la même disposition présentée sous forme visuelle. Les abeilles et leur mode de vie végétarien bien organisé illustrent ce dont d'autres insectes, à l'allure moins impeccable, sont capables.

Mais les comportements les plus beaux et les plus impressionnants des abeilles ont trait à leurs projets de construction physique[6]. C'est ce que mettent en évidence des expériences déjà anciennes, menées par François Huber en 1814 sur l'architecture des ruches. En effet, les abeilles construisent leurs rayons entre des surfaces auxquelles la cire peut adhérer. Le verre leur posant des problèmes, elles l'évitent (Huber remarque qu'elles ne construisent pas de rayons contre les parois en verre qu'il place dans les ruches pour observer ses abeilles). Quand elles sont obligées de faire avec, elles réagissent en donnant des formes inhabituelles à leurs rayons. Lors d'une expérience, Huber place un panneau de verre sur une cloison après que les abeilles ont commencé à construire leur rayon dans cette direction, mais avant qu'elles n'en soient très proches. Les abeilles ont modifié leur trajectoire et gracieusement courbé le rayon pour rencontrer une surface en bois.

Dans une sorte de compétition cognitive entre invertébrés, on compare parfois les abeilles aux poulpes. Les abeilles ont un cerveau beaucoup plus petit qu'eux – il mesure un millimètre cube –, mais une grande complexité se cache dans ce petit espace. La comparaison n'a cependant guère de sens ici. Les deux espèces ont des vies et des corps très différents, ainsi que des styles incomparables lorsqu'elles sont confrontées à des problèmes et à des tâches de type comportemental. Les abeilles excellent dans l'abstraction logique et la construction physique complexe. Elles ont des vies très organisées avec des rôles spécifiques. Un chercheur m'a dit un jour que l'une des raisons pour lesquelles on en sait autant sur le comportement des abeilles est qu'elles font exactement ce que l'on veut qu'elles fassent, encore et encore, répétant leurs comportements exactement selon les vœux d'un éditeur de revue scientifique. Elles cherchent continuellement de nouvelles options (comme me l'a fait remarquer un autre spécialiste), cela fait partie de leur type d'intelligence[7]. Mais elles sont aussi très concentrées sur leurs tâches, ce qui est logique compte tenu de la façon dont elles vivent, axée sur la production de miel et la vie de leur colonie. Le poulpe est un animal d'un genre très différent. Il y a quelques années, Jonas Richter et ses collaborateurs ont présenté à des poulpes une boîte casse-tête, où il fallait apprendre à faire deux actions en séquence (pousser puis tirer)[8]. Certains poulpes y sont parvenus (l'expérience a donc été un succès), mais les mouvements efficaces étaient difficiles à repérer au milieu de l'énorme quantité de manipulations aléatoires qu'ils effectuaient. Les poulpes ont appris à réaliser la bonne séquence en passant par un grand nombre d'essais chaotiques. Je ne sais pas vraiment si la logique de cette tâche s'apparente d'une façon ou d'une autre à celle que les abeilles ont réalisée, mais les deux espèces ont en tout cas maîtrisé leurs tâches d'une manière totalement différente : les abeilles, par le biais du calcul interne ; les poulpes, par la manipulation exploratoire.

Les comportements des abeilles, selon les normes animales, sont relativement peu bruyants ou désordonnés. Les comportements des poulpes ne sont pratiquement *que* bruit et désordre, mais ils parviennent malgré tout à tirer leur épingle du jeu. Le mode de comportement du poulpe me rappelle le poème *Wodwo* de Ted Hughes, qui raconte l'histoire d'une créature imaginaire essayant de donner un sens à son existence et à ses propres actions. Hughes se retrouve à l'intérieur de ce que j'imagine comme une sorte de poulpe terrestre, un explorateur engagé, mais quelque peu déjanté : « Je semble / séparé du sol, non pas enraciné, mais tombé / du néant par hasard sans nuls fils / pour m'attacher à quoi que ce soit je peux aller n'importe où / il semble qu'il m'ait été donné de jouir librement / de ce lieu que suis-je donc[9] ? »

Sens, douleur, émotions

Les insectes sont les animaux les plus nombreux sur Terre. Comment s'intègrent-ils dans l'histoire de l'évolution de l'expérience ?

La question de la « conscience » des insectes est difficile et controversée[10]. Pour nombre de personnes, un changement radical de perspective serait nécessaire afin de les amener à penser que *quelque chose de* ressenti, d'expérientiel, se déroule à l'intérieur de ces animaux. Ce changement serait également perturbant, étant donné les hécatombes d'insectes attribuables à la lutte antiparasitaire et la mortalité qui règne dans la vie ordinaire des insectes. Ici, le terme « conscience » pose aussi problème. En effet, les gens se demandent généralement si les insectes sont conscients, mais tout ce que nous voulons savoir, du moins dans un premier temps, est s'il existe une quelconque expérience ressentie, peut-être sous une forme minimale.

Plus tôt dans ce livre, nous avons décrit des crustacés tels que les crabes et les crevettes. Certains crustacés ont probablement une expérience. Les insectes sont issus de la même branche de l'arbre de vie : c'est un embranchement évolutif des crustacés, particulièrement adapté à la vie terrestre. Leur plan corporel est assez similaire. Mais ces relations ne règlent pas la question, car les insectes ont suivi leur propre voie.

De nombreux insectes sont impressionnants du point de vue sensoriel : ils ont une bonne vision et sont capables de voler[11]. Le vol est un comportement qui présente une rétroaction particulièrement complexe entre l'action et les sens, le type de rétroaction qui contribue à l'émergence d'un point de vue. Passons maintenant à un autre aspect de l'expérience : la douleur, le plaisir et les sensations apparentées. Bien que les philosophes soient obsédés par la vision, c'est probablement à la douleur et au plaisir que pensent en premier lieu des personnes peu au fait des derniers développements de la philosophie lorsqu'elles cherchent les formes fondamentales de l'expérience chez les animaux. Comment se comportent les insectes de ce côté-là ?

Le tableau est très différent. Il y a quelques dizaines d'années, Craig Eisemann et un groupe de collègues de l'université du Queensland, en Australie, ont soutenu que les insectes ne ressentaient pas la douleur, car ils ne semblent absolument pas se soucier des atteintes portées à leur corps, même les plus graves[12]. On n'a jamais vu un insecte soigner une plaie. Après une blessure, ces animaux se bornent à continuer du mieux qu'ils peuvent ce qu'ils ont à faire. Ils se tortillent peut-être un peu, mais se remettent ensuite au travail.

L'une des façons de réagir à cette découverte serait de revenir en arrière et de conclure que les insectes ne font pas partie du domaine de l'expérience. Mais ce serait aller un peu vite en besogne, car on ne peut évacuer la possibilité d'une séparation entre deux formes différentes d'expérience, que j'appellerai expérience *sensorielle* et expérience *évaluative*[13]. (On pourrait aussi les appeler conscience sensorielle et conscience évaluative.)

L'aspect sensoriel est lié à la perception, au point de vue et à l'enregistrement de ce qui se passe. L'aspect évaluatif est lié à la douleur, au plaisir et au marquage des événements comme bons ou mauvais. Tous deux sont relatifs à la façon dont les choses *apparaissent* à un animal : elles peuvent provoquer un certain effet du côté sensoriel (« il fait de plus en plus froid… »), mais aussi du côté évaluatif (« … et ce n'est pas une bonne chose »). Notre expérience, celle des humains, possède ces deux aspects, et c'est très probablement le cas chez d'autres animaux. Mais peuvent-ils être dissociés dans certains cas ? Est-il possible de posséder l'un et pas l'autre ? Dans ce livre, j'ai la plupart du temps mis dans le même sac les aspects sensoriels et évaluatifs. Mais nous devons maintenant y regarder de plus près.

L'idée selon laquelle l'expérience comporterait deux aspects distincts, sensoriel et évaluatif, a des conséquences sur les questions philosophiques auxquelles nous nous intéressons. Dans un chapitre précédent, j'ai examiné des expériences de pensée dans lesquelles nous imaginions un être physique dépourvu d'expérience subjective. Certains pensent que la facilité et le caractère naturel de cette expérience de pensée indiquent que le matérialisme se trompe quelque part. Que ce soit le cas ou non, de nouvelles interrogations apparaissent avec la distinction entre les aspects sensoriel et évaluatif de l'expérience. Pouvons-nous désactiver l'un des deux aspects de l'expérience et laisser l'autre intact ? Il semble facile de désactiver l'aspect évaluatif, laissant l'animal avec une qualité constante ou robotique. Mais même cette situation n'est pas tout à fait tranchée, car la constance pourrait être une évaluation en elle-même. Néanmoins, je pense que nous pouvons concevoir la possibilité d'une *absence* d'évaluation chez une créature qui a une expérience sensorielle. L'opération inverse n'est peut-être pas aussi facile. Lorsqu'une personne imagine un insecte ou un autre animal privé de « conscience », mais capable d'actions complexes, imagine-t-elle vraiment que le côté sensoriel est vide ? Lorsque nous regardons des personnages de robots complexes dans des films, nous pouvons, sur un mode paranoïaque, imaginer une fixité inquiétante de leur côté évaluatif, mais la plupart du temps nous leur attribuons une expérience sensorielle riche, avec un point de vue défini.

Ces différences entre la façon dont nous imaginons l'expérience sensorielle et l'expérience évaluative pourraient être considérées comme un indice nous portant vers une autre conclusion philosophique. Peut-être que les véritables difficultés dans ce domaine se situent du côté de l'évaluation – *comment un système physique peut-il ressentir du plaisir ou de la douleur ?* –, tandis que le côté sensoriel ne serait pas un problème majeur. Puisque les bactéries et les éponges perçoivent leur environnement, elles doivent avoir une expérience sensorielle. Les choses leur feraient donc un certain effet, sans que cela signifie qu'elles les ressentent comme bonnes ou mauvaises. Cette démarche transformerait radicalement l'ensemble du problème, mais je pense que ce serait une erreur. Les appareils photo, les téléphones et les thermostats « perçoivent » aussi quelque chose de leur environnement, mais cela n'implique pas qu'ils ont une expérience quelconque. L'aspect sensoriel, tout autant que l'aspect évaluatif de l'expérience, soulève des énigmes liées au corps et à l'esprit.

Avec cette distinction en tête, examinons de plus près les insectes et d'autres animaux. Au chapitre 4, j'ai introduit quelques idées sur la douleur. La nociception est la détection d'une atteinte à l'intégrité corporelle, liée à une réponse comportementale. Elle est très courante chez les animaux, mais peut aussi être interprétée comme un simple réflexe. Par conséquent, on cherche le plus souvent des marqueurs de quelque chose d'autre qui serait lié à la sensation, comme : 1) le soin et la protection des blessures ; 2) la recherche de substances chimiques analgésiques ; 3) l'apprentissage de l'évitement de certains comportements ou situations ; 4) des compromis dans les situations de choix, par lesquels un animal cherche un équilibre entre le caractère négatif d'une expérience et d'autres coûts et avantages[14]. (Nous avons examiné les compromis effectués par les crabes dans le chapitre précédent.) Tous ces éléments sont considérés comme des tests comportementaux de la présence d'une douleur ressentie ou de quelque chose de similaire.

Revenons aux insectes avec des tests de ce type à l'esprit : nous constatons que le seul test que les insectes réussissent sans ambiguïté est celui de l'apprentissage ; en particulier, certains insectes peuvent apprendre à éviter les situations où ils seront exposés à une chaleur excessive. Mais ils n'ont jamais été observés en train de soigner ou de protéger leurs blessures, ce qui implique que la vieille théorie de l'absence de douleur chez les insectes tiendrait toujours. En revanche, les crustacés, comme nous l'avons vu précédemment, font ce genre de choses, tout comme les poulpes. Julia Groening et ses collègues, également de l'université du Queensland, se sont demandé si des abeilles légèrement blessées recherchaient des substances analgésiques[15]. Des tests de ce type ont été faits sur des poules et d'autres animaux, et constituent une preuve assez convaincante de l'existence d'une douleur. Il était donc intéressant de savoir si les abeilles, qui sont des animaux très intelligents, rechercheraient de la morphine lorsqu'elles sont blessées – si par exemple l'une de leurs pattes est prise dans une petite pince, ou si elle est sectionnée. Groening et ses collègues ont constaté que ce n'était pas le cas. En lisant entre les lignes, j'ai eu la sensation qu'ils étaient un peu surpris par ce résultat.

Cette conclusion nous rapproche d'une vision selon laquelle les insectes auraient une riche expérience sensorielle, mais une expérience évaluative beaucoup moins fournie, voire totalement absente. Mais un autre ensemble de travaux vient contredire cette conception. Si ce qui nous intéresse est l'expérience évaluative, pourquoi nous limiter à rechercher des signes de douleur et de plaisir ? D'autres candidats possibles sont les *émotions* et les *humeurs*. Il ne s'agit pas d'états aussi aigus et spécifiques que la douleur, mais certains sont plus durables et affectent toutes sortes d'autres décisions. Ils comprennent la peur et l'anxiété ainsi que leurs analogues plus positifs, bien que les recherches portent surtout sur les états négatifs. Ces états ont maintenant été observés assez clairement chez les insectes et chez d'autres invertébrés. Ces travaux ouvrent de nouvelles perspectives sur l'aspect évaluatif de l'expérience animale.

Terry Walters, de l'université du Texas, travaille depuis de nombreuses années sur un état proche de la peur appelé *sensibilisation nociceptive*[16]. Il s'agit d'une sensibilité accrue après une atteinte qui modifie la réponse de l'animal à divers *autres* choix et stimuli. L'animal semble éprouver une méfiance générale, une prudence qui peut durer des heures, des jours ou des semaines selon le cas. Melissa Bateson et ses collègues ont quant à eux observé un état similaire à une émotion chez les abeilles[17]. Ils ont constaté qu'une abeille qui subissait un simulacre d'agression (on la secoue pendant soixante secondes) faisait preuve d'une sorte de pessimisme : l'individu était enclin à interpréter les stimuli ambigus (à mi-chemin entre ce qui avait été bon dans l'expérience précédente et ce qui avait été mauvais) de manière pessimiste, en supposant le pire. Les abeilles peuvent également être incitées à être optimistes. Cwyn Solvi et ses collaborateurs du laboratoire de Lars Chittka ont montré qu'une récompense inattendue a un effet sur les bourdons qui est le pendant opposé de l'humeur pessimiste induite par l'expérience de Bateson. Une sorte de bonne humeur a également été observée chez les poissons.

Ces travaux sont plutôt convaincants. Les réponses des animaux n'ont rien à voir avec des réflexes ; elles sont intégrées à toutes sortes d'actions réalisées par l'animal, qui peut être induit à embrasser une positivité ou une négativité omniprésente. D'autres discussions sur l'expérience évaluative s'articulent autour d'une distinction entre les réponses immédiates, qui pourraient révéler une douleur aiguë ou n'être que des réflexes, et l'apprentissage, qui semble être le signe de quelque chose de plus sophistiqué[18]. Les états simili-émotionnels se situent entre ces deux échelles de temps : ils durent davantage que la douleur aiguë, mais moins que l'apprentissage. Lorsque nous examinons ces échelles intermédiaires, les éléments en faveur de l'existence d'une expérience sont parfois très persuasifs.

Que penser de tout cela ? Une conclusion possible est que l'article désormais ancien d'Eisemann et de ses collègues sur l'absence de douleur est erroné, et que la douleur ou quelque chose de très similaire existe bien chez les insectes et de façon durable, même si elle est initialement cachée. Une autre conclusion possible serait que les insectes, face à une atteinte corporelle, n'expérimentent pas quelque chose de similaire à la douleur, mais que leur expérience inclut un élément proche des humeurs et des émotions. L'évolution pourrait avoir supprimé et modifié certaines caractéristiques de l'expérience chez les insectes pour s'adapter à leur vie courte et routinière. La distinction entre la douleur et l'émotion que j'ai supposée ici peut également être remise en question. Un article récent étudiant les états émotionnels chez les mouches soutient que ce que nous trouvons chez les animaux ressemble à ce qui, chez les humains, est considéré comme une douleur chronique. Il est certain que nous ne devrions pas nous contenter d'importer la catégorie familière de « douleur » chez les humains dans la vie des insectes ; chez eux, les émotions, les humeurs et la douleur se fondent peut-être les unes avec les autres de manière originale. Peut-être habitent-ils leur corps comme des véhicules (une patte perdue est comme un pneu crevé ou un pare-brise cassé), mais ressentent une sorte de malaise général lorsque les choses vont mal, une sensation qui affecte leurs décisions.

Lorsque nous essayons de comprendre ne serait-ce que leur fonctionnement global, sans prétendre aux détails, la liste des indices déroutants et des observations intrigantes s'allonge et semble même sans fin. Dans l'étude de Julia Groening sur les abeilles et la morphine, les abeilles ne prenaient pas de morphine lorsqu'une pince écrasait l'une de leurs pattes, mais elles essayaient très clairement de s'en débarrasser. « Nous avons observé, cependant, que certains individus marchaient sur la pince et la poussaient vers le bas avec une autre patte, vraisemblablement pour tenter de l'enlever. » Cette observation faite en passant est, à mes yeux, assez parlante. Elle nous invite à nous projeter en imagination dans leurs petits esprits. Je suppose qu'une pince à la patte est un problème nouveau pour une abeille, mais peut-être pas ; peut-être que, si quelque chose se colle naturellement à sa patte, avec de la résine par exemple, elle réagit de la même façon. Mais s'il s'agit d'un comportement improvisé, il est plutôt humain et constitue une plongée dans l'« être une abeille ».

Diversité

Des états similaires aux émotions ont donc été observés chez les insectes, mais aussi dans un autre groupe qui s'est aventuré à plusieurs reprises dans ces pages : les gastéropodes. Il s'agit des limaces et des escargots (y compris le nudibranche *Tritonia* à l'architecture gaudienne du chapitre 3). C'est sur ces animaux qu'ont porté les premiers travaux à propos des émotions et des humeurs chez les invertébrés.

Les gastéropodes sont des mollusques, comme les poulpes, mais leur système nerveux ne compte généralement que quelques dizaines de milliers de neurones, contre un million pour une abeille ou un demi-milliard pour le poulpe. Ils ont également des yeux beaucoup plus simples que ceux de ces animaux. Les gastéropodes ont en revanche un sens sophistiqué du goût ou de l'odorat. J'ai observé des nudibranches en mer franchir de longues distances les uns vers les autres, lentement, mais en empruntant des itinéraires très directs malgré le terrain accidenté et les courants violents.

Comme nous l'avons vu, les insectes ont de bons sens, mais leur aspect évaluatif reste énigmatique. Les gastéropodes illustrent peut-être la combinaison inverse. Steve Winkworth, un plongeur qui fréquente les mêmes sites que moi, a filmé une scène qui va dans ce sens[19].

Un *Bullina* (ou « escargot bulle ») a une apparence à mi-chemin entre une limace et un escargot. Sa coquille est petite, mais colorée, et son corps lumineux est orné de plis spectaculaires. Alors qu'un de ces escargots bulle évoluait sur le récif, il est tombé sur un groupe nourri de crevettes squelettes, ces minuscules arthropodes aux pinces pointues qui se cachaient dans la colonie de bryozoaires du chapitre 4. Ces crevettes forment parfois des amas denses ou des tapis dans une zone donnée. C'est là que s'est retrouvé le *Bullina*, au beau milieu d'une horde d'attaquants agités et armés. Lorsque les crevettes squelettes ont commencé à le piquer avec leurs pinces, l'escargot bulle a sursauté comme si une sorte d'alarme intérieure s'était déclenchée, et il a maladroitement tenté de sortir du périmètre. Je pense qu'il n'avait aucune idée de ce qui se passait, ses yeux étant loin d'être à la hauteur de la tâche, mais il avait bien compris que quoi que ce fût, ce n'était pas bon pour lui.

À plusieurs reprises, dans les eaux peu profondes du même site, j'ai rencontré des *aplysies* géantes. Ce sont des limaces de mer, mais d'une tout autre taille que les autres gastéropodes. La plus grande que j'ai vue mesurait plus de soixante-dix centimètres de long. Lorsqu'elles sont actives, elles ont une façon très inhabituelle de se déplacer qui rappelle le galop d'un cheval, l'avant baissé et l'arrière relevé, puis le contraire. Comme le « devant » est ici la tête de l'animal, ce n'est pas un galop ordinaire. Deux petites protubérances ressemblant à des ailes sur le dos complètent le tableau, qui évoque pour moi un Pégase mollusque. Je sais que cet animal a un petit système nerveux, mais, alors qu'il galopait devant moi (sur sa tête), il m'était impossible de ne pas lui attribuer une sorte d'expérience. Cela m'a rappelé un commentaire de Daniel Dennett, qui note que, lorsque nous observons des animaux loin de nous, nous sommes énormément influencés par leur « tempo et leur rythme comportemental[20] ». Si un animal se déplace extrêmement lentement ou d'une manière très maladroite, il ne nous vient pas à l'esprit de le considérer comme un être conscient. Dès que les animaux commencent à se déplacer à *notre* rythme, avec une réactivité et une intentionnalité dans leurs mouvements à l'échelle humaine, nous les voyons différemment. L'aplysie a un système nerveux comparable à celui d'innombrables petites limaces que j'ai rencontrées sans avoir le moins du monde la tentation de me mettre dans leur peau. Mais il m'a suffi de les faire passer à l'échelle de l'aplysie géante et de les voir galoper plutôt que ramper lentement pour que l'expérience de ces animaux me semble soudain presque inéluctable, ou du moins beaucoup plus envisageable.

Nous commençons à nous faire une idée de la *diversité des formes de la subjectivité*, des façons variées d'être un sujet qui dépendent du mode de vie de l'animal et des circonstances. Un animal peut présenter une grande complexité sensorielle (pour voler, chasser…), mais avoir des objectifs si simples et si précis qu'il n'a jamais vraiment besoin de réfléchir à ce qu'il doit faire, et que les blessures ne sont pour lui qu'un inconvénient non ressenti, comme un pneu crevé. Chez les insectes, le stade adulte est souvent assimilable à une « machine à se reproduire jetable », selon l'expression du zoologiste

Andrew Barron. Comme le corps des insectes est difficile à guérir et que leur vie est soumise à un calendrier serré, il est souvent inutile, comme le dit encore Barron, d'essayer de protéger ou de soigner une zone blessée : il faut simplement « continuer à avancer ». Dans une telle configuration, les insectes n'ont guère besoin de ressentir une douleur aiguë, qui ne leur est d'aucune utilité. Si l'ensemble des caractéristiques que les insectes ont hérité de leurs ancêtres crustacés incluait la capacité de ressentir la douleur, l'évolution sur terre pourrait l'avoir lentement gommée.

Ainsi que le fait remarquer Terry Walters, l'utilité des comportements liés à la douleur (et des humeurs qui les accompagnent selon moi, mais Walters reste prudent quant au côté « ressenti ») est plus évidente chez les gastéropodes. Ceux-ci ont en effet un corps mou et sensible, mais qui cicatrise bien, et leur durée de vie est souvent d'un à deux ans. Un gastéropode blessé peut donc améliorer son sort en évitant de se blesser davantage et en donnant à son corps la possibilité de guérir. Pour les crustacés marins, dont la longévité peut atteindre non pas des années, mais des décennies, et dont le programme de vie n'a rien à voir avec l'enrôlement minuté de nombreux insectes, l'existence de la douleur est plus logique.

Une fois que l'on accepte l'idée de différences profondes entre les formes de subjectivité, les insectes et les gastéropodes ne sont pas les seuls cas intéressants. Contrairement aux autres poissons, les requins et les raies semblent dépourvus de nocicepteurs, et certains de leurs comportements suggèrent qu'ils ne ressentent pas la douleur[21]. Les requins sont par exemple étonnamment insensibles aux piqûres des raies et ressembleraient en ce sens aux insectes, ainsi que le fait remarquer Michael Tye. Mais les requins présentent aussi d'autres comportements liés à l'évaluation et à la sensation, là encore similaires à ceux des insectes, notamment en ce qui concerne l'apprentissage par renforcement. Les requins de récifs qui fréquentaient la station de nettoyage décrite dans le chapitre précédent frémissaient visiblement lorsqu'ils étaient mordus par les petits poissons nettoyeurs et ne semblaient pas insensibles. Et Culum Brown, de l'université Macquarie, l'expert que je consulte pour les questions relatives aux requins, ne croit pas du tout à la thèse selon laquelle les requins ne ressentiraient pas la douleur.

Les poissons osseux, tels que les truites, présentent de nombreux signes de douleur et de plaisir. Dans les stations de nettoyage, certains nettoyeurs utilisent leurs nageoires pour stimuler leurs poissons-clients dans une sorte de massage. Celui-ci n'élimine pas les parasites et n'apporte pas d'autres avantages évidents. Une expérience intéressante (pour une fois du point de vue tant des cobayes que des chercheurs) menée par Marta Soares et ses collaborateurs a révélé que, dans une station artificielle de nettoyage, si un poisson était « nettoyé » avec massage, il présentait des niveaux d'hormones de stress inférieurs à ceux d'un poisson non massé[22].

Au fil de ce chapitre, nous avons rencontré des animaux dont le système nerveux est si petit qu'il est tentant de les exclure comme sujets potentiels d'expérience. Ma réflexion semble toutefois s'étendre à des animaux de plus en plus simples. Devons-nous fixer une limite quelque part ? Selon moi, pas encore. Je suis influencé ici par le cas des crabes et des autres crustacés. Beaucoup de chercheurs pensaient qu'ils étaient complètement « hors jeu » sur le plan de l'expérience, mais nous les avions sous-estimés. Nous sous-estimons peut-être les gastéropodes et bien d'autres animaux. Les gastéropodes sont souvent choisis lors d'expériences parce qu'ils sont simples, faciles à manier et qu'ils n'attirent pas l'attention des comités d'éthique de la recherche. Mais des chercheurs ont commencé à exprimer leur malaise devant cette situation. Comme le font remarquer Robyn Crook et Terry Walters dans un article de synthèse sur les mollusques, si nous investissons autant de temps et d'argent pour réaliser des expériences sur ces animaux, c'est bien parce que nous pensons qu'ils présentent des similitudes pertinentes avec nous[23]. Mais plus nous trouvons de similitudes entre eux et nous sur le plan de la douleur et des états liés, plus notre choix de réaliser nos expériences sur ces animaux devient contestable. Crook et Walters ne sont pas des *outsiders* qui critiquent l'ensemble du système, mais des chercheurs établis et respectés ; ils n'en demandent pas moins davantage de précautions et de surveillance, l'utilisation d'anesthésiques et une réduction du nombre d'animaux utilisés. Il y a quarante ans, se préoccuper du bien-être des limaces aurait probablement été considéré comme ridicule.

Tout comme les expériences d'Elwood sur les crabes, les expériences sur la douleur et la souffrance chez les mollusques réalisées jusqu'à présent pourraient finir par avoir des répercussions positives considérables pour ces animaux. En l'absence de ces expériences, les gens continueraient à les maltraiter en grand nombre sans y réfléchir à deux fois. Aujourd'hui, leur ressenti fait au moins l'objet d'une réflexion, et nous commençons à repenser nos façons de faire. Pour ces raisons, je suis heureux que le travail d'Elwood ait vu le jour. Un petit nombre de crabes a suffi pour arriver à ces résultats, et ils n'ont pas été trop maltraités. Pour les mêmes raisons, je salue – avec prudence – le travail sur les mollusques, bien qu'il ait souvent des conséquences fatales pour les animaux cobayes. Dans le cas des mollusques, la recherche est également motivée en grande partie par l'objectif de comprendre la douleur humaine, ce qui change un peu l'appréciation de la situation. À l'instar de Crook et Walters, j'aimerais toutefois que l'on traite ces animaux avec un peu plus de considération au cours des travaux expérimentaux.

Après avoir constaté des marques de sentience chez les insectes, les escargots et autres, il est toujours possible de dire « Intéressant, mais peuvent-ils *aussi* faire *ceci* ? », en exigeant de nouveaux éléments ou qualifications sans prendre en compte ce que nous savons déjà[24]. Il est tout à fait raisonnable de poser d'autres questions, mais il faut garder à l'esprit le chemin parcouru. Avant de les étudier, la plupart d'entre nous considèrent encore les abeilles et les mouches comme de petits robots volants et les limaces comme des non-sujets amorphes. L'idée qu'ils puissent passer par des états semblables aux émotions, en particulier, est surprenante dans ce contexte. Voilà où nous en sommes aujourd'hui ; nous avons parcouru un chemin considérable. Cela ne signifie pas pour autant que nous devons opérer un virage à 180 degrés et décider que les insectes et les limaces sont comme nous, et qu'ils doivent donc être traités comme nous. Nous devons seulement prendre au sérieux l'idée de la diversité des formes de la subjectivité, qui a des conséquences pratiques et éthiques variées.

La vie végétale

Les plantes ont été omniprésentes tout au long de ce chapitre, à l'arrière-plan. Il est temps de les faire sortir de l'ombre et de nous intéresser à elles en tant qu'organismes à part entière.

L'énergie qui alimente la vie et la construction de la matière vivante provient presque entièrement du soleil, exploitée par la photosynthèse. Dans la mer, la photosynthèse est effectuée par les bactéries qui l'ont mise au point, par d'autres microbes et algues qui ont intériorisé les bactéries, et par divers autres organismes qui les regroupent et collaborent avec elles. À un certain stade, peut-être durant l'Ordovicien, des algues vertes sont passées d'une vic en eau douce à une vie terrestre et sont devenues avec le temps des mousses, des fougères et des arbres énormes[25].

Les plantes et les animaux disposent de ressources similaires au niveau de la cellule, à l'exception du vestige bactérien qui permet aux plantes de réaliser la photosynthèse. Bien que leurs cellules aient beaucoup en commun, les plantes ont suivi leur propre voie d'évolution, faite d'immobilité et de croissance, buvant l'eau, l'air et la lumière, s'étirant simultanément vers le haut pour capter l'énergie du soleil et vers le bas pour atteindre l'humidité.

Est-il possible de faire ces mêmes choses de façon tout à fait différente ? Peut-on imaginer des amateurs de bains de soleil mobiles qui se déplaceraient pour chercher la lumière et l'eau ? Plusieurs chemins peuvent mener à ce type de vie. Quelques organismes s'en sont approchés en partant du règne animal. Divers animaux peuvent réaliser la photosynthèse en s'associant à des algues ou en s'appropriant certaines de leurs parties, et, bien que la plupart d'entre eux (comme les coraux) soient stationnaires, quelques-uns peuvent se déplacer. Parmi ces derniers, on trouve des parents des limaces marines du chapitre 3. Tous ces animaux vivent dans la mer, et l'énergie solaire semble être pour eux une source d'énergie accessoire. Aucun organisme ne s'est engagé dans une telle voie en partant du règne végétal. Le cas le plus proche que je connaisse est celui des *Volvox*. Ce sont des algues vertes d'eau douce, dont certaines espèces vivent en colonies mobiles comme de minuscules vaisseaux sphériques qui nagent vers la lumière. Les modes de vie mixtes combinant mouvement et photosynthèse sont peu courants chez les organismes multicellulaires. Une fois que l'on est sur la voie de la photosynthèse sur la terre ferme, avec ses difficultés de mouvement, il est plus avantageux de rester sur place et de construire des tours pour capter la lumière.

Les cellules végétales disposent de moyens de détection et de réponse, et peuvent même avoir des potentiels d'action, mais les plantes n'ont pas de système nerveux au sens habituel du terme. Dans le cadre de cette vie plus lente et plus limitée physiquement, elles ont malgré tout un côté actif. Quelques-unes, en transportant l'eau et en faisant varier la rigidité de leurs parties, réussissent à les faire bouger de manière visible. L'exemple le plus connu est celui des Vénus attrape-mouche, un petit groupe de plantes qui piègent et mangent les insectes. Ces cas sont rares, et, si l'on discute du comportement des plantes avec quelqu'un qui prend leur parti, cette personne aura du mal à convaincre que la *croissance* compte aussi comme une action, lente, mais réelle. Ou que la fabrication de substances chimiques en est une également. C'est pourtant de ces façons que les plantes font ce qu'elles ont à faire.

Si vous demandez aussi à un spécialiste des plantes quelles sont les plus intelligentes, il vous indiquera le plus souvent les plantes grimpantes et les vignes[26]. Chez les plantes, une grande partie de l'action se déroule sous terre, dans l'exploration des racines ; Darwin l'avait compris lorsqu'il écrivait que c'était là et non à la lumière du soleil que l'on pourrait trouver une sorte de « cerveau » végétal[27]. En surface, les plantes grimpantes doivent prendre beaucoup plus de décisions que les autres, et ce n'est pas un hasard si elles font l'objet d'expériences et de surprenantes vidéos en accéléré. Les plantes grimpantes et les vignes sont arrivées plus tard dans l'évolution des plantes. Ce sont presque toutes des plantes à fleurs, un groupe métaboliquement très puissant qui est apparu à l'époque des dinosaures et a remplacé les plantes de type conifères, ou gymnospermes, dans de nombreux habitats. Les plantes grimpantes semblent particulièrement éveillées ; on a l'impression qu'elles redécouvrent dans leurs cellules des capacités d'action latentes inutilisées par les formes ancestrales plus calmes.

À l'intérieur d'une plante, il y a aussi une intense signalisation chimique. En voici un exemple qui m'a surpris[28]. Une étude de 2018 a révélé que, lorsqu'une feuille d'une plante appelée *Arabidopsis* (une petite plante adventice qui est le principal « organisme modèle » en botanique) est dévorée par une chenille ou déchirée par un chercheur, un signal est rapidement envoyé aux feuilles voisines, les incitant à préparer une défense chimique. Ce signal est transmis par une réaction en chaîne d'événements présentant une grande similitude avec des processus du même ordre chez les animaux. Une cellule libère du glutamate, une substance chimique souvent utilisée pour la signalisation, qui affecte les canaux ioniques des autres cellules. Par conséquent, une feuille intacte située à une certaine distance peut se préparer en quelques minutes après que la première feuille a été endommagée.

Comment les plantes s'intègrent-elles dans le panorama de l'expérience que je suis en train d'esquisser ? Si l'on s'en tient à notre exploration des animaux, deux thèmes ont été abordés jusqu'à présent : le façonnement de l'activité vivante en un *soi* doté d'une perspective et l'activité d'un système nerveux intégré qui sous-tend ce *soi*. Si telles sont les choses qui comptent, les plantes sont alors mal loties. Elles détectent, répondent et sont pleines de signaux, mais ce n'est probablement pas suffisant pour avoir une expérience ressentie, même dans une forme simple.

Cela est dû en partie à ce qu'*est* une plante. Au chapitre 4, j'ai décrit des organismes *modulaires*, composés de nombreuses parties répétées et partiellement indépendantes, et je les ai comparés à des organismes plus intégrés (ou « unitaires ») comme les nôtres. Les plantes, les champignons et certains animaux ont emprunté la voie de la conception modulaire. L'individualité de tels organismes est moins évidente, de sorte qu'ils constituent plutôt une composante d'une communauté ou d'une colonie.

Dans le cas des plantes, cela a été reconnu au moins à l'époque du poète et naturaliste allemand Goethe et d'Erasmus Darwin, le grand-père de Charles Darwin, à la fin du XVIIIe siècle[29]. Dans un chêne ou une plante similaire, l'unité de base est en quelque sorte formée d'un module comprenant un seul segment de tige, une feuille et un bourgeon ; l'arbre est une colonie organisée de ces éléments. Ce point de vue peut être facilement étayé par l'expérience des boutures et de la régénération. Il rend compte du fonctionnement des plantes de manière plus générale, bien que les racines, de manière intéressante, ne soient pas modulaires comme le sont les parties aériennes.

Sous certains aspects, la plante se rapproche donc davantage d'une communauté que d'un individu unique. Au sein d'une communauté, il peut y avoir une signalisation et une coordination ; vous et moi pouvons communiquer étroitement, tout en gardant notre individualité. L'interaction sociale n'entraîne pas la fusion de nos subjectivités. Dans certains cas, les connexions peuvent être si étroites que la communication entre deux agents se dissout en une interaction, au sein d'un nouvel ensemble[30]. Mais la simple présence de la signalisation ne crée pas un soi « fusionné ».

J'ai dit que les plantes ressemblent *sous certains aspects* à une communauté, car les divisions entre les unités y sont moins claires qu'elles ne le sont dans d'autres organismes modulaires, comme les coraux. Mais une plante a moins un *soi* que les animaux que j'ai suivis dans les derniers chapitres. La subjectivité consiste à s'engager dans le monde en tant que soi et à faire en sorte que les choses *nous* fassent un certain effet. Les plantes ont moins de « nous ». D'une certaine manière, une plante est un *« ils »* fait de tiges et de pousses, qui communiquent entre elles. Mais c'est encore une simplification : une plante est en partie une communauté et en partie un individu.

En travaillant dans un jardin, lorsque l'on coupe ou que l'on arrache une partie d'une plante, en tranchant une tige par exemple, on peut considérer que l'on soustrait une unité vivante à un ensemble d'unités, ou que l'on prélève un morceau d'un organisme unique. Dans le cas des plantes, je pense qu'il est correct d'effectuer un va-et-vient entre ces deux conceptions. Les plantes ne sont pas comme les animaux, notre modèle habituel de réflexion sur les organismes unifiés, et je ne partage pas la vue du biologiste Jack Schultz, pour qui les plantes sont des « animaux très lents[31] ». Mais les plantes sont plus liées entre elles qu'une colonie d'êtres vivants distincts. La vie végétale a, sur son chemin aux côtés des animaux, développé un type d'organisation différent. Comme une plante est moins un soi, le problème de l'expérience végétale ne réside pas seulement en l'absence de système nerveux, mais aussi dans le fait qu'une plante est un organisme différent. Les plantes disposent d'une certaine agentivité au niveau de la cellule, de la tige ou du module, ou encore au niveau de l'ensemble du buisson ou de l'arbre et, dans certains cas, au niveau du clone (un ensemble de plantes issues d'une même graine et reliées par leurs racines).

Comme les plantes ne sont pas dotées de système nerveux, elles n'ont pas non plus les motifs électriques à grande échelle qu'il génère. Il convient ici de faire preuve de prudence, car les plantes ont une activité électrique très riche, dont on découvre régulièrement de nouvelles formes. D'autres surprises électro-botaniques nous attendent peut-être[32]. Mais le simple fait de trouver une activité électrique chez les plantes ne signifie pas qu'elles ont une expérience. Chez nous, les motifs des ondes de notre cerveau intègrent et forment un état d'activité qui est modifié et perturbé par les événements que nous percevons. Pour montrer que les plantes ont une forme de sentience, il faudrait qu'une surprise électro-botanique aille dans ce sens.

Il y a quelque chose de tellement fascinant dans l'idée de l'expérience des plantes que même de minces preuves suffisent à relancer la question. La vision des arbres – immenses, immobiles, silencieux – comme des sujets expérientiels, évoluant à leur propre rythme tandis que nous grouillons autour d'eux, est particulièrement évocatrice. J'ai vécu pendant un certain temps dans une forêt de séquoias en Californie. La forêt avait été exploitée au XIXe siècle pour construire les maisons de San Francisco, et la plupart des arbres qui m'entouraient n'avaient qu'une centaine d'années. Quelques-uns toutefois n'avaient jamais été coupés. C'étaient des géants solitaires dont l'âge se mesurait en milliers d'années. Même si je savais que je ne regardais pas des individus unifiés comme le sont les animaux, l'idée de ces êtres témoins des siècles était presque écrasante. L'expérience que j'ai mentionnée plus haut, qui démontre l'existence d'un système d'alarme de feuille à feuille en cas d'atteinte à leur intégrité, renvoie à des mécanismes simples selon les normes animales de détection des dommages et de signalisation, mais le fait qu'il existe quelque chose de similaire dans le monde végétal est relativement inattendu. Une fenêtre s'est ouverte, qui nous fait voir les plantes d'un autre œil. Mais, si nous nous intéressons à l'expérience ressentie, il ne suffit pas de montrer que les plantes détectent ce qui se passe autour d'elles et y réagissent. Les organismes unicellulaires le font aussi. Une plante, avec ses innombrables cellules et tous leurs échanges chimiques, peut avoir plus d'activités de ce type qu'une bactérie ou un protozoaire, et ce « plus » peut faire une grande différence en biologie. Mais il faut que ce soit le bon type de « plus ».

Au fur et à mesure que les travaux sur la détection et la signalisation dans des organismes tels que les plantes ont progressé, le terme de « cognition minimale » a été introduit pour décrire ce qui se passe en eux[33]. La cognition minimale est un ensemble de capacités qui inclut la détection et la réponse, et peut-être aussi l'association du présent et du passé pour déterminer ce qu'il convient de faire (comme le font les plantes et les bactéries), d'une manière qui reflète l'importance de l'information pour les projets vitaux de l'organisme. À l'heure actuelle, il semble que toutes les formes de vie cellulaire soient dotées d'une cognition minimale, y compris les champignons, les plantes et les créatures unicellulaires. Ce concept est étroitement lié au va-et-vient essentiel à la vie elle-même.

L'idée de cognition minimale n'est pas vide, car elle ne s'applique pas à tout. Si l'on compare la réaction des racines d'une plante et celle d'une cuillerée de sel lorsque vous les mettez en présence d'eau, on constate que les racines changent la direction de leur croissance et que le sel se dissout. Tous deux se transforment et « réagissent », en un sens. Mais la réponse de la plante est quelque chose de plus qu'un simple événement. C'est un changement en accord avec le rôle de l'eau dans les projets vitaux de la plante, pour son existence et sa reproduction. Un chemin a été tracé dans la plante (avec l'intervention d'hormones et de gènes) qui fait que la détection de l'eau a cet effet particulier. La cuillerée de sel ne s'engage pas dans une cognition minimale.

En un sens, tout ce qui fait preuve d'une cognition minimale a un « point de vue ». Cela étant, la cognition minimale implique-t-elle une sorte de sentience, d'expérience minimale ? Les deux vont-elles de pair, de sorte qu'au fur et à mesure que la cognition s'estompe pour atteindre les formes les plus simples, l'expérience fait de même ? Je comprends l'attrait de ce raisonnement, mais je pense qu'il est trop simple. Certains types de cognition minimale peuvent se produire sans la présence d'un soi, et, dans ces cas-là, les conditions pour une véritable subjectivité ne sont pas réunies. Une plante peut utiliser des informations sensorielles, être à l'écoute des événements et y répondre, sans posséder pour autant une forme d'expérience ressentie.

Il est d'ailleurs difficile d'imaginer des cas limites, des êtres qui ont la plus petite part de quelque chose *qui ressemble à* une expérience. Un point de vue comme le mien implique que de tels cas doivent exister. La question est de savoir qui – ou ce que – nous trouverons dans cette zone limite. Peut-être des plantes, mais j'en doute. Non pas parce que ce qu'elles font est simple par rapport aux animaux, mais parce qu'elles sont sur un chemin différent.

Les plantes sont une manière alternative de mettre en œuvre les ressources inhérentes aux cellules complexes, une option qui se traduit par une certaine sensibilité et intelligence, mais pas par une expérience ressentie. Je ne suis toutefois pas complètement certain de cette absence d'expérience, d'autant plus que les plantes ne cessent de nous surprendre. J'ai écrit plus haut à propos des insectes : « L'idée qu'ils puissent passer par des états semblables aux émotions, en particulier, est surprenante dans ce contexte. Et voilà où nous en sommes aujourd'hui ; nous avons parcouru un chemin considérable. » Nous n'en sommes pas encore là avec les plantes, mais nous avons tout de même évolué dans leur cas aussi.

Chapitre 9

Nageoires, pattes, ailes

Des temps difficiles

À un moment de ce voyage, il y a environ 380 millions d'années, un autre groupe d'animaux est sorti des eaux : les vertébrés, notre groupe.

Chez les arthropodes, plusieurs groupes sont passés à une vie entièrement terrestre de façon séparée. L'histoire des vertébrés est différente[1]. Une représentation un peu simpliste voudrait qu'ils n'aient fait qu'un seul mouvement de ce type, une étape capitale : certains poissons, issus d'un ancien groupe appelé « poissons à nageoires lobées », seraient sortis des eaux et auraient donné naissance à de nombreux types de vertébrés terrestres. La version plus complète de cette histoire ne comporte pas une seule étape, mais plusieurs, dont la plupart sont partielles (des incursions dans des zones humides entre terre et mer), l'une d'entre elles allant plus loin. Ces poissons aventureux sont à l'origine d'une radiation continue d'animaux terrestres, dont les mammifères et les oiseaux.

Ce changement a été difficile pour les vertébrés. Pour les arthropodes, généreusement dotés en pattes et pourvus d'une carapace, la voie semblait toute tracée. En revanche, une torpille pourvue de nageoires est à première vue l'un des organismes les moins susceptibles de survivre hors de l'eau.

La terre ferme représente effectivement un véritable parcours du combattant pour les vertébrés[2]. Pour commencer, il faut se déplacer sous le poids de la gravité. Il faut ensuite se nourrir et faire face à des problèmes inattendus, avaler par exemple. Lorsqu'un poisson a attrapé sa nourriture, il n'a qu'à l'aspirer à l'aide de l'eau qui l'entoure pour qu'elle finisse dans son estomac. Mais cela ne fonctionne que parce que la proie et l'eau ont des densités similaires. Sur la terre ferme, ce mouvement de succion fait entrer beaucoup d'air et laisse la nourriture là où elle est. L'invention de la mâchoire n'est pas d'une grande aide. Cette difficulté est illustrée par *Channallabes apus*, un poisson-chat anguilliforme, qui attrape souvent ses proies hors de l'eau mais y retourne pour les avaler.

Le changement le plus évident qui permet aux vertébrés de vivre en permanence sur la terre ferme est la modification de la forme de leur corps : l'évolution d'un corps « tétrapode », à quatre membres, comme le nôtre. Ce corps n'est pas apparu parce que des poissons tentaient de ramper sur une plage, il a été modelé dans l'eau afin de remonter des cours d'eau colonisés par des plantes. Les poumons sont une autre exigence terrestre évidente ; des poches ressemblant à des poumons faisaient toutefois partie de l'équipement de certains poissons depuis longtemps, qui les utilisaient pour la flottaison et parfois pour la respiration. Selon Jennifer Clack, dont le livre *Gaining Ground* publié en 2012 m'a servi de référence pour cette section, de nombreux poissons avaient déjà des poumons avant de migrer sur la terre ferme.

Les premiers poissons à nageoires lobées semblent avoir été des spécialistes des eaux peu profondes. Ceux qui vivent aujourd'hui (je ne nous compte pas dans le lot) sont les dipneustes (qui fréquentent encore les eaux peu profondes des fleuves et marécages) et les cœlacanthes, qui sont retournés dans les grandes profondeurs. Des vidéos prises par des sous-marins suggèrent que les cœlacanthes sont des animaux assez sociaux, qui se reposent en groupe dans des grottes. Selon Jennifer Clack, chaque individu possède un motif tacheté unique, et les groupes restent stables d'une manière qui suggère que les individus se reconnaissent entre eux.

Un autre défi que rencontrent les vertébrés terrestres est l'inadaptation de leurs œufs[3]. Après une période où tous les vertébrés terrestres sont amphibies, un groupe, les *amniotes*, évolue vers un œuf qui fournit à leurs embryons un « étang miniature », ce qui permet de desserrer encore les liens avec l'eau. Peu de temps après, un autre embranchement évolutif apparaît, insignifiant à l'époque, comme c'est le cas à chaque fois. Une première espèce d'amniote se divise en deux lignées. À partir de là, deux branches de vertébrés se développent et donnent lieu à une rapide radiation. Au départ, le groupe des synapsides est plus grand, plus nombreux et plus diversifié[4]. Mais les synapsides sont particulièrement touchés par une extinction massive colossale, au cours de laquelle la majorité des espèces animales disparaissent. L'autre groupe de vertébrés, celui des sauropsides, qui rodaient sous des formes moins visibles, prend la relève. Parmi eux se trouvent les dinosaures.

Récapitulons : avant la plus célèbre extinction massive qui a tué les dinosaures et ouvert la voie aux mammifères, une extinction antérieure avait changé la donne et réorganisé les animaux terrestres. Avant cette extinction, qui s'est produite il y a environ 252 millions d'années, les animaux proches des mammifères tant par leur généalogie que par leur apparence étaient relativement dominants. Herbivores ou carnivores, ces espèces étaient de toutes tailles, certaines aussi grosses qu'un ours. L'extinction massive qui les frappe est peut-être due à une combinaison de causes (activité volcanique, impacts de météorites) qui ont toutes transformé le climat. Plus des deux tiers des espèces animales terrestres disparaissent alors, de même qu'une proportion encore plus importante d'espèces marines. Émergeant du désastre, un groupe autrefois moins visible se diversifie considérablement, donnant naissance aux dinosaures.

La forme du corps des premiers dinosaures connus inclut déjà une posture verticale et des mains préhensiles. Les dinosaures et le groupe qui comprend les mammifères arrivent à ce type de corps indépendamment. Au cours des premiers stades de la vie des vertébrés sur la terre ferme, les animaux affrontent le monde avec un corps plus étalé (jambes écartées, corps horizontal), comme actuellement les salamandres et crocodiles. La transition à opérer consistait à hisser le corps au-dessus des pattes, que l'on marche ensuite sur quatre ou deux pattes. Les dinosaures semblent avoir fait cette opération dès le début, et les plus anciens d'entre eux étaient déjà capables de se redresser sur leurs deux pattes arrière, leurs pattes avant et leur tête étant ainsi disponibles pour manipuler les objets.

Ainsi débridés, les dinosaures explorent une grande diversité de tailles et de formes jusqu'à leur extinction massive, au sommet de leur domination, à l'époque du *Tyrannosaurus rex*, il y a environ 66 millions d'années. Cette fois, l'extinction est due à l'impact d'un astéroïde unique, dévastateur pour le climat.

Lors de la première extinction qui a ouvert la voie aux dinosaures, les grands ancêtres des mammifères avaient disparu, mais certains parmi les plus petits avaient survécu. Lors de la seconde extinction, presque tous les dinosaures, quelle que soit leur taille, disparaissent. Les mammifères apparaissent quant à eux au cours de la première période de domination des dinosaures, le Trias. Ils restent petits tout au long de l'ère des dinosaures (aucun ne dépasse la taille d'un blaireau), et quelques-uns d'entre eux résistent à l'extinction. Parmi les dinosaures, un seul groupe réussit à s'en sortir : celui qui avait transformé les ailes et les plumes en moyens de vol, alors qu'elles avaient été initialement conçues à des fins différentes. La seule branche des dinosaures qui survit est donc celle des oiseaux.

Les mammifères émergent donc de ce dernier round de destruction et occupent un large éventail de modes de vie. *Torrejonia wilsoni* est l'un des premiers mammifères de cette époque, connu grâce à des fossiles datant de quelques millions d'années seulement après l'extinction des dinosaures. Il était petit, arboricole, avec de longs bras et de longues jambes. C'est un animal à sang chaud, agile et grimpeur, qui cligne des yeux : un primate.

Dans les chapitres précédents, nous avons rencontré, en suspension dans l'eau, une succession de corps marins qui marquent des étapes dans l'évolution de l'action. Les cnidaires illustrent l'organisation musculaire du mouvement à une nouvelle échelle. Les arthropodes ont évolué vers de nouvelles formes de mobilité et de manipulation, guidées par des sens aigus mais avec une sorte de restriction ou de rigidité dans ce qu'ils font. Les corps des poulpes, en revanche, sont aussi « ouverts » que des corps peuvent l'être sur le plan comportemental. Un poulpe peut tout à fait manipuler des objets qu'aucun poulpe n'a jamais manipulés auparavant. Les céphalopodes ont également développé de gros systèmes nerveux, mais décentralisés. Les vertébrés sont plus centralisés, mais, dans la version poisson, ils ne peuvent pas *faire* grand-chose. L'évolution dans la mer a donc produit une capacité de manipulation, une versatilité de l'action corporelle et une centralisation du cerveau, mais aucun animal marin possédant tous ces éléments à la fois n'a évolué. C'est cette combinaison que nous voyons enfin à l'œuvre chez les vertébrés terrestres, surtout à partir du Trias, où ce trio de caractéristiques est enfin réuni. Cette combinaison apparaît indépendamment dans les deux grandes branches, chez les premiers dinosaures et les premiers mammifères. Elle est une nouvelle fois modifiée chez les dinosaures qui survivent à l'extinction, les oiseaux, et atteint son aboutissement particulier chez les primates comme nous.

Notre branche de l'arbre

Il y a plusieurs chapitres, nous avons essayé d'entrevoir notre ancêtre commun avec les poulpes (que nous partageons également avec les abeilles), et nous avons imaginé une créature proche d'un ver plat marin, il y a peut-être 600 millions d'années. Notre dernier ancêtre commun avec les oiseaux est un parent beaucoup plus reconnaissable, doté de quatre pattes et de bons yeux, vivant une vie terrestre : un lézard à l'allure trapue, se frayant un chemin dans un marécage il y a un peu plus de 300 millions d'années. Comme nous l'avons vu, les deux côtés de la ramification évolutive ultérieure en synapsides (notre côté) et sauropsides (le côté dinosaure) se sont donné le change au cours des années chaotiques qui ont suivi. En termes d'évolution, ils ont subi certaines modifications en parallèle, acquérant de nouvelles similitudes de façon indépendante, et sont restés très différents à d'autres égards. Des corps verticaux et capables de manipuler des objets sont apparus dans les deux lignées. Une autre caractéristique importante qui apparaît indépendamment des deux côtés est l'*endothermie*.

Il s'agit, en gros, de produire de la chaleur grâce à des processus internes pour maintenir une température corporelle stable, généralement plus élevée que celle de l'environnement. Le sang chaud est coûteux et nécessite de grandes quantités d'énergie, mais il présente des

avantages considérables : vous pouvez rester en vie et actif dans un plus grand nombre d'environnements, et vos muscles gagnent en puissance et en endurance. Tous ces processus tumultueux essentiels à la vie, qui nous ont ballottés au chapitre 2, fonctionnent différemment selon la température et ont tendance à être plus efficaces à des températures plus élevées que celles que nous offrent habituellement les conditions environnementales. Avec l'endothermie, le corps et le cerveau deviennent un système à haute énergie, consommant plus d'oxygène.

L'endothermie dans sa forme complète a évolué indépendamment chez les mammifères et les oiseaux[5]. Elle ne se limite pas à un trait unique, mais englobe toute une série de traits apparentés. Chez ces mammifères et oiseaux, une température à peu près constante est maintenue par une régulation continue des processus métaboliques. Plusieurs autres animaux peuvent se maintenir *un peu* plus chauds que leur environnement, ou le faire pour une partie seulement de leur corps. Des comportements tels que le frisson, le halètement et la recherche de zones chaudes ou fraîches peuvent également être associés à la régulation de la « chaudière » interne. Certains des premiers pas vers l'endothermie ont peut-être été faits par les insectes, bien avant les mammifères et les dinosaures, et les insectes utilisent aujourd'hui toute une série d'astuces pour réguler leur température. Chez les abeilles et les mouches, le battement rapide des ailes réchauffe la partie centrale du corps, et une partie de cette chaleur est dirigée vers la tête et le cerveau. Des travaux méticuleux menés par le laboratoire de Simon Laughlin à Cambridge ont montré qu'une fois réchauffés, les yeux d'une mouche peuvent réagir au mouvement de manière plus précise et plus fine[6]. Des événements qui seraient perçus de manière floue dans le froid deviennent plus nets lorsque la mouche est chaude.

Dans la mer, le sang chaud est rare[7]. On l'observe aujourd'hui chez un groupe de poissons à nageoires rayonnées, qui comprend le thon et l'espadon, et chez deux groupes de requins, dont le grand requin blanc. Ces poissons à nageoires rayonnées semblent avoir évolué vers différents types de régulation thermique, et ce à plusieurs reprises. Les thons réchauffent tout leur corps ; les espadons ne réchauffent que les yeux et le cerveau. Les effets chez l'espadon sont similaires à ceux observés chez les mouches : leurs yeux fournissent une meilleure définition des mouvements lorsqu'ils sont chauds. La température de l'activité a donc de l'importance pour l'aspect cognitif et le traitement de l'information de l'esprit ; elle devrait également avoir de l'importance pour l'expérience, par ses effets à la fois sur les interactions entre les cellules et sur les propriétés dynamiques globales du cerveau, plus insaisissables.

Il y a longtemps, certains reptiles marins prédateurs (les ichtyosaures, par exemple) étaient peut-être aussi endothermiques[8]. Cependant, la plupart des poissons et tous les invertébrés marins (y compris le poulpe) ne peuvent pas maintenir une température corporelle élevée. Le contrôle de la température est plus facile sur terre que dans l'eau, car l'eau capte davantage la chaleur du corps que l'air. Rester au chaud est une tâche que les continuités entre nos corps – faits d'eau – et un milieu aquatique entravent plutôt qu'elles ne la facilitent ; il y a des avantages à être un système liquide vivant dans l'air. Sur terre, la température est généralement plus variable, ce qui peut constituer un problème, mais la chaleur du corps est plus facile à maintenir.

La température corporelle des dinosaures est un sujet très controversé[9]. Les oiseaux ont le sang chaud, ce qui n'implique pas que de nombreux dinosaures antérieurs aient été dans le même cas. Les oiseaux ont en effet développé une forme de vie particulièrement frénétique, à haute énergie. Certains chercheurs affirment que la vie active de divers dinosaures classiques croqueurs d'os aurait également nécessité un sang chaud, mais il ne semble pas y avoir de consensus sur l'origine et l'étendue de l'endothermie des dinosaures. Et, comme nous l'avons vu, c'est une propriété qui admet des gradations.

Si nous demandons à quoi ressemblait l'expérience des dinosaures ou quel effet cela faisait d'être un dinosaure, alors les oiseaux sont notre meilleur modèle. Les oiseaux *sont* des dinosaures, après tout, et les dinosaures disparus du Mésozoïque sont aujourd'hui considérés comme beaucoup plus proches des oiseaux qu'il y a quelques décennies. L'expérience typique d'un dinosaure éteint pourrait s'apparenter à celle d'un oiseau de grande taille à moindre énergie.

Ce lien avec les oiseaux nous rapproche de cas familiers, mais, même lorsque nous côtoyons les zones les plus proches de nous dans l'arbre de l'évolution, nous avons des surprises. L'une d'elles nous ramène à un thème du chapitre 6 : l'intégration des systèmes nerveux, notamment entre les deux côtés du cerveau.

Nous avons vu que les vertébrés sont des animaux bilatériens, organisés selon un plan d'organisation corporel ancien qui présente une symétrie entre les côtés gauche et droit. De nombreuses parties de l'animal sont alors appariées entre la gauche et la droite, dont une grande partie du cerveau. Toutefois, les deux hémisphères du cerveau ne partagent pas toujours les informations, ou pas autant qu'on pourrait le croire.

Maintenant que nous nous intéressons aux vertébrés, voici un dernier aperçu de l'arbre de vie pour nous aider à nous orienter.

Les cœlacanthes sont nos plus proches parents vivants côté poissons. À leur gauche sont représentés de nombreux autres poissons, avec une baudroie des

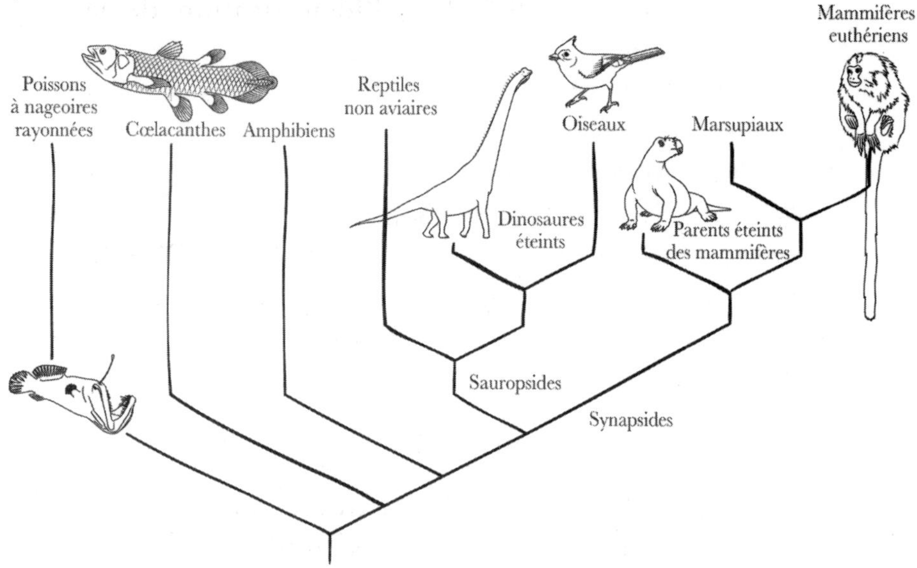

profondeurs comme ambassadrice. À gauche de la baudroie, nous aurions les étoiles de mer, les poulpes, les crabes, etc. À droite des cœlacanthes, nous trouvons des amphibiens comme les grenouilles, puis les deux grandes branches présentées dans la section précédente, les synapsides et les sauropsides.

Tous ces vertébrés ont hérité d'une conception du cerveau qui a initialement évolué chez les poissons. Ce cerveau est centralisé dans la tête de l'animal, mais, chez beaucoup de ces animaux, la connexion entre les côtés gauche et droit est limitée. Les deux côtés de ces cerveaux semblent également utiliser des « styles » de traitement quelque peu différents et avoir des spécialisations différentes[10]. (J'en ai brièvement parlé au chapitre 6.) Chez de nombreux animaux très différents, le côté gauche du cerveau est spécialisé dans l'identification de la nourriture, tandis que le droit est particulièrement mobilisé lors des relations sociales et pour affronter les menaces. Avec prudence, les chercheurs suggèrent parfois des différences plus générales : le côté gauche pourrait être plus performant pour catégoriser les objets, tandis que le droit gérerait les relations. Giorgio Vallortigara et Luca Tommasi ont par exemple utilisé des cache-œil temporaires sur des poussins pour les amener à résoudre un problème en utilisant soit le côté gauche du cerveau, soit le droit (ou les deux côtés, lorsqu'ils ne portaient pas de cache)[11]. Les poussins ont d'abord appris (sans cache-œil) à trouver de la nourriture à un endroit qui pouvait être identifié à la fois par un point de repère *et* par sa situation générale dans l'espace. Ils ont ensuite été mis dans une situation où un œil ou l'autre était couvert, et où le point de repère et les repères spatiaux généraux ne concordaient plus, le point de repère ayant été déplacé. Les poussins utilisant l'œil gauche (donc le côté droit du cerveau) ont ignoré le point de repère et se sont dirigés vers l'endroit défini préalablement en se repérant grâce aux informations spatiales générales ; les poussins utilisant l'œil droit (donc le cerveau gauche) sont par contre allés vers le nouvel emplacement marqué par le point de repère.

Les poussins sans cache-œil ont aussi ignoré le repère, étonnamment. Le cerveau droit semble dominer dans ce cas. Bien que le gauche puisse avoir de bonnes informations, il n'a pas voix au chapitre, à moins que le droit ne soit mis hors jeu.

Les crapauds présentent des comportements gauche-droite assez étranges, même s'ils ont les yeux à l'avant de la tête et non sur le côté, et disposent donc d'un bon champ de vision binoculaire. Si une proie est amenée directement dans la seule partie gauche de son champ de vision (où la plupart des informations sont transmises à la partie droite du cerveau), le crapaud ne l'attaquera généralement pas avant qu'elle ne soit passée dans l'autre moitié du champ visuel (engageant la partie gauche du cerveau). Le côté gauche du cerveau, encore une fois, est le côté spécialisé dans l'identification de la nourriture. C'est le contraire qui se vérifie lorsqu'un crapaud concurrent est introduit à la place de la nourriture.

La spécialisation des moitiés du cerveau (leur intérêt particulier pour la nourriture, la compétition ou autre chose) n'est guère surprenante. Le plus frappant est la combinaison de cette spécialisation avec des connexions limitées entre les côtés gauche et droit. En effet, les chercheurs étudiant notamment les lézards et les poissons se sont retrouvés à comparer explicitement ces animaux à des cas de cerveau divisé chez l'homme[12]. Si les cerveaux gauche et droit de ces animaux ont quelques connexions, celles-ci sont plutôt minces : elles n'ont rien de comparable à cette autoroute qu'est le corps calleux chez nous. Cet arrangement, où les côtés sont à la fois spécialisés et déconnectés, semble avoir des coûts évidents : la nourriture située à gauche sera négligée, les menaces venant de droite ignorées. Mais ces coûts en valent apparemment la peine, car la spécialisation permet de gagner en efficacité de traitement. On peut identifier la nourriture de façon beaucoup plus performante, tant qu'elle est visible à droite.

Comme d'habitude, la vision est le sens le mieux étudié dans ce domaine, mais peut-être vous souvenez-vous des poissons des cavernes aveugles du chapitre 7 qui se dirigent avec leur ligne latérale ? Ils se frayent un chemin dans des environnements complexes en détectant l'emplacement des obstacles grâce à leur « toucher à distance ». Comme je l'ai dit plus haut, le côté gauche du cerveau des vertébrés semble avoir un intérêt particulier pour les questions « *Quoi ?* » ; un certain nombre d'animaux utilisent leur œil droit (n'oubliez pas le câblage croisé) pour inspecter les nouveaux objets. Eh bien, les poissons des cavernes aveugles affichent la même préférence[13]. Lorsqu'ils sont confrontés à un nouveau point de repère dans une tâche de navigation, ils présentent leur côté droit avec sa ligne latérale. Une fois que le poisson est familier avec ce point de repère, cette préférence s'estompe. Les poissons ont des lignes latérales latéralisées.

Je vais abandonner les vertébrés un instant et mentionner une idée qui m'est venue en observant les poulpes. Si un poulpe d'Octopolis est menacé par un autre poulpe et décide de fuir, il affiche souvent sur sa peau un motif pâle et tacheté au début de sa fuite. Mais parfois, seule une moitié de l'animal pâlit[14]. Il se peut que l'animal entier produise délibérément un motif sur une seule moitié de son corps pour une raison quelconque. L'autre possibilité est que ce motif soit contrôlé par un seul côté. Peut-être qu'un œil voit la menace qui se présente et que ce côté du cerveau active un motif du même côté. (Les poulpes n'ont pas de connexion croisée gauche-droite dans le cerveau comme nous.) Si c'est le cas, les poulpes affichent une fois de plus sur leur corps des faits neuronaux mystérieux.

Chez les vertébrés, la connexion la plus faible entre côté gauche et côté droit s'observe sur les poissons, les amphibiens et les reptiles, tandis que les oiseaux sont un cas mixte, avec un certain degré de séparation. Des expériences ont montré que, dans certains cas, si un oiseau apprend une tâche (faire un choix donné) en utilisant un seul œil, il est incapable de l'accomplir en utilisant uniquement l'autre œil[15]. Avec les mammifères, nous arrivons à l'évolution du corps calleux, le grand connecteur gauche-droite qui est sectionné dans les opérations de division du cerveau. Je dis « mammifères », mais, même ici, cette connexion n'est pas universelle. J'ai été surpris d'apprendre que les marsupiaux comme les kangourous ou les monotrèmes comme l'ornithorynque ne possèdent pas de corps calleux[16]. Chez ces mammifères australiens (probablement un vestige d'une conception antérieure), d'autres connexions entre les deux côtés jouent un rôle important. Les mammifères « euthériens » (ceux qu'on appelait autrefois « placentaires ») sont les seuls animaux à posséder un corps calleux.

En me frayant un chemin dans l'arbre de vie, j'ai été surpris de constater que les configurations moins intégrées font partie de la vie normale de tant d'animaux. J'ai dit plus tôt que certains chercheurs comparent les exemples extrêmes, notamment les poissons et les lézards, à la condition des humains *split-brain*. De nombreux chercheurs pensent que les personnes en question se retrouvent avec deux esprits logés dans un seul corps. Un poisson ou un lézard pourrait-il, lui aussi, avoir deux esprits ?

La situation ici pourrait venir conforter le point de vue que j'ai prudemment adopté au chapitre 6. Dans certains cas, un esprit unique peut voir ses parties connectées par des moyens inhabituels, y compris par des voies qui traversent l'environnement extérieur et reviennent, et dépendent des mouvements du corps. Ces vertébrés agissent bien comme un tout ; ce sont des agents cohérents, qui font tout ce qui est nécessaire à la vie d'un animal. Ils ont une perception d'eux-mêmes et agissent en conséquence. Rappelez-vous toutes les découvertes comportementales des chapitres précédents, par exemple le poisson-archer qui est capable d'atteindre des insectes en plein vol avec son jet d'eau et qui acquiert cette capacité en regardant d'autres poissons. C'est tout un art, une habileté démontrée par l'ensemble du poisson qui est acquise de façon intelligente. L'idée que dans le corps d'innombrables animaux de ce type se cachent deux esprits et non un seul semble aller à l'encontre de la manière intégrée dont ils évoluent dans le monde.

D'un autre côté, certains faits sont assez étranges, quelle qu'en soit l'interprétation. Pour un poisson, le côté droit du monde semble être peuplé d'objets catégorisés, alors que du côté gauche les objets sont moins nets, mais les réseaux de relations sont plus riches et plus « chargés » socialement. Giorgio Vallortigara, dont j'ai mentionné plus haut les travaux sur les poussins, qui a consacré des décennies de travail à ces différences entre le côté gauche et le côté droit du cerveau, considère qu'il s'agit d'une différence dans la façon dont chaque côté voit le monde[17].

Ces questions gauche-droite sont également liées aux thèmes du chapitre 7, qui a mis en lumière les caractéristiques dynamiques à grande échelle des cerveaux. Lors de ma première présentation des cerveaux divisés, au chapitre 6, nous n'avions pas encore envisagé les rythmes et les champs du cerveau, mais il y avait des indices de leur présence. Les opérations *split-brain* sont pratiquées pour réduire la gravité des crises d'épilepsie et pour les empêcher de se propager dans le cerveau. Une crise est une sorte de processus dynamique à grande échelle. Comme l'indique le succès généralement observé de l'opération, la séparation des côtés entraîne une moindre intégration dans les activités dynamiques à grande échelle du cerveau. Les ondes cérébrales lentes observées pendant le sommeil sont moins synchronisées entre le côté gauche et le côté droit chez un patient au cerveau divisé.

Les animaux aux connexions cérébrales gauche-droite plus limitées présenteront des motifs dynamiques à grande échelle moins unifiés. Ce type de déconnexion ne les fait pas disparaître, mais ils seront différents. Ces différences sont probablement très importantes pour l'expérience. Un cerveau divisé peut, d'une certaine manière, fonctionner comme un tout, relié par des voies indirectes qui s'appuient sur les comportements et l'unité corporelle, mais ce type de liaison ne permet pas de tout unifier. Même lorsque l'animal se comporte de manière cohérente comme un tout, agissant et réagissant à ce qu'il voit, l'expérience sera différente dans un cerveau moins connecté. L'ampleur de ces différences dépendra de questions relatives aux rôles respectifs des propriétés schématiques liées à la subjectivité, abordées au chapitre 5, et des propriétés dynamiques du cerveau abordées au chapitre 7[18]. Il est également naturel de se demander si des circonstances particulières dans la vie d'un poisson ou d'un reptile au cerveau semi-divisé pourraient induire une division en deux esprits, comme cela semble se produire chez les humains dans des contextes expérimentaux. Il est possible que les activités des deux moitiés dans ces cas non humains soient si différentes de celles qui se déroulent dans les moitiés humaines, beaucoup plus grandes, qu'elles ne suffisent pas à produire une situation à deux sujets. Chez ces animaux, les parties supérieures séparées du cerveau représentent également une fraction plus petite du cerveau entier que le cortex chez l'homme.

Je n'explorerai pas ces questions plus avant ici, gardant beaucoup d'entre elles pour un autre livre qui examinera, entre autres, les facteurs combinés qui font des humains des animaux si inhabituels : le langage, la technologie et la vie sociale, ainsi que nos grands cerveaux à haute énergie et extrêmement connectés. Pour terminer cette section, je voudrais me pencher sur une autre voie d'évolution qui relie la terre et la mer.

Les dauphins sont des mammifères qui sont retournés à la mer ; ce sont des « baleines à dents », avec les cachalots et quelques autres. La lignée menant aux dauphins et aux autres baleines a divergé de la lignée menant aux primates il y a environ 90 millions d'années, à l'époque des dinosaures. Les ancêtres des dauphins semblent être retournés à la mer il y a environ 49 millions d'années, et les ancêtres des dauphins terrestres sont des parents de l'hippopotame. L'autre groupe de baleines, les baleines à fanons, s'est séparé des baleines à dents il y a environ 34 millions d'années.

Certains dauphins créent, avec une grande habileté, des anneaux de bulles dans l'eau (un peu comme des ronds de fumée) et jouent avec. Les vidéos de ce comportement, prises par Diana Reiss, sont remarquables, mais aussi assez poignantes. Les anneaux sont parfaits, et les dauphins, qui nagent autour d'eux, semblent les apprécier. Mais, en observant ce comportement, on a le sentiment, comme pour les poissons, que, si seulement leur corps le permettait, ils pourraient faire beaucoup plus. Les dauphins, comme les oiseaux, ont renoncé à une bonne partie de la manipulation pour acquérir leur forme spéciale de mobilité. Si un dauphin avait des mains, que pourrait-il faire ?

Les dauphins ont des cerveaux extrêmement grands, à la fois en valeur absolue et par rapport à la taille de leur corps[19]. Ces cerveaux se sont développés après leur retour à la mer, et non avant. Il est surprenant de constater qu'il n'y a pas eu beaucoup de travaux sur les raisons de ce phénomène, beaucoup moins que chez les primates. La taille du cerveau des dauphins semble avoir augmenté en deux temps, l'un précoce et l'autre tardif. La première augmentation pourrait être liée à l'évolution de l'écholocation, qui consiste à produire des salves de sons et à écouter les échos. Mais, de manière générale, le mode de vie des dauphins constitue un bon argument en faveur de l'hypothèse de l'« intelligence sociale ». Leur vie sociale est très compliquée et pleine d'alliances complexes.

En tant que mammifères euthériens, les dauphins possèdent un corps calleux qui relie leurs hémisphères cérébraux, mais ce connecteur est plus petit que ce que la taille de son cerveau laisse supposer[20]. Les dauphins peuvent dormir seulement d'un demi-cerveau (comme nous l'avons vu au chapitre 6, ils s'appliquent une procédure de Wada naturelle). Lorsqu'ils sont retournés à la mer, la tendance à l'intégration des mammifères s'est peut-être atténuée ou a changé de cap, même si leurs cerveaux sont devenus très grands. Je me demande si cela est dû à la grande importance du sommeil ; le corps calleux se serait aminci pour permettre aux schémas dynamiques à grande échelle de suivre leur propre chemin de chaque côté du cerveau et pour donner la possibilité au dauphin de dormir tranquille, ce qui n'est pas si évident lorsque votre respiration est aérienne alors que vous vivez dans l'eau.

Les dauphins sauvages s'approchent de l'homme d'une façon parfois étonnante. Il y a quelques années, j'ai rencontré un dauphin solitaire qui se rend régulièrement à Cabbage Tree Bay, la réserve marine située près de Sydney qui est le théâtre d'une grande partie de mon précédent livre, *Le Prince des profondeurs*. C'est une femelle, bien connue le long de ces rivages, même si cela fait quelques années maintenant qu'elle n'a pas été repérée, pour autant que je le sache. Elle vit seule depuis qu'elle a perdu son groupe et ne semble pas trop se soucier de sa vie inhabituelle. Ce jour-là, il y avait beaucoup de nageurs, dont certains venaient juste pour voir le dauphin. Nous gardions nos distances, mais c'est elle qui s'approchait de nous. Elle s'est particulièrement attachée à un jeune homme aux cheveux roux. Quand il plongeait, elle arrivait en trombe et approchait son visage du sien – si près qu'on aurait dit qu'elle voulait l'embrasser. Je ne sais pas pourquoi elle l'avait distingué des autres[21]. Certaines personnes ont apparemment une façon spéciale de se déplacer dans l'eau, peut-être une forme de calme, mais je pense qu'il doit y avoir quelque chose de plus spécifique. Je l'ai par exemple constaté avec Matt Lawrence, le plongeur qui a découvert le site d'Octopolis. Quelque chose en lui donne envie aux poulpes de jouer, et ils finissent souvent par lui ramper dessus. C'était pareil avec l'homme aux cheveux roux et la femelle dauphin solitaire.

Les rôles de la terre et de la mer

Lorsque vous entrez dans la mer et que vous passez sous la surface, certains changements sont immédiatement perceptibles, comme de nouvelles couleurs ou la pression de l'eau. Mais il existe une couche supérieure, d'une profondeur variable selon les conditions, dans laquelle la vie peut encore sentir directement l'énergie du soleil.

Le plancton photosynthétique, des algues de toutes sortes, des coraux associés à des algues exploitent cette région ensoleillée, peu profonde. En dessous de cette couche, le soleil permet encore de voir, mais fournit peu d'énergie, et les ressources doivent provenir de la matière vivante. Une plongée le long de hautes falaises à Jervis

Bay nous a fait passer par cette transition brutale, une faible luminosité sous une mince première couche. À côté de nous, des parois rocheuses étaient tapissées de corps immobiles d'animaux filtrant les particules en suspension dans l'eau. Nous n'étions pas encore très bas, mais nous étions bien passés dans le royaume suivant.

Les profondeurs abyssales se trouvent bien au-delà de la portée de tout plongeur. Un autre observateur de poulpes, Bret Grasse, a passé des années à regarder des écrans vidéo sombres de données provenant de submersibles distants, à 2 500 pieds de profondeur. Ce que l'on voit habituellement sur ces écrans, c'est de la neige qui tombe, des particules gris pâle dérivant dans l'obscurité. Cette « neige » marine est constituée de matières organiques provenant des eaux supérieures : enveloppes de plancton rejetées, restes de corps et autres détritus.

Les calmars vampires, les animaux que Bret surveille, vivent en suspension dans une zone à très faible teneur en oxygène. Peu d'autres animaux peuvent y survivre. Les vampires des abysses trouvent leur sécurité dans ces conditions inhospitalières. Ils se nourrissent en envoyant leurs longs tentacules filiformes recueillir les particules de neige. Rare sont les visiteurs qui s'affichent sur les écrans de Bret Grasse : sept ou huit calmars vampires en quatre ans.

Les terres émergées représentent un tiers de la superficie de la Terre, mais elles abritent environ 85 pour cent des espèces de notre planète, si l'on considère les organismes multicellulaires[22]. (La situation est moins claire en ce qui concerne les bactéries et autres organismes similaires.) La transition, c'est-à-dire le moment à partir duquel la terre a dominé en termes de diversité, s'est produite au cours des 100 derniers millions d'années, ce qui est relativement récent au regard des échelles de temps envisagées par ce livre, mais le déséquilibre a été marqué depuis lors.

L'impression qui se dégage naturellement de cette observation est que, bien que la vie ait connu ses premiers stades dans la mer, l'évolution a pris un nouvel essor une fois la terre colonisée. Une série d'articles sur ce thème a été rédigée par Geerat Vermeij, un éminent biologiste de l'université de Californie, à Davis. Vermeij a travaillé en particulier sur les mollusques. Sa pensée est inhabituelle, car il utilise volontiers des comparaisons controversées entre l'évolution et les affaires humaines ; il voit l'évolution en termes de concurrence économique, de course aux armements et d'invasions. Moi qui suis un amateur lorsqu'il s'agit d'écrire sur ces énormes échelles de temps biologiques, j'ai parfois hésité devant les descriptions de ces événements dans des termes utilisés d'ordinaire pour qualifier des conflits humains, notamment dans ces chapitres sur l'« invasion » et la « colonisation » de la terre. Vermeij, au contraire, pousse à fond ces comparaisons, non pas pour donner un côté plus attrayant à son discours, mais parce qu'il pense vraiment que les analogies sont proches et que les mêmes principes sont à l'œuvre.

Vermeij présente une autre particularité : il est aveugle depuis l'âge de trois ans. Il a dû mener toutes ses recherches, toute son exploration fine des coquilles de mollusques, sans l'aide de ses yeux.

En appliquant son modèle de pensée économique, Vermeij affirme que la terre permet une évolution plus créative que la mer ; elle a produit plus d'« innovations à haute performance », ce qui était prévisible. L'une des raisons est la productivité pure et simple de la terre, avec ses taux élevés de flux d'énergie. Une autre raison est le champ d'action des animaux : « l'action est moins contrainte dans l'air que dans le milieu plus dense et plus visqueux qu'est l'eau ».

Dans un article de 2017, Vermeij argumente en ce sens en dressant une liste d'innovations évolutives classées selon leur lieu d'apparition : la mer, la terre, ou les deux[23]. Il commence la comparaison à partir de l'Ordovicien, l'époque où les animaux sont arrivés sur la terre ferme, et va de l'avant à partir de là. Son histoire est celle d'une vie qui se développe dans le milieu marin, plus accueillant, mais où l'évolution ne prend réellement son envol que lorsque les organismes relèvent les défis de la vie terrestre.

Parfois, les contrastes entre le tableau décrit par Vermeij et le mien dépendent seulement de la perspective adoptée. Il commence par exemple son examen à un stade où les bases sont déjà en place et peuvent être considérées comme acquises, tandis que mon livre remonte aux éléments initiaux de l'évolution. Mais certaines de ses comparaisons entre la terre et la mer ne rendent selon moi pas tout à fait justice aux particularités de la vie marine. L'une des innovations évolutives citées par Vermeij est le vol, c'est-à-dire la locomotion aérienne. Le vol, dit-il, a été inventé dans les deux milieux, mais d'abord sur terre. Cependant, dans un sens, toutes sortes d'autres animaux marins « volaient » déjà. Sur terre, le vol (avec l'enfouissement et l'escalade) est le seul moyen d'échapper à la surface et de se déplacer librement dans les trois dimensions. Dans la mer, la nage et la dérive sont intrinsèquement tridimensionnelles. Les méduses volaient avant les poissons.

D'autres cas cités par Vermeij dans sa comparaison entre le milieu terrestre et le milieu marin, comme celui du sang chaud, me semblent plus pertinents. Mais je résiste à la conclusion selon laquelle les conditions dans la mer « limitent davantage l'innovation » (ainsi qu'il l'affirme) que les conditions sur terre. Une proposition alternative serait de considérer les deux milieux comme des sites de créativité et de présenter les innovations dans un ordre historique.

Un certain nombre d'innovations cruciales, nécessairement précoces, sont advenues dans la mer : l'évolution des animaux et de leurs corps, de leurs sens, de leurs membres, de leurs systèmes nerveux et de leurs cerveaux. La mer est le contexte naturel de ces étapes. Une fois le mode de vie animal en place, il a été possible de passer à la terre ferme et de profiter de son flux de chaleur. D'autres cycles d'innovation ont alors été nécessaires. Ils débouchent notamment sur les corps des mammifères et des oiseaux, le contrôle étroit de la température corporelle, de nouveaux types d'organisation sociale et de nouvelles capacités à modifier l'environnement. Nous devons aux étapes marines les nerfs et les cerveaux dans lesquels ces mots résonnent, les corps animaux et notre expérience elle-même. Mais le passage à la terre ferme ouvre de nouvelles portes.

Chapitre 10

Par degrés

Quand je m'éveillais au milieu de la nuit, comme j'ignorais où je me trouvais, je ne savais même pas au premier instant qui j'étais ; j'avais seulement dans sa simplicité première, le sentiment de l'existence comme il peut frémir au fond d'un animal ; j'étais plus dénué que l'homme des cavernes ; mais alors le souvenir – non encore du lieu où j'étais, mais de quelques-uns de ceux que j'avais habités et où j'aurais pu être – venait à moi comme un secours d'en haut pour me tirer du néant d'où je n'aurais pu sortir tout seul ; je passais en une seconde par-dessus des siècles de civilisation, et l'image confusément entrevue de lampes à pétrole, puis de chemises à col rabattu, recomposaient peu à peu les traits originaux de mon moi.

MARCEL PROUST, *Du côté de chez Swann.*

1993

Je me souviens de la première fois que j'ai entendu les baleines chanter. C'était des baleines à bosse sur la grande barrière de corail australienne, près des îles Whitsunday, il y a plus de vingt-cinq ans maintenant. Je revois encore l'expression de la personne qui m'accompagnait lorsque le chant a commencé. Elle s'est retournée et elle a ouvert des yeux grands comme des soucoupes.

Le son semblait venir de très loin. Il était parfaitement audible, parfois même fort, mais il semblait avoir parcouru des distances énormes. Le chant était rapide, il passait d'une fréquence à l'autre. Je pense qu'il nous a accompagnés pendant presque toute la durée de notre plongée, mais je n'en suis pas sûr.

Cette partie du récif n'est plus que le pâle reflet de sa beauté d'antan, mais ce n'est pas ce qui m'intéresse ici. Le point auquel je veux en venir est la mémoire, un type particulier de mémoire. La mémoire *épisodique* est la mémoire d'une expérience, où le souvenir n'est pas une simple note de ce qui s'est passé (« j'étais aux Whitsundays et j'ai entendu des baleines chanter »), mais quelque chose de semi-expérimenté, ou du moins qui possède un côté expérientiel et s'accompagne de représentations visuelles, sonores ou plus largement sensorielles. Se souvenir d'événements marquants fait un certain effet. Je peux faire revivre en moi un peu de la sensation et du rythme de cette journée-là, même si c'était il y a longtemps. La mémoire épisodique est une partie importante de l'expérience humaine et introduit un thème plus vaste.

Ailleurs

La mémoire est un aspect fondamental de l'esprit et de la cognition. L'une des façons de la concevoir l'apparente à une forme de stockage : des éléments d'information sont mis de côté pour être utilisés ultérieurement. Dans les premiers chapitres de ce livre, la mémoire a été évoquée principalement en relation avec l'apprentissage ; celui-ci nécessite inévitablement une certaine forme de rétention, la création d'une trace dans le système nerveux.

La psychologie distingue quatre ou cinq grands types de mémoire. La mémoire sémantique est la mémoire des faits : Paris est en France. La mémoire procédurale enregistre la capacité de faire des choses : comment aller à bicyclette. La mémoire épisodique est le souvenir d'événements vécus. Ces formes de mémoire peuvent persister à long terme. Il existe également une mémoire « de travail », qui consiste à retenir momentanément des idées et des images lorsqu'on les manipule.

La mémoire épisodique présente généralement deux caractéristiques principales : c'est une mémoire qui s'attache à des événements particuliers plutôt qu'à des généralités, et c'est une mémoire qui est expérimentée (un sentiment de reviviscence accompagne la récupération des informations). Une littérature scientifique abondante et parfois inquiétante décrit le manque de fiabilité de la mémoire humaine dans de nombreuses circonstances, et les souvenirs épisodiques semblent particulièrement susceptibles d'être « retouchés ».

Le psychologue canadien Endel Tulving, qui a donné son nom à la mémoire épisodique et a établi ces distinctions dans les années 1970 et 1980, a observé qu'un patient souffrant d'une amnésie sévère qui affectait sa mémoire épisodique, Kent Cochrane, avait également un autre problème : il ne pouvait pas imaginer les événements à venir[1]. Cochrane a été le premier de plusieurs patients étudiés qui présentaient ces deux problèmes concomitants. Clive Wearing, un expert anglais de la musique ancienne, est devenu amnésique en 1985 à la suite d'une infection[2]. Ses mémoires sémantique et procédurale étaient pour l'essentiel intactes, mais sa mémoire épisodique était très altérée et il avait l'impression pénible et quasi permanente qu'il venait de se réveiller. Les futurs imaginaires, là encore, étaient aussi inaccessibles à Wearing que ses souvenirs personnels.

Vers 2007, une série d'articles présente de nouvelles données sur ces relations et les regroupe en une théorie, ou un ensemble de théories[3]. Les nouveaux résultats ont été obtenus grâce à l'imagerie cérébrale et révèlent que les régions du cerveau impliquées dans la mémoire épisodique s'activent aussi lorsqu'on imagine l'avenir. La théorie proposée avance, sous différentes formes, qu'une seule et même capacité de « voyage mental dans le temps » serait impliquée dans la vision à la fois du futur et du passé. Rétrospectivement, d'autres indices pointent vers une relation entre ces éléments : nous pouvons par exemple nous « souvenir » sans effort délibéré d'événements à partir de perspectives visuelles que nous n'avons jamais expérimentées. Vous pouvez vous voir de l'extérieur dans un souvenir épisodique.

Cette nouvelle réflexion sur la mémoire épisodique avance également des idées sur l'utilité de ce type de mémoire, dont certaines font passer la mémoire elle-même au second plan d'un point de vue fonctionnel. Lorsque nous effectuons un voyage mental dans le temps, nous simulons des situations possibles afin de faciliter notre planification. Ces situations doivent être inédites, ce ne sont que des possibilités, des événements qui pourraient se produire demain. La mémoire épisodique, qui permet de regarder en arrière, serait un sous-produit de cette capacité à se projeter dans l'avenir. (Des versions de ces points de vue sont connues sous le nom d'hypothèse du « futur d'abord » ou de *simulation épisodique constructive.*)

Pourquoi devrions-nous prendre en considération cette hypothèse ? L'une des raisons est que la mémoire épisodique est peu fiable. Si son rôle était d'être un simple enregistrement, sa précision devrait être plus grande. La combinaison du manque de fiabilité et de la vivacité de la mémoire épisodique suggère en partie qu'elle est le sous-produit d'une aptitude à explorer les futurs possibles. La faculté d'anticipation s'accompagne d'une capacité à inventer le passé.

Certains tenants de ce point de vue sont peut-être allés trop loin en opposant la tâche de planification, tournée vers l'avenir, à l'activité de mémorisation, tournée vers le passé. La mémoire sémantique, elle aussi, n'est utile que si elle nous aide à faire des choix concernant des actions futures, ce qui est tout à fait compatible avec le fait qu'elle soit un enregistrement de faits appris dans le passé. La mémoire sémantique s'avère de même souvent inexacte, bien que son rôle principal soit de conserver des traces du passé afin d'informer les actions de demain ; la mémoire épisodique n'est donc peut-être pas si différente. Prenons le cas du souvenir épisodique d'un événement récent complexe, comme l'agitation d'une fête. Vous pouvez revenir à ce souvenir et, peut-être avec des erreurs, essayer d'en extraire des éléments que vous n'aviez peut-être pas notés explicitement à l'époque (ces deux personnes ont *effectivement* passé beaucoup de temps à se parler).

La rétention des faits n'est pas forcément la seule fonction de ces deux types de mémoire. Elles ont un autre rôle, qui rend compte de leur côté faillible : façonner un récit qui nous aide à conserver un personnage, une image de soi. Cette possibilité a été suggérée par des études antérieures sur le manque de fiabilité de la mémoire épisodique et semble à la fois raisonnable et partiellement distincte de l'exploration des futurs dans des buts de planification.

Une autre façon d'interpréter bon nombre de ces résultats est de dire que la mémoire épisodique, l'imagination et certaines autres capacités dont nous disposons font toutes partie d'une capacité générale de « traitement hors ligne », une capacité qui peut être orientée vers le futur, vers le passé ou vers des présents alternatifs. Dans l'expression « traitement hors ligne », la « ligne » en question est le flux habituel qui va de la détection à l'action. Nous sommes « hors ligne » lorsque nous construisons et envisageons des possibilités sans qu'elles soient une réponse directe à ce que nous voyons, et sans que nous agissions, du moins immédiatement, sur les données qu'elles nous apportent. Donna Rose Addis, l'une des psychologues les plus éminentes dans ce domaine, défend une position similaire[4].

Cet ensemble de capacités hors ligne, cette faculté à nous éloigner de ce qui nous entoure à un moment donné, représente un aspect important de l'esprit humain. D'une certaine manière, son arrivée marque l'avènement de l'esprit dans un sens supplémentaire : l'esprit en roue libre et créatif, non lié à l'ici et maintenant. La modélisation hors ligne a une utilité pratique pour nous aider à déterminer ce qu'il faut faire. Elle donne également à l'expérience humaine une grande partie de sa sensation.

L'idée selon laquelle le traitement hors ligne serait une compétence unique, mais à facettes multiples, a été étendue au cas des rêves. Après les avoir envisagés pendant des siècles en termes religieux et spirituels (ce qui est compréhensible), la première théorie détaillée des rêves ayant une bonne base en neurobiologie (j'exclus Freud) a été développée par les psychiatres de Harvard Allan Hobson et Robert McCarley dans les années 1970 et 1980[5]. Ces derniers suggèrent que les rêves adviennent lorsqu'une explosion d'activité arrive du tronc cérébral, une partie inférieure et ancienne du cerveau, et que le cortex tente de lui donner un sens. Francis Crick et Graeme Mitchison ont ensuite émis l'hypothèse que les rêves seraient une façon de faire le ménage, dans un sens familier à toute personne possédant un ordinateur[6]. Rêver, ce serait se débarrasser des informations inutiles et désorganisées, en les mettant à la corbeille pour qu'elles n'encombrent pas votre cerveau. D'autres théories plus récentes sur la fonction des rêves semblent plus réalistes[7]. Elles considèrent les rêves comme une sorte de modélisation qui conduit à un retournement et à une recombinaison des possibilités, ainsi qu'à la reproduction de bribes d'expériences passées pour consolider la mémoire. Le rêve est ici envisagé dans un continuum avec d'autres activités hors ligne, comme la rêverie, l'exploration pendant la somnolence et la mémoire épisodique elle-même.

Il est évident que les rêves produisent une forme assez désordonnée d'exploration et de modélisation de scénarios. L'idée de Hobson et McCarley (une activité chaotique allant du cerveau inférieur au cortex, qui essaie de lui donner un sens) pourrait toutefois faire aussi partie du tableau. Cette activité chaotique est peut-être complémentaire de l'aspect davantage orienté vers un but, en tant qu'injection d'un bruit utile ; elle contribue certainement à rebattre les cartes.

Tous ces éléments apportent leur pierre à une conception de la cognition humaine qui inclut une famille de processus « hors ligne » expérimentés ou semi-expérimentés : des événements internes qui font un certain effet, aux limites incertaines et ayant probablement des liens avec le rêve. Quelle est la relation entre ces phénomènes et l'histoire du corps et de l'esprit que j'ai tenté de retracer ?

Une grande partie de ma présentation de l'expérience dans les chapitres précédents porte sur l'inscription d'un soi dans le monde en « temps réel », un engagement ici et maintenant avec les choses. Pour reprendre une expression évocatrice qui circule dans le monde de la philosophie depuis l'époque de Martin Heidegger et qui sert de titre à un livre d'Andy Clark, une grande partie de mon récit a porté jusqu'à présent sur le fait d'*être là*[8]. Nous envisageons maintenant le retrait de l'expérience ressentie de ce rôle. D'abord, il y avait l'être là ; maintenant, il y a l'*être ailleurs*.

Cette facette de l'expérience n'est pas propre à l'homme ; de nombreux autres animaux la connaissent probablement. Les rêves en sont un indice. Le sommeil lui-même est extrêmement répandu chez les animaux et probablement très ancien[9]. Sa fonction n'est pas très claire, mais va au-delà du simple repos physique. Les seiches, ces proches parents aux mille couleurs des poulpes, ont fait l'objet de deux études remarquables sur le sommeil[10]. La première a mis en évidence chez ces animaux un état qui ressemble beaucoup à notre sommeil paradoxal (REM, *rapid eye movement*). Chez l'homme, le sommeil lent, plus calme, alterne avec des périodes de sommeil paradoxal, plus actives, et le sommeil paradoxal est davantage associé au rêve. La seconde étude a révélé une alternance similaire entre les modes de sommeil chez les seiches, malgré leur grande distance évolutive avec nous. Dans leur état de sommeil paradoxal, elles agitent leurs bras, bougent leurs yeux et produisent des motifs inhabituels sur leur peau. Chez les seiches, comme chez les poulpes, les couleurs de la peau sont contrôlées par le cerveau. Les motifs affichés peuvent être modifiés en moins d'une seconde et reflètent directement l'activité cérébrale de l'animal à chaque instant. Que ces processus cérébraux soient accompagnés ou non d'une expérience ressentie, comme c'est le cas pour les rêves humains, la peau de ces créatures n'en reste pas moins une véritable fenêtre sur leur monde intérieur.

Les céphalopodes, en particulier les seiches et les poulpes, produisent d'autres changements de couleur et des motifs décousus sans rôle évident. Cela leur arrive lorsqu'ils sont tranquilles, mais éveillés, ainsi que dans un état de repos semblable au sommeil. Une nouvelle fois, l'histoire de ces animaux rend tous ces faits encore plus remarquables. Notre dernier ancêtre commun avec les céphalopodes remonte à il y a environ 600 millions d'années. Même les chercheurs qui soutiennent que cet ancêtre aurait été plus élaboré que ce que l'on suppose habituellement (une thèse présentée au chapitre 6) estiment que les céphalopodes ont construit leur cerveau complexe presque à partir de zéro, après une période de vie moins excitante à la manière des patelles. Le fait que ces animaux aient développé une alternance reconnaissable entre deux modes de sommeil semblables au nôtre, sans parler du fait qu'ils affichent en couleur sur leur peau leurs processus cérébraux pendant un état de type REM, est remarquable.

Ces processus ont-ils chez la seiche un peu le même rôle que les processus « hors ligne » chez nous ? Nous n'en avons aucune idée. Mais, dans le cas des rats, certains travaux fascinants suggèrent des similitudes. Les « cellules de lieu » font partie d'un système bien étudié dans le cerveau du rat, qui cartographie les environnements physiques qu'il a rencontrés[11]. Ces cellules sont, comme leur nom l'indique, des cellules qui s'activent lorsque le rat se trouve dans un endroit particulier. En observant l'activation séquentielle de ces cellules, les chercheurs réussissent à tracer un chemin dans l'espace que le rat est en train de se représenter mentalement alors qu'il est immobile. Il y a quelque temps, il a été démontré que les rats repassaient pendant leur sommeil les chemins qu'ils avaient empruntés auparavant dans une sorte de *replay*. Mais ce n'est pas tout : en plus de cette remémoration, les rats effectuent aussi des *pré-vues (preplay)*, c'est-à-dire qu'ils explorent des chemins qu'ils n'ont jamais empruntés, mais qui mènent à des endroits où ils ont trouvé de la nourriture. Ils peuvent établir, dans leur cerveau, de nouveaux trajets vers un objectif, ainsi que le montre l'activation d'une cellule de lieu après l'autre. Au réveil, les rats se déplacent souvent en suivant l'itinéraire établi à l'avance.

Pour quelqu'un qui s'intéresse aux processus « hors ligne », l'existence du système de cellules de lieu du rat est à peu près aussi miraculeuse que les fenêtres dermiques ouvertes sur l'âme de la seiche. Les *replay* ou *preplay* des rats ont-ils une dimension expérientielle comme nos rêves ? Ou s'agit-il simplement d'un processus interne qui résout silencieusement un problème, comme dans ces cas (une douzaine au moins pour ma part pendant l'écriture de ce livre) où vous vous réveillez le matin avec la solution du problème qui vous tourmentait la veille, sans savoir comment elle est arrivée là ? Il est très difficile de répondre à cette question sur l'expérience ; il est déjà difficile de savoir quels processus nocturnes ont cette dimension dans notre propre cerveau, étant donné la facilité avec laquelle nous oublions nos rêves. Une grande partie de ces travaux d'orientation hors ligne chez le rat porte sur le sommeil lent plutôt que sur le sommeil paradoxal, qui existe chez les rats (de façon beaucoup moins surprenante que pour la seiche). Mais nous avons au moins un indice pour nous guider. La remémoration des chemins parcourus peut être comparée dans le sommeil paradoxal et dans le sommeil lent[12]. Dans le sommeil lent, le rat parcourt l'itinéraire en un clin d'œil, environ vingt fois plus vite que ce qu'il lui aurait fallu pour parcourir réellement ce chemin. Pendant le sommeil paradoxal, la reconstitution du trajet se fait à une vitesse plus naturelle. Des périodes d'activité comportementale de quelques minutes, comme un trajet qui s'étendait sur plusieurs minutes, sont rejouées dans le cerveau endormi, endroit par endroit, à une vitesse comparable.

Ce n'est pas concluant, mais établit un pont entre l'expérience animale et l'utilité des processus hors ligne, comme c'est le cas chez les humains.

Tout cela suggère que d'autres animaux effectuent une exploration des possibilités « hors ligne » et ont également une expérience « hors ligne ». Beaucoup d'animaux passent un temps considérable à ne rien faire. Dans ces moments, je ne crois pas que tout s'éteigne à l'intérieur d'eux, et je doute que leur expérience se limite à une scène fixe et monotone de l'instant présent. Les motifs dynamiques auto-alimentés des cerveaux animaux sont plus riches que cela. Je pense que de nombreux animaux passent une bonne partie de leur temps ailleurs. Par contre, la différence entre les cas humains et non humains se situe probablement dans l'étendue du contrôle délibéré de cet ailleurs. Une caractéristique de la cognition humaine qui semble beaucoup s'éloigner de ce qui se passe chez les autres animaux est ce que les psychologues appellent le « contrôle exécutif », c'est-à-dire la capacité de se concentrer sur une tâche, de supprimer les pulsions momentanées et de rassembler ses diverses capacités pour atteindre un objectif consciemment représenté. Grâce à cet aspect de la cognition humaine, avec des outils tels que le langage en tant qu'organisateur de la pensée, nous pouvons délibérément induire et contrôler nos voyages hors ligne plutôt que les laisser se produire. Nous pouvons nous diriger délibérément vers un ailleurs particulier, mais nous pouvons aussi errer, dériver et rêver.

Par degrés

Alors que nous approchons de la fin du livre, penchons-nous une nouvelle fois sur l'image globale qui se dessine. L'idée directrice qui nous a guidés est que l'histoire de l'esprit et de l'expérience ressentie découle de l'histoire de la vie animale. L'évolution des animaux a produit une nouvelle façon d'être, qui implique de nouvelles formes d'engagement avec le monde grâce aux sens et à l'action. Elle a donné naissance à la subjectivité et à l'agentivité. Elle a également produit des animaux, qui abordent leurs relations avec le monde d'une manière qui inclut un sens tacite du soi. Je ne pense pas que ce dernier élément soit *la* solution au problème, celui qui allume les feux de la rampe de l'expérience. Mais il est important en tant que caractéristique de la « forme » de la détection et de l'action chez les animaux, et il est clairement pertinent pour la subjectivité. Au chapitre 5, je me suis interrogé sur les rôles de ces éléments de l'histoire : le simple fait d'*être* un soi d'un nouveau type, un lieu de détection et d'action, et d'avoir ce sentiment de soi. Nous pourrions maintenant décrire une partie de la situation comme suit : l'évolution, chez les animaux, favorise l'action cohérente et à partir d'un point donné, la façon d'agir efficacement *comme* un soi est d'avoir un sens *de* soi, en tant qu'unité de ce type. Ce sentiment de soi est entièrement tacite ou implicite au début, mais peut devenir moins tacite à mesure que la complexité du comportement continue d'évoluer.

Il faut compléter cette description avec une autre idée : en transformant les corps des animaux en centres de détection et d'action, l'évolution a conféré des caractéristiques uniques aux systèmes nerveux qui contrôlent ces corps. La base de l'expérience n'est pas seulement une série de cellules qui communiquent entre elles dans un réseau, mais un organe avec d'autres types d'activité et d'intégration, par le biais de rythmes et de champs distribués et peut-être d'autres propriétés dynamiques à grande échelle.

Des interrogations subsistent sur la manière dont ces idées s'articulent entre elles : quelle importance accorder à la formation pure et simple d'un soi engagé dans le monde et agissant sur lui ? Quel est le rôle joué par le sentiment naissant de soi et d'autrui ? Et quelle est la part due à la manière unique avec laquelle les systèmes nerveux organisent les énergies de la nature ? Chacun de ces éléments contribue à combler partiellement le fossé entre l'esprit et la matière et entre l'expérience et la biologie, mais je prends très au sérieux le message de Grothendieck (l'épigraphe à laquelle j'ai renoncé) cité au chapitre 1 : le problème se transformera lentement au fur et à mesure que notre connaissance progressera.

Cette vision des choses est liée aux systèmes nerveux (« neurocentrique », en un sens), et donc sceptique quant à l'existence d'esprits non animaux. Pourquoi quelque chose d'autre ne pourrait-il pas tenir le rôle des systèmes nerveux ? C'est possible, mais regardez *ce qu'ils font*, à toutes les échelles ! Nous avons une transmission de l'influx nerveux de cellule à cellule dans un réseau, une oscillation plus lente qui synchronise l'activitéet des champs qui se répandent dans l'espace et affectent les neurones à leur tour. Lorsqu'on réfléchit au cerveau et à l'expérience, il est facile de se laisser aller à la facilité des images. Soit un cerveau n'est que commutateurs et signaux entre cellules (*et d'une certaine manière, cela doit suffire*), soit, lorsque ses propriétés dynamiques globales entrent en scène, nous visualisons soudain un nuage conscient, percevant, extrudé par le cerveau. En un sens, la première image fait paraître le problème trop difficile, tandis que la seconde le rend trop facile. Ce qui est si spécial dans un cerveau, c'est sa combinaison, avec toutes les influences locales de cellule à cellule (l'organisation des stimuli provenant des surfaces sensorielles, la création d'une action coordonnée) et les motifs d'activité à grande échelle. Tout cela a été façonné par l'évolution ; ce n'est pas quelque chose que la nature produit spontanément, mais qui a évolué pour permettre l'action et son contrôle.

Si le matérialisme a raison, alors les tempêtes à l'intérieur des cellules, la manière dont l'activité d'innombrables cellules se conjugue, les rythmes perturbés de leur respiration électrique et leur coordination à grande échelle *sont* la substance de l'esprit. C'est à cela que l'on nous demande de nous identifier ; nous ne devons pas penser que notre esprit est une *conséquence* de tout cela, mais que notre esprit *est* ces activités. Cela implique une sorte de saut imaginatif, un saut dans le monisme, le point de vue philosophique décrit au chapitre 1 qui pose une unité dans la composition du monde, malgré les différences apparentes entre l'esprit et la matière. Ce saut imaginatif nous conduit à l'idée que nous ne sommes pas des *extra*, des additions au monde physique, mais des aspects de son fonctionnement. Nous sommes *de* ces activités plutôt que simplement liés à elles ou faits par elles.

Jusqu'à présent, il s'agit d'un point de vue sur le type d'êtres qui ont une expérience subjective et de la raison pour laquelle ils en ont une. Mais nous pouvons maintenant nous demander : *qu'est-ce* que l'expérience ? D'abord et fondamentalement, c'est l'activité décrite ci-dessus telle qu'elle est ressentie *de l'intérieur*. C'est l'effet que font les choses à un système qui possède le « bon » type d'activité en lui. L'expérience, c'est ce que cela fait d'*être* ce système ; non pas de le regarder ou de le décrire, mais de l'être. C'est ce que cela fait d'être *nous* pour un modèle d'activité du « bon » type.

De manière un peu plus détaillée, voici comment cela se présente : si l'on est un être vivant de la bonne sorte (et éveillé, etc.), nous avons un *profil expérientiel*, à chaque instant[13]. C'est la façon dont on ressent les choses dans leur ensemble, à ce moment-là. Ce profil est affecté par une grande partie de ce qui se passe en nous, à petite ou grande échelle. Le profil expérientiel change au fil des moments.

Ce profil sera très différent selon les animaux. Dans un cas humain typique, cependant, il inclura un tableau sensoriel, avec des choses vues, entendues et ressenties, ainsi que de nombreux autres éléments comme l'humeur, le niveau d'énergie et un sens tacite de son corps. Un profil de ce type présente de grandes différences entre le premier plan et l'arrière-plan. Si notre attention est dirigée sur quelque chose (un livre, un son ou ce qui se passe à l'extérieur), cette chose passe au premier plan, tandis que beaucoup d'autres s'effacent. Cette situation peut changer rapidement. On se focalisera peut-être ensuite sur la dureté du siège ou la brise du ventilateur, soit parce que quelque chose a changé, soit simplement parce qu'on le décide. Ces éléments peuvent à leur tour s'effacer. Lorsqu'ils s'estompent, ils font toujours partie de notre profil expérientiel. Ils ont toujours un certain effet sur ce que nous ressentons, tout comme notre niveau d'énergie, notre humeur, etc. Tous ces éléments sont peut-être à l'arrière-plan, mais ils contribuent toujours à l'ensemble.

Je vais maintenant compléter ma description avec la dernière pièce que je souhaite mettre en place. Il s'agit du *gradualisme*, c'est-à-dire l'idée selon laquelle, dans l'évolution, les esprits et l'expérience se dévoilent lentement, plutôt que d'apparaître d'un coup.

Une investigation comme celle-ci part inévitablement de l'expérience consciente dans ses manifestations humaines riches et complexes. Elle nous amène rapidement à nous interroger sur des cas plus simples et à nous demander où tout a commencé. En répertoriant les caractéristiques biologiques responsables de l'expérience, nous constatons que, pour beaucoup d'entre elles (peut-être toutes), tout semble être une question de degré. Il est intéressant de noter qu'en revanche, la question de savoir si un organisme actuel possède ou non un système nerveux est assez facile à trancher. Au moins dans l'acception standard de ce qu'est un système nerveux, soit nous en avons un, soit nous n'en avons pas. Mais les systèmes nerveux ont sans doute évolué progressivement, et à peu près toutes les autres caractéristiques importantes pour notre sujet présentent des cas limites aujourd'hui.

Certains changements dans l'évolution sont parfois assez rapides (par exemple en raison de mutations qui affectent la succession des étapes de la vie d'un organisme), mais les traits importants ne surgissent pas du néant ; ils prennent forme petit à petit à partir d'états limites. Dans les chapitres précédents, nous avons souvent rencontré des cas où un animal ou un autre être vivant ne possède qu'une partie ou un faible indice des caractéristiques qui constituent l'expérience chez nous : c'est le cas des cnidaires, des gastéropodes, des protozoaires ou des plantes. Tout cela suggère que l'origine de l'expérience elle-même a été progressive.

Bien que les transitions graduelles semblent naturelles du point de vue biologique, pour certains, il en va différemment pour la conscience ou l'expérience ressentie : telle une ampoule, la lumière de la conscience chez un animal (qu'il soit fourmi, méduse ou calmar) serait allumée ou éteinte[14]. Lors de discussions récentes, j'ai été frappé par le nombre de philosophes qui insistent sur ce point ; il leur est apparemment impossible de concevoir l'expérience comme quelque chose de graduel, de plus ou de moins. Au premier abord, disent-ils, cela semble être le cas ; la bonne métaphore ne serait pas celle d'un simple interrupteur, mais celle d'un variateur de lumière. Mais, même avec un variateur, la lumière est soit un peu allumée, soit pas du tout. Similairement, me dit-on, des différences de complexité et de richesse de l'expérience peuvent exister, mais seulement une fois que les lumières internes se sont allumées. Être éclairé, dans une certaine mesure, c'est toujours avoir de la lumière.

Il faut résister à cette image. Si les caractéristiques que j'ai décrites constituent le fondement de l'expérience, si elles ont des degrés et se prêtent à des cas partiels, alors c'est aussi le cas de l'expérience subjective. L'expérience subjective n'est pas quelque chose qui apparaît à un certain stade ni qui est, à partir de ce stade, simplement *là* ; son existence est une question de degrés. Elle peut être en partie là et en partie absente.

Pourquoi est-ce si difficile à accepter ? Tout d'abord, il est facile de se laisser piéger par le langage que nous utilisons. La métaphore de la lumière, de l'ampoule qui s'allume, n'est qu'une métaphore. Les gens sont souvent réticents à l'idée d'abandonner cette image lorsqu'ils parlent de la conscience, et s'ils la mettent de côté, c'est souvent pour y revenir bien vite. Mais il s'agit seulement d'une métaphore, et à certains égards d'une mauvaise métaphore, puisqu'elle renvoie à la possibilité fallacieuse de faire apparaître des couleurs à partir du noir du cerveau que j'ai critiqué dans les chapitres précédents. La célèbre question de Nagel, « Quel effet cela fait-il d'être un tel organisme ? », pose également des problèmes : soit cela fait un certain effet d'être soi, soit cela ne fait rien. Quelque chose contre rien est une distinction qui est nette. Même si je pense que la formulation de Nagel n'est pas une mauvaise façon de se lancer dans cette entreprise, en faisant un pas vers ce qui doit être compris, nous ne devons pas non plus nous attacher à ce langage. Il ne nous apprend absolument rien sur la solution. Une partie de l'autre discours qui offre des ponts partiels entre le mental et le physique permet au moins des degrés et des gradations. Un point de vue peut naître et se définir de manière très graduelle.

En abordant cette question par le filtre de l'évolution, il peut être tentant d'adopter une vision dans laquelle la conscience apparaît lors du franchissement d'un seuil. Les animaux acquièrent lentement de plus en plus de caractéristiques biologiques importantes, puis soudain, lors d'une « transition de phase », la lumière se fait. Des transitions relativement abruptes se produisent sur le plan physique et pourraient jouer un rôle dans le processus. Mais il est impossible que le changement du côté physique-biologique soit lisse et progressif, et que la conscience apparaisse soudainement au sommet. Nous retomberions dans une conception selon laquelle l'activité cérébrale *causerait* d'une façon ou d'une autre la conscience. Au lieu de cela, une fois que nous avons déterminé les types d'activité cérébrale qui importent ici, nous pouvons dire qu'avoir ce modèle d'activité *est* une expérience consciente.

Le phénomène familier du réveil vient soutenir cette vision gradualiste. Le réveil est un processus dans lequel, au moins parfois, le retour à la conscience se produit de façon progressive. Les philosophes avec lesquels j'ai évoqué cet exemple disent que, même si notre expérience au réveil peut être vague et faible, elle doit devenir une expérience vague et faible *pleinement réelle* à partir d'un moment précis. Je suppose qu'ils diraient la même chose d'un bébé humain qui prend conscience de lui-même pour la première fois[15]. Ce dernier cas est difficilement accessible après coup, tandis que le réveil est un événement quotidien et familier qui plaide en faveur d'une vision gradualiste. Cela ne veut pas dire que l'évolution de la conscience au cours des millénaires est assimilable à tous égards à un événement de réveil, mais celui-ci nous donne un modèle de cas limite.

Un nouveau langage attend d'être développé ici, mais, en attendant, voici comment j'envisage les choses. Chez les humains, l'expérience ressentie existe. Mais, à mesure que nous passons à des cas où il y a de moins en moins de ce qui est présent en nous, la subjectivité diminue, s'estompe. Chez d'autres animaux, la question « est-il conscient ? » ou « a-t-il une expérience ? » n'a pas de réponse positive ou négative ; ce qui se passe à l'intérieur d'un animal peut être *plus ou moins expérientiel.*

Je qualifie ce point de vue de « gradualiste », mais il n'y a pas d'échelle unique. Si vous avez par exemple une évaluation plus simple et une détection plus complexe, vous n'êtes pas plus conscient dans l'ensemble qu'un être ayant une détection plus simple et une évaluation plus complexe. Une approche correcte comportera probablement plusieurs dimensions, avec des différences de degré pour chacune.

Que cette façon de voir les choses condense efficacement les idées soulevées dans ce livre ou pas, elle va à l'encontre d'un grand nombre de travaux récents en philosophie et en psychologie. Je pense ici non seulement à la résistance au gradualisme évoquée plus haut, mais aussi à une différence d'approche plus importante.

La plupart des recherches actuelles tentent d'expliquer l'expérience consciente à l'aide d'un modèle détaillé de traitement de l'information qui recherche une étape cruciale ou une voie spécifique dans le traitement cérébral : lorsque l'information va *d'ici* à *là*, elle est expérimentée, et seulement ainsi[16]. Notre cerveau traite énormément d'informations ; une partie d'entre elles suit un chemin ou un circuit particulier, ou est encodée d'une façon spécifique, et est ensuite expérimentée de façon consciente. L'expérience se produit peut-être lorsque l'information est acheminée vers la « mémoire de travail » ou lorsqu'elle est introduite dans un « espace de travail » central ou un « modèle du monde » au sein du cerveau. Et seule une infime partie des informations traitées par le cerveau à un moment donné passe par les processus qui aboutissent à une expérience consciente.

Cette approche est justifiée en partie par des expériences souvent fascinantes qui semblent montrer qu'il existe une forte sélectivité dans l'expérience consciente. Une grande partie de ce que fait notre cerveau nous échappe. Cet aspect inconscient de l'activité cérébrale comprend notamment la majorité des processus de base nécessaire à la survie : perception, orientation de l'action, voire des types d'apprentissages élémentaires. Il semble que nous fassions beaucoup de choses « dans le noir ». Des expériences montrent que nous pouvons interpréter des mots présentés si brièvement que nous ne sommes pas conscients de les avoir entendus. Nous ne savons pas que nous l'avons entendu, mais la signification du mot affecte notre réaction à d'autres choses. De même, les personnes souffrant de certains types de lésions cérébrales perçoivent visuellement les objets qui les entourent alors qu'elles affirment ne pas en avoir conscience ; c'est ce qu'on appelle la « vision aveugle » (*blindsight*).

J'ai le plus grand respect pour ces résultats expérimentaux, mais je ne suis pas d'accord avec la façon dont ils sont souvent interprétés et insérés dans un cadre général[17]. Dans ce type d'approche, il est par exemple assez courant d'affirmer que notre expérience consciente ne peut contenir qu'une seule chose à la fois. C'est ce que soutient notamment le neuroscientifique français Stanislas Dehaene, dont le laboratoire a réalisé un certain nombre des expériences décrites ci-dessus[18]. On ne peut être conscient que d'une seule chose, même s'il nous est possible de passer de l'une à l'autre très rapidement. C'est une position extrême dans ce cadre d'interprétation. D'autres estiment que plus d'une chose peut être présente, mais que tout doit être relié à cette fameuse voie ou acheminé vers un endroit crucial du cerveau, quel qu'il soit.

Lorsque je pense au rôle de facteurs tels que l'humeur, le niveau d'énergie, etc., que j'ai souligné plus haut, ces conceptions de l'expérience qui renvoient à une « voie étroite » me semblent tellement surprenantes que j'ai l'impression qu'elles se réfèrent à quelque chose d'entièrement différent de ce dont je parle dans ma propre esquisse de l'expérience. Nous avons peut-être affaire à deux choses différentes ici. La première serait le profil expérientiel global, c'est-à-dire tout ce qui concerne l'effet que cela fait d'être vous, ici et maintenant ; la seconde, *ce dont vous êtes conscient* à ce moment précis, c'est-à-dire tout ce qui est au premier plan, auquel vous accordez votre attention. Pour moi, le mot « conscient » appartient davantage à la seconde option qu'à la première, en partie parce que le mot suggère l'implication d'un objet : Êtes-vous conscient ? Très bien, *de quoi* êtes-vous conscient ? L'idée d'un « profil expérientiel » recouvre quelque chose de différent. Une grande partie de ce qui compte dans l'expérience, de ce qui contribue à l'effet que cela fait d'être vous en ce moment, est loin d'émerger aussi nettement.

Si un profil expérientiel est bien une chose plus large, plus étendue, quelle part de ce qui se passe à l'intérieur d'un cerveau y contribue ? La réponse initialement suggérée par mon point de vue sur la question est : *tout*, même si une grande partie de ce qui se passe apporte une contribution minuscule. Toute autre réponse nous ramène au dualisme, l'idée selon laquelle l'expérience serait le produit d'une partie particulière de l'activité du cerveau, quelque chose de fait pour nous, offert pour nous, par notre cerveau. Notre expérience *est* au contraire cette activité, donc tout ce qui concerne cette activité doit avoir une importance dans une certaine mesure. Cependant, la situation n'est pas aussi simple. Bien que tout, chaque détail, du modèle d'activité qu'est votre esprit compte pour l'expérience, tout ce qui se passe dans les limites de votre corps ou de votre crâne ne doit pas nécessairement faire partie de ce modèle. L'image qui en résulte reste cependant très éloignée des conceptions de l'expérience subjective comme une « voie étroite ». Beaucoup de choses qui se déroulent à l'intérieur d'une personne créeront une toute petite différence dans le rythme, l'attention ou l'humeur, par exemple, et ces choses *font partie intégrante* de l'expérience.

Les conceptions de l'expérience subjective que j'utilise ici pour clarifier la mienne par opposition ont également tendance à récuser l'idée d'une expérience animale généralisée. Cela s'explique en partie par le fait qu'elles ont été élaborées, de manière compréhensible, autour des découvertes sur le cas humain, et que les théories qui en résultent sont des théories sur la manière dont des éléments particuliers de notre propre cerveau font ce qui doit être fait. En outre, ces conceptions font naître une image qui, je pense, influence la position des gens sur cette question même lorsque cette image n'est pas explicite. Les expériences que j'ai mentionnées plus haut semblent en effet montrer qu'une liste assez longue d'activités basiques (différents types de détection et de traitement de ce qui est détecté) peut être effectuée chez l'homme sans qu'il en soit conscient. Dans ce cas, nous pourrions regrouper toutes ces activités et imaginer un animal capable de percevoir le monde et d'y répondre assez bien tout en étant entièrement inconscient. Après tout, cet animal ne ferait que des choses dont nous savons qu'elles peuvent être réalisées sans que nous en soyons conscients. Être cet animal ne ferait donc aucun effet particulier. Le pas suivant consiste à appliquer cette conclusion à des animaux réels, aux capacités comparables à celles de notre animal hypothétique. Ce n'est toutefois pas un bon argument. Les expériences sur lesquelles il repose ont toutes été réalisées sur des êtres humains dotés de conscience, même si ces derniers ne sont pas « conscients » de tout ce qui se passe en eux. Ce que nous apprennent ces expériences, c'est que, lorsque vous êtes un être humain conscient, un nombre surprenant de choses se déroulent à l'arrière-plan. Cela ne veut pas dire que tout pourrait être à l'arrière-plan en même temps. Pour tout être humain normal et éveillé, il y a un *certain effet* à être cette personne, même si beaucoup de choses se font en coulisses. Il en va de même pour un grand nombre d'animaux qui évoluent dans le monde.

J'ai écrit plus haut que la plupart des idées sur la conscience et l'expérience présentées dans les travaux récents sont façonnées par des découvertes concernant notre propre cas. C'est prévisible et compréhensible, car ces idées se fondent généralement sur des travaux expérimentaux réalisés sur des êtres humains, qui peuvent suivre des instructions et rendre compte de ce qu'ils voient et ressentent. Les travaux de ce type devraient en effet nous en apprendre beaucoup sur la façon dont l'expérience fonctionne en nous. Mais comment aller au-delà ? Dans certains cas, on trouve chez d'autres animaux (oiseaux, poissons) une configuration qui correspond à peu près aux parties pertinentes du cerveau humain, ce qui ouvre la possibilité d'élargir la perspective. Mais nous devons aussi nous intéresser aux animaux plus éloignés de nous, dont bon nombre de ceux qui figurent dans ce livre. L'erreur que l'on peut alors commettre est de dire : *cela* (ce que nous avons découvert chez les humains) *est* l'expérience, et si vous ne l'avez pas, vous ne pouvez pas avoir d'expérience. L'alternative est que, si votre cerveau est différent du nôtre, votre expérience est différente, mais pas absente. Une fois que nous acceptons qu'il existe probablement une certaine forme d'expérience chez les bernard-l'hermite, les poulpes, etc., nous avons besoin d'une vue d'ensemble, d'un compte rendu général de ce qu'ils ont, de ce que nous avons, qui fait de nous tous des êtres expérientiels. C'est ce que j'ai essayé de faire ici. En outre, je pense que l'approche large adoptée ici fournit des indices sur l'expérience humaine, sur notre propre cas. Elle nous rappelle ces éléments primordiaux et indistincts de l'expérience qui accompagnent la conscience focalisée et attentive la plus évidente dans les expériences psychologiques. L'expérience humaine est un mélange d'ancien et de nouveau.

Conséquences

Supposons que je sois sur la bonne voie et que ces idées soient certes incomplètes, mais correctes. Qu'impliquent-elles pour d'autres questions actuellement débattues ?

Je vais examiner ici leurs conséquences dans deux domaines particuliers.

J'ai écrit dans un chapitre précédent que de nombreuses personnes considèrent les abeilles et les mouches (entre autres) comme de petits robots volants et non comme des sujets expérientiels. Certains lecteurs se sont peut-être demandé : pourquoi est-il si dur envers les robots ? Pourquoi leur nier d'office toute possibilité de type expérientiel ? Si les robots d'aujourd'hui en sont privés, en ira-t-il de même pour les robots du futur ? Nous envisageons ici les conséquences des idées exposées dans ce livre pour les systèmes d'intelligence artificielle (IA) de toutes sortes, des systèmes censés avoir un esprit, même s'il n'est pas abrité dans un corps de la manière habituelle, mais « réalisé » dans un modèle d'interactions d'un programme informatique. Je pense aux tentatives de ce que l'on appelle l'IA « forte » : des programmes informatiques qui ne sont pas simplement conçus pour se comporter ou résoudre des problèmes comme le ferait une personne dotée d'un esprit, mais qui sont censés, lorsqu'ils fonctionnent, *être* un esprit. Si un esprit peut exister dans un modèle d'interactions logicielles, nous pouvons espérer charger un jour certains d'entre eux sur un « nuage » informatique, en y incluant peut-être nos propres esprits. Des ordinateurs physiques seront nécessaires dans ce scénario, mais un esprit pourrait se déplacer d'un ordinateur à l'autre, comme le font aujourd'hui les informations dans les systèmes d'informatique dématérialisée. Nos pensées et nos expériences, même si elles n'existent aujourd'hui que dans des corps localisés, pourraient flotter de machine en machine après chargement.

Si les idées de ce livre sont sur la bonne voie, on ne peut pas créer un esprit en programmant certaines interactions dans un ordinateur, même si elles sont très complexes et calquées sur des choses que fait notre cerveau. Le point de vue de ce livre s'oppose, à des degrés divers, à l'idée qui sous-tend nombre de ces projets d'IA.

Ces projets d'IA reposent en effet sur la théorie selon laquelle les esprits existent dans des modèles d'interaction et d'activité. En général, ces schémas se trouvent dans notre cerveau, mais on suppose que ces mêmes schémas pourraient exister dans d'autres dispositifs physiques. Le point de vue que je défends ici admet, d'une certaine façon, que les esprits existent dans des schémas d'activité, mais ces schémas sont beaucoup moins « portables » qu'on ne le suppose souvent ; ils sont liés à un type particulier de base physique et biologique.

Une objection souvent formulée à l'encontre de l'IA forte est qu'il est possible de *représenter* dans ces programmes informatiques un modèle d'interactions semblables à celles observées dans notre cerveau, mais que ces interactions n'en sont pas pour autant *présentes* dans l'ordinateur. Elles sont seulement codées, écrites, et cela ne suffit pas. C'est une objection de poids, que les défenseurs de l'IA rejettent souvent avec trop de désinvolture. Toutefois, il existe certains types d'activité liés à ce que fait notre cerveau qui pourraient acquérir une existence réelle dans un ordinateur sans trop de difficultés. Supposons qu'un cerveau ne soit qu'un réseau de signalisation et de commutation, où le neurone A déclenche l'activation des neurones B et C, le neurone C affecte D, E et F, et ainsi de suite, et voilà tout. Il se peut alors que, si quelque chose dans un ordinateur joue le rôle de A (affectant B et C), quelque chose d'autre le rôle de B et ainsi de suite, vous ayez tout ce dont vous avez besoin, et le modèle d'activité du cerveau peut être présent, et pas seulement représenté, dans la machine. Mais les neurones (et les cerveaux) font plus que cela. L'objection selon laquelle les programmes d'IA ne font que représenter ce que font les cerveaux, sans *faire* ce que font les cerveaux, est encore plus percutante pour les caractéristiques dynamiques à grande échelle des cerveaux. Il ne suffit pas d'élaborer des équations qui décrivent ce que font ces rythmes et ces ondes dans le cerveau et de faire tourner ces équations dans l'ordinateur. Il faut que ces modèles soient réellement *présents* dans la machine.

Si l'objectif est *un* esprit et non l'esprit humain, il n'est pas nécessaire que ces modèles soient exactement comme ceux de notre cerveau ; ils pourraient être simplement similaires. Mais réfléchissez à ce qu'il faudrait faire pour qu'une telle chose se produise dans une machine. Pensez aux activités qui donnent lieu aux rythmes et aux champs dans le cerveau. Il s'agit de minuscules flux et reflux d'ions (des particules chargées) à travers les membranes, qui se combinent pour produire des oscillations coordonnées dans certaines parties du cerveau. Même si nous ne tenons pas compte des champs cérébraux, il sera très difficile d'avoir un système présentant des modèles dynamiques semblables à ceux du cerveau et qui ne soit pas par ailleurs physiquement similaire à un cerveau.

Nous voilà arrivés à une autre étape de notre cheminement qui se prête bien à une réflexion sur la signification du type de matérialisme que je décris dans ce livre. Vous commencez par constater que vous êtes empli de pensées conscientes. Comment le cerveau, cette espèce d'amas gris, pourrait-il suffire à produire ces pensées ? Quelqu'un vous dit : Non, non, ce n'est pas seulement cet objet, ce sont les activités à l'intérieur du cerveau, que vous ne pouvez pas voir. Vous demandez alors : Quelles activités ? On vous répond : Beaucoup de signaux et de commutations, très complexes. Et vous êtes censé vous satisfaire de cette réponse. Mais êtes-vous réellement plus avancé ? Puis vous considérez l'ensemble : vous voyez, en plus de ces influences intercellulaires, des rythmes et des champs, des modèles d'activité électrique modulés par les sens. Alors, en ce qui me concerne du moins, la situation me semble entièrement différente. Ces activités *peuvent* être moi, mes pensées et mes expériences, le fait de revivre des événements passés et d'imaginer l'avenir. Il ne m'est plus difficile d'y croire.

Les ordinateurs actuels contiennent une sorte d'échantillon logique, une fraction minuscule de ce qui se passe en nous. Ils sont souvent conçus pour créer des illusions d'agence et de subjectivité, et ils y parviennent. Mais un dispositif contenant des processeurs logiques rapides et fiables reliés à une grande mémoire, logés dans une unité stable alimentée par toute la puissance dont elle a besoin reste un objet complètement différent d'un cerveau et d'un organisme vivant, quelle que soit la façon dont il est programmé. Peut-être qu'à l'avenir, des systèmes artificiels pourront être construits à partir de matériaux différents et présenter des opérations plus proches de celles du cerveau. Il en résulterait – peut-être – une sorte de vie artificielle, ou du moins quelque chose de plus proche de cette dernière que les systèmes d'IA actuels. Le problème ici n'est pas l'artificialité, le fait que les systèmes d'IA soient fabriqués par nous plutôt que par l'évolution ; il faut que le bon type de choses se déroule à l'intérieur.

Dans le domaine de l'IA, le point qui me convainc le moins a trait aux scénarios de « chargement »[19]. L'idée que le chargement d'un programme informatique pourrait aboutir à des expériences identiques aux nôtres et devenir une continuation de nous est tout simplement fantaisiste. Vous êtes une chose très différente de n'importe quel modèle d'activité qui pourrait errer d'un ordinateur à un autre dans le nuage. Encore une fois, les machines du futur pourraient être différentes de celles d'aujourd'hui, et une vie artificielle pourrait un jour émerger. Mais, compte tenu des technologies actuelles, il est impossible de mettre en place un processus permettant de prélever nos expériences hors de leur base biologique dans un corps vivant et de les maintenir – en tant que *nous* – dans le nuage.

Les scénarios de chargement sont les plus improbables. À l'autre extrémité du spectre se trouvent les scénarios qui imaginent des robots du futur dotés de systèmes de contrôle véritablement semblables au cerveau. Cela pourrait, un jour, donner lieu non seulement à une intelligence artificielle, mais aussi à une expérience artificielle.

La seconde conséquence que je souhaite aborder dans ce dernier chapitre concerne nos rapports avec les autres animaux. Si la sentience existe à peu près comme je l'ai exposé, comment cela pourrait-il modifier notre comportement envers les autres êtres vivants ? La question est trop vaste pour être abordée en détail ici, mais ce livre nous donne une raison d'accorder *une certaine considération* à beaucoup plus d'animaux qu'on ne le fait habituellement. Leur bien-être devient quelque chose à prendre en compte. Accorder davantage de considération ne veut pas dire accorder des droits ni établir une sorte d'égalité de statut ; le but de ce livre n'est pas de faire des moustiques, des moucherons et des pucerons nos concitoyens ou de soutenir que nous devons changer radicalement notre comportement envers ces animaux. D'une certaine manière, l'extension de la considération n'est pas un grand pas, mais c'est tout de même un pas, et un pas qui est justifié.

Une partie de mon raisonnement nous amène à sortir de notre zone de confort. Une fois que nous abandonnons la division traditionnelle entre les humains et tous les autres animaux, lorsque nous réfléchissons aux questions de bien-être et d'éthique, nous sommes très raisonnablement tentés de chercher une nouvelle division, une nouvelle frontière. Nous pourrions dire : les êtres sentients sont de ce côté-ci de la ligne et tout le reste de l'autre. Selon certaines propositions récentes, dès lors qu'il existe une probabilité raisonnable qu'un animal soit sentient, nous devrions veiller à la protection de ses intérêts[20]. On peut dire beaucoup de choses en faveur de cette attitude, et dans certains contextes elle peut facilement être appliquée. Mais, si la vision gradualiste est vraie, il peut y avoir de nombreux cas, y compris chez divers invertébrés, où la question « Est-il sentient ? » n'a pas de réponse définitive, même en théorie. Nous devrons trouver de nouvelles façons d'envisager ces cas. La question des variétés très différentes d'expérience est également importante ici. Pendant un certain temps, j'ai été d'avis que divers insectes ont une expérience de type sensoriel, mais pas d'expériences évaluatives, comme la douleur et le stress. Si c'est le cas, cela aurait un effet important sur les questions relatives à leur bien-être. Mais je pense maintenant, comme nous l'avons vu au chapitre 8, que cette vision de l'expérience des insectes pourrait être erronée.

Une question plus spécifique se pose également. Tout au long de ce livre, j'ai utilisé des informations obtenues, directement ou indirectement, à partir d'expériences qui sont cruelles à différents points de vue. Les résultats scientifiques sont souvent rapportés de manière très concise, surtout une fois qu'ils ont fait l'objet d'articles de synthèse : voici comment l'animal fonctionne, voici ce qui se passe à l'intérieur de lui. Mais il a souvent fallu infliger beaucoup de souffrances pour arriver à ces conclusions. Comment devons-nous considérer ce travail, celui qui nous a menés jusqu'ici ? Certaines expériences ne me posent pas de problèmes, comme celles d'Elwood avec les bernard-l'hermite. Au cours de mes recherches, je suis aussi tombé sur des expériences que j'ai eu du mal à lire, en particulier sur des singes et des chats. Ce livre ne fait pas appel à beaucoup de matériel sur les mammifères, je n'ai donc pas eu à affronter les cas les plus difficiles[21]. Les rats « hors ligne » de ce chapitre nous en rapprochent toutefois. Ces informations pourraient difficilement être plus intéressantes : c'est presque un miracle qu'ils aient ce système en eux et qu'il puisse être étudié. Les questions relatives au fonctionnement du cerveau ont été transformées par ces travaux, qui ont valu à ceux qui les ont menés des prix Nobel[22]. Je suis très heureux de connaître ces découvertes, mais tout cela a été plus difficile pour les rats. Nous pouvons espérer que ces nouvelles connaissances nous inciteront à faire un pas en arrière plutôt qu'à avancer sans réfléchir.

Dans ces discussions sur l'expérimentation animale, nous parlons souvent de très petits nombres. Si nous nous servons de quelques animaux pour nos expériences, est-ce vraiment important ? Les questions que nous devrions nous poser ne dépendent pas toujours des chiffres ; la relation que nous voulons avoir avec les autres animaux sentients entre aussi en jeu. Le sadisme, par exemple, est condamnable, même si le nombre d'animaux victimes est minuscule. Je ne pense pas que les expériences que j'ai présentées ici soient sadiques au sens littéral du terme, prendre plaisir à faire souffrir quelqu'un. Mais, une fois qu'il est évident que quelque chose provoque de la douleur chez un animal, si l'on continue simplement parce qu'il est intéressant d'apprendre ce qui se passe… je ne sais pas trop comment décrire cela, mais il en résulte une relation néfaste. On espère souvent que les connaissances acquises permettront de réduire la souffrance chez d'autres êtres vivants, et c'est important. Dans ce domaine, je suis surtout préoccupé par le fait que les progrès pratiques sont fréquemment une conséquence inattendue de la recherche fondamentale effectuée pour d'autres raisons. C'est une réalité qui doit être reconnue, et qui rend la comptabilité très difficile. Malgré tout, on peut faire beaucoup pour que les expériences nous apportent des informations tout en limitant les effets expérientiels probables sur les animaux[23]. Nous pouvons nous réjouir d'avoir acquis des connaissances sans le vouloir, mais, maintenant que nous le savons, nous pouvons éviter que des travaux de ce type soient de nouveau effectués.

La forme de l'esprit

L'année dernière, au terme d'une plongée dans la baie qui a été le théâtre de nombreux événements dans ce livre, je nageais déjà en eaux peu profondes quand deux petits bouts d'algues ont commencé à se battre vigoureusement devant moi, faisant voler des touffes vertes autour d'elles. En y regardant de plus près, il s'agissait de minuscules crabes décorateurs qui avaient choisi de se vêtir d'algues plutôt que d'éponges. Ils semblaient très en colère l'un contre l'autre et refusaient tous deux de céder du terrain. Ils restaient l'un près de l'autre et reprenaient de temps à autre leur bataille d'algues. Il s'agissait d'une démonstration d'agentivité surprenante au premier abord, mais finalement compréhensible.

Comment l'esprit est-il réparti dans le monde ? Où et quand le trouve-t-on ? Dans quelle mesure se trouve-t-il autour de nous ? Deux images radicalement différentes illustrent ici deux points de vue extrêmes : le désert et la jungle. Pour les tenants du désert, l'esprit n'existe pratiquement nulle part dans le monde, monde vivant compris. La position de Descartes, que j'ai rapidement présentée dans le premier chapitre, adopte un prédicat de ce genre, mais il n'est pas nécessaire d'être dualiste pour partager cette vision clairsemée. Les humains et peut-être certains autres mammifères ont un esprit, mais le reste du monde est mentalement vide. La majorité de ses parties vivantes sont des coquilles inhabitées.

La vision opposée est une jungle, où l'esprit est partout ou presque. La version la plus extrême de cette vision est le panpsychisme, qui attribue des pouvoirs semblables à ceux d'une âme même aux atomes. Une vision proche affirme que tous les êtres vivants, plantes et bactéries comprises, ont des sensations. La sentience serait présente presque partout sur Terre, à l'exception des zones complètement dépourvues de vie.

La vérité se situe entre les deux, ni désert ni jungle. Sa forme peut être explorée en se déplaçant une fois de plus sur l'arbre généalogique de la vie sur Terre, l'arbre produit par l'évolution, maintenant âgé de plus de 3 milliards d'années. Tout d'abord, et de façon surprenante, certaines activités qui s'apparentent à l'esprit au sens large se retrouvent partout dans l'arbre, peut-être sur chaque branche et chaque tige. La détection et la réponse sont partout. Aucune cellule vivante n'est totalement insensible à ce qui se passe autour d'elle. Bien que nous ne sachions rien des premiers stades de la vie, ce que l'on appelle aujourd'hui la « cognition minimale » existe sur une grande partie de l'arbre, voire sur sa totalité.

C'est une surprise. Aristote était plus proche de la vérité que nous ne le pensions. Il considérait en effet que toute vie a une âme « nutritive », une pulsion qui l'incite à se maintenir en vie, et que seuls les animaux ont également une âme « sensible », c'est-à-dire la capacité de percevoir et de réagir. Les humains ont en outre une âme rationnelle. Nous aurions pu supposer qu'une grande partie de la vie existe « dans le noir », les sens se déployant pour la première fois chez les animaux. Au lieu de cela, l'âme sensible est apparemment aussi répandue et peut-être aussi précoce que les autres.

À partir de ce point de départ, différentes lignées évolutives suivent leur propre chemin. Sur une branche, le corps animal apparaît, un nouveau moyen d'action, et sur cette branche, les systèmes nerveux intègrent les corps d'une façon inédite. Au sein de cette branche, sur certaines de ses sous-branches et rameaux, les animaux commencent à se déplacer rapidement, à manipuler des objets et à percevoir les objets sur lesquels ils agissent. Cette branche génère la manière d'être des animaux.

Quelle forme prend la sensibilité, l'expérience *ressentie*, la conscience au sens le plus large du terme, dans ce tableau ? Une fois que l'on accepte que la détection et la cognition minimale sont omniprésentes, que des animaux comme les poulpes et les crabes sont sentients, une perspective troublante s'offre à vous : une pente graduelle qui mène aux plantes, aux champignons, aux animaux non neuraux, aux protistes et aux bactéries. Si la sentience émerge progressivement, pourquoi n'est-ce pas sur *cette* route qu'elle apparaît ? Pourquoi la cognition minimale n'implique-t-elle pas une sentience minimale ? Si la subjectivité est une idée importante pour donner un sens à l'évolution de l'esprit, tout ce qui a une cognition minimale n'a-t-il pas une sorte de subjectivité, une façon de *ressentir* le monde, et ainsi de suite ?

Au fur et à mesure que j'avançais dans la rédaction de ce livre, cette possibilité n'a cessé de me tarauder. Elle trace une route non pas vers le panpsychisme, mais vers ce que l'on peut appeler le *biopsychisme*, l'idée que toute vie est sentiente. (Le terme a été inventé par Haeckel, à qui cette question a donné bien du fil à retordre, mais je modifie un peu son sens[24].) Je pense cependant que c'est une erreur. Une cognition minimale est, après tout, présente chez les bactéries, et, lorsque l'on regarde ce qu'elles font et comment elles le font, la sentience ne semble pas faire partie de leurs attributs. En retournant encore et encore ces questions, j'ai fini par réévaluer l'importance des systèmes nerveux et la manière unique dont ils organisent les énergies de la nature.

Cela ne résout pas tout, car nous devons encore examiner le cas de presque tous les animaux avant nous sur l'arbre de vie. Une première hypothèse serait que, bien que des signes précurseurs de l'expérience existent dans une part importante de la partie animale de l'arbre, l'expérience ressentie soit apparue plusieurs fois dans différentes lignées évolutives : chez les arthropodes, chez certains mollusques et chez les vertébrés, peut-être plus d'une fois dans certains de ces groupes. L'expérience ressentie est peut-être apparue dans d'autres groupes dont je n'ai pas parlé ici, mais beaucoup d'autres invertébrés (coraux, bryozoaires) ne présentent tout simplement pas la configuration minimale nécessaire. Selon cette hypothèse, la sentience est apparue chez des animaux qui en était privés, et ce, un certain nombre de fois.

Une deuxième possibilité serait qu'une forme primordiale d'expérience soit apparue une seule fois, il y a plus longtemps, au début de l'évolution animale. Cette forme aurait été en place avant les radiations évolutives que nous avons décrites dans ce livre et se serait ensuite développée à sa manière le long de différentes lignes.

Laquelle de ces deux hypothèses est la bonne ? La clé de cette question est difficile à trouver : elle repose dans un lointain passé et implique de comprendre ce qui se déroule à l'intérieur d'animaux dotés de systèmes nerveux très différents, tout en déterminant ce que pourraient *être* les formes les plus simples d'expérience et ce que signifie affirmer que la sentience est apparue à un stade très précoce.

Il m'est impossible de m'avancer plus loin. Si je devais parier, je miserais sur la première des options, mais je ne sais pas clairement sur quoi repose cette intuition ; peut-être que la vérité est un mélange des deux, un mélange qui ne peut pas encore être exprimé avec le langage dont nous disposons. Quoi qu'il en soit, j'opterais pour une vision selon laquelle une sentience indéniable existe non seulement chez les vertébrés, mais aussi dans certains groupes très éloignés du nôtre : au moins chez les céphalopodes et certains arthropodes. Si nous remontons dans le temps à partir de ces animaux, nous ne trouverons pas d'ampoules qui s'illuminent soudainement le long de ces lignes évolutives, mais un processus graduel par lequel le *soi* devient plus défini, les activités internes plus expérientielles et où la subjectivité prend forme. Les seuls organismes qui ressentent leur vie ont un système nerveux, ce qui ne nous laisse que les animaux. Lorsque l'on se déplace le long d'un récif ou dans une forêt sur terre, la détection et la cognition minimale existent dans toute la vie qui vous entoure, mais seule une partie de cette vie est organisée en des « soi » qui sont également des sujets d'expérience. La sentience n'est pas absolument partout, même au sein de la vie. Mais il y en a beaucoup, des petits mollusques marins que l'on appelle des anges de mer (peut-être) aux dragons de mer feuillus (certainement). Le monde est plus *plein*, plus riche d'expérience que beaucoup de gens ne l'imaginent.

Alors que je rédigeais ce résumé avec toutes ses incertitudes, je suis revenu à l'expérience de l'*être là*, en prenant la vie telle qu'elle se déroule. Un autre aspect de l'expérience, comme nous l'avons vu plus tôt dans ce chapitre, est la capacité de quitter l'ici-et-maintenant et de se retrouver ailleurs. C'est un cadeau libérateur de l'évolution, et pas seulement pour nous. De nombreux autres animaux vivent probablement ce genre d'expérience, notamment dans les rêves. Mais, chez l'homme, cette capacité est soumise à un contrôle plus délibéré.

Cette élaboration, la croissance du traitement hors ligne, fait de l'esprit quelque chose qui ressemble davantage à *une chose*. Qu'est-ce que cela signifie, une chose par opposition à quoi ? Je veux dire que l'histoire racontée dans les chapitres précédents est une histoire qui pourrait être mieux racontée en évitant de réifier (chosifier) l'esprit lui-même, en traitant l'esprit comme un objet. Un animal est un objet physique, tout comme son cerveau, mais son esprit est moins un objet qu'un aspect de son fonctionnement et des activités qui s'y déroulent. Une fois hors ligne, la situation se présente un peu différemment. L'esprit devient alors une sorte d'*arène*, où nous répétons des options, exerçons notre imagination et manipulons des images sonores et visuelles. Le philosophe John Dewey a écrit dans les années 1920 que l'esprit a à la fois un rôle pratique, en guidant l'action, et un rôle de « champ esthétique[25] ». C'est un lieu où l'on peut construire des scènes, raconter des histoires et mettre de côté les circonstances du moment. Je pars du principe que les formes les plus élémentaires de l'expérience ne sont pas ainsi et que l'*être là* arrive en premier. Mais, lorsque cette autre dimension apparaît, c'est l'avènement de l'esprit entendu dans un sens plus large.

Il y a trente ans, alors que j'étais étudiant, je me suis rendu à une conférence où j'ai assisté à une série d'exposés sur un philosophe autrichien de la première moitié du XXe siècle, Ludwig Wittgenstein[26]. Wittgenstein est le penseur qui a soutenu de la manière la plus détaillée et la plus influente que l'image de l'esprit sur laquelle les philosophes s'étaient appuyés jusque-là reposait sur des illusions[27]. Pour reprendre une expression rendue célèbre par Gilbert Ryle, très influencé par Wittgenstein, les philosophes ont considéré l'esprit comme un « fantôme dans la machine », un contrôleur spectral, mystérieusement logé dans un corps matériel. Une fois que l'on adopte cette image de l'esprit, pensaient Wittgenstein et Ryle, on perd toute chance de donner un sens aux choses. L'image génère à l'infini de faux problèmes que nous n'avons nul besoin de résoudre et qu'il faut simplement abandonner.

Dans le prolongement de ce thème, l'un des intervenants de la conférence (Crispin Wright) a évoqué l'erreur philosophique consistant à traiter l'esprit humain comme une sorte de « jardin clos », un endroit secret qu'une seule personne, le propriétaire de l'esprit, peut observer en privé, sans possibilité d'erreur[28]. Pour Wittgenstein, rien ne peut être plus éloigné de la nature de l'esprit, qui est au contraire présent dans *ce que les gens font*, dans leur comportement.

La métaphore du « jardin clos » est censée indiquer une erreur, une impasse. Mais, alors que cette idée faisait l'objet d'une discussion, quelques orateurs semblaient subir son attrait. Et les gens ordinaires, pas seulement les philosophes, parlent souvent de l'esprit comme d'un domaine privé. C'était un point sur lequel il faut s'arrêter ; Wittgenstein lui-même voulait respecter le langage quotidien avant qu'il ne soit contaminé par la philosophie. Il pensait que les philosophes sont beaucoup plus confus sur ces questions que les autres (bien qu'il ne faille pas grand-chose pour qu'une personne commence à penser comme un philosophe).

Les gens peuvent bien parler des esprits comme de royaumes cachés, mais une telle vision ne peut pas être correcte, pensaient les conférenciers. Les choses ne peuvent tout simplement pas être ainsi. Je pense quant à moi que les choses *sont* ainsi en nous, ou du moins quelque chose qui y ressemble. Il ne s'agit pas d'une caractéristique générale de la sentience, quelque chose qui serait présent chez tous les animaux dont la vie est expérientielle. Mais, dans notre cas, c'est ainsi que cela se passe. Nous créons une arène, un champ, rempli à la fois de choses qui apparaissent et de choses que nous apportons. Nous entrons dans un jardin.

Notes

1. Herman Melville, *Moby Dick*, traduction de Lucien Jacques, Joan Smith et Jean Giono (Paris, Gallimard, 1996). La traduction de la dernière ligne a été modifiée pour garder la référence à Wickliff. Voir note 25, et l'explication sur le blog de l'auteur (https://metazoan.net/90-melville-cranmer-wycliffe/). (*Note de la traductrice.*)

1. Les protozoaires

1. Ma principale source pour l'affaire Bathybius est un article de Philip Rehbock, « Huxley, Haeckel, and the Oceanographers: The Case of Bathybius haeckelii », *Isis* 66 (1975): 504-533. L'article de Huxley de 1868 s'intitule « On Some Organisms living at Great Depths in the North Atlantic Ocean », *Quarterly Journal of Microscopical Science* 8 (1868): 203-212. Huxley y écrit qu'il pense que la substance en question est du « protoplasme » et le baptise « Bathybius Haeckelii » (avec un « H » majuscule, que j'ai maintenu dans mon texte, au lieu de la minuscule généralement utilisée pour les noms d'espèces).
2. Pour Haeckel, je me suis appuyé sur la biographie de Robert Richards, *The Tragic Sense of Life: Ernst Haeckel and the Struggle Over Evolutionary Thought* (Chicago, University of Chicago Press, 2008), ainsi que sur une bonne synthèse récente de Georgy Levit

et Uwe Hossfeld, « Ernst Haeckel in the History of Biology », *Current Biology* 29 (2019): R1276-R1284. Le même numéro contient un article de Florian Maderspacher sur les célèbres illustrations de Haeckel, « The Enthusiastic Observer – Haeckel as Artist », qui évoque aussi les controverses sur leur exactitude. Haeckel, comme beaucoup de biologistes de l'époque, croyait en une hiérarchie raciale dominée par les Européens blancs. Il a parfois été associé au développement du nazisme en Allemagne. Richards déboulonne ces affirmations (sans aller jusqu'à prétendre que les vues de Haeckel étaient parfaitement éclairées) dans « Ernst Haeckel's Alleged Anti-Semitism and Contributions to Nazi Biology », *Biological Theory* 2 (2007): 97-103. La catégorie supérieure dans le classement de Haeckel incluait par exemple les « Sémites » et les Berbères (qui se retrouvent aux côtés des Méditerranéens et des Germains). Richards note également que Haeckel était un ami proche de Magnus Hirschfeld, pionnier de la défense des homosexuels et chercheur en sexologie, qui lui a dédié son livre *Natural Laws of Love* (1912).

3. Le passage le plus connu est une pensée prudente contenue dans une lettre de 1871 adressée à J.D. Hooker : « On dit souvent que toutes les conditions pour la première production d'un organisme vivant qui sont maintenant réunies, pourraient ne l'avoir jamais été. Mais si (et quel grand si) nous pouvions concevoir, dans quelque petite mare chaude, en présence de toutes sortes de sels d'ammoniac et d'acide phosphorique, de lumière, de chaleur, d'électricité, etc., qu'un composé de protéine fût chimiquement formé, prêt à subir des changements encore plus complexes, actuellement une telle matière serait instantanément dévorée ou absorbée, ce qui n'aurait pas été le cas avant l'apparition des créatures vivantes. »
https://www.darwinproject.ac.uk/letter/DCP-LETT-7471.xml

4. Selon Rehbock, Huxley a nié que son travail défendait ce point de vue.

5. Le *Systema Naturae* de Linné a connu de nombreuses éditions entre 1735 et les années 1760. Les dernières éditions incluent aussi bien les animaux que les végétaux, puis les minéraux.

6. Voir Hogg, « On the *Distinctions of a Plant* and *an Animal* and on a Fourth Kingdom of Nature », Edinburgh New Phil. J. (n.s.) 12, juil.-oct. (1860): 216-225. Pour Hogg, les frontières entre les différents règnes vivants sont floues, mais celle entre le règne minéral et le vivant est bien délimitée. Dans son diagramme, il trace cette ligne de manière particulièrement nette.
7. Ce dernier terme lui-même est aujourd'hui considéré comme discutable, car il ne désigne pas une branche bien définie de l'arbre de vie (les *protistes* sont un groupe « paraphylétique »). Beaucoup de termes utilisés dans ce livre sont controversés pour la même raison. Mais il n'est pas facile d'écrire sur ces sujets sans utiliser des termes comme « poisson » et « crustacé », qui soulèvent les mêmes questions.
8. Voir notamment *De Anima*. L'interprétation de cette œuvre est controversée ; pour ma part, je considère la structure de la matière et de la forme d'Aristote (avec l'esprit ou l'essence comme forme) comme non dualiste. Voir Christopher Shields, « The First Functionalist », dans *Historical Foundations of Cognitive Science* (sous la direction de J.C. Smith, Alphen aan den Rijn, Wolters Kluwer, 1990), pp. 19-33. Un commentaire de Justin Smith : « Avant le début de la période moderne, nier une âme aux animaux aurait été un paradoxe. Le mot "animal", après tout, n'est qu'une forme adjectivée du nom latin "*anima*", c'est-à-dire "âme". » Justin E.H. Smith, « Machines, Souls, and Vital Principles », dans *The Oxford Handbook of Philosophy in Early Modern Europe*, sous la direction de Desmond M. Clarke et Catherine Wilson (Oxford, Royaume-Uni, Oxford University Press, 2011), pp. 96-115.
9. Je m'appuie sur « René Descartes », de Gary Hatfield, dans *The Stanford Encyclopedia of Philosophy* (sous la direction d'Edward Zalta, 2018, https://plato.stanford.edu/archives/sum2018/entries/descartes/). Là encore, certains points font l'objet de controverses, et Descartes n'a pas publié toutes ses réflexions sur le sujet. Hatfield : « En mécanisant le concept d'être vivant, Descartes n'a pas nié la distinction entre le vivant et le non-vivant, mais il a redessiné la frontière entre les êtres dotés d'une âme et ceux qui en sont privés. Selon lui, sur Terre, seuls les humains

possèdent une âme. Il a donc assimilé l'âme à l'esprit : l'âme représente l'intellection et la volition, y compris les expériences sensorielles conscientes, l'expérience consciente des images et les souvenirs consciemment vécus. » Merci également à Alison Simmons pour son aide sur ces questions. Dans le texte, j'oppose le point de vue d'Aristote à celui de Descartes. Une étape intermédiaire importante est celle de la synthèse « scolastique », qui opère une fusion entre Aristote et le christianisme. Thomas d'Aquin est une figure centrale de cette période. Notre relation à Dieu, qui n'entre pas en compte pour Aristote (du moins dans la forme « personnalisée » familière au christianisme, à l'islam et au judaïsme), affecte maintenant les théories de l'âme. L'article de *The Stanford Encyclodia of Philosophy* sur Thomas d'Aquin de Ralph McInerny et John O'Callaghan est, une fois de plus, d'une grande utilité (https://plato.stanford.edu/entries/aquinas/).

10. Ici, je me suis largement inspiré de l'article de Trevor Pearce « Protoplasm Feels: The Role of Physiology in Charles Sanders Peirce's Evolutionary Metaphysics », *HOPOS: The Journal of the International Society for the History of Philosophy of Science* 8, 1 (2018): 28-61. L'article est dédié au philosophe C.S. Peirce, mais il ne s'y limite pas. La citation de William Carpenter est extraite de l'article de Pearce. L'affirmation de Huxley selon laquelle « l'organisation est le résultat de la vie, et non la vie le résultat de l'organisation » est citée dans l'article de Rehbock sur *Bathybius* et est tirée des *Hunterian Lectures on the Invertebrata* (1868) de Huxley, telles que rapportées par le *British Medical Journal.* Selon Pearce, Haeckel se montre d'abord prudent sur ces questions concernant l'esprit, mais, à partir du milieu des années 1870, il commence à attribuer une sorte de sentience à la matière elle-même : « chaque atome a une sensation et la puissance du mouvement » (cité par Pearce).

11. Une longue tradition philosophique nous invitait pourtant à penser que la matière ordinaire contient des mondes cachés aux formes complexes, peut-être infiniment divisibles. Le philosophe du XVIIe siècle Gottfried Leibniz soutient par exemple un tel point de vue. Leibniz avait utilisé l'un des microscopes de van Leeuwenhoek lors de sa visite en Hollande, bien qu'il affirmât avoir des raisons plus générales pour croire en l'existence de « règnes à l'intérieur des règnes ». L'idée d'une structure cachée à cette échelle avait donc déjà été avancée. Mais, si les personnes qui étudiaient les cellules au microscope à l'époque de Darwin et Huxley connaissaient ces cadres spéculatifs, elles ne les prenaient peut-être pas au sérieux. Après tout, nous sommes en train de regarder un minuscule blob transparent, qui semble faire des choses étonnantes. D'où la tentation du protoplasme.

12. Certaines des plus belles illustrations de Haeckel représentent des spécimens de cette expédition ; voir *Art Forms from the Abyss: Images from the Challenger Expedition* (Peter Williams *et al.*, New York et Londres, Prestel, 2015). Amy Rice suggère que *Bathybius* pourrait bien avoir été une substance organique, peut-être les restes d'un plancton saisonnier (« Thomas Henry Huxley and the Strange Case of *Bathybius haeckelii* ; A Possible Alternative Explanation », *Archives of Natural History* 2 (1983): 169-80).

13. Voir « Bathybius and the Moners », *Popular Science Monthly*, octobre 1877. Haeckel reprend à son compte l'affirmation de Huxley citée plus haut, presque dans les mêmes termes : « La vie n'est donc pas le résultat d'une organisation, mais vice versa. »

14. Dans « How You Consist of Trillions of Tiny Machines » (*New York Review of Books*, 8 juillet 2015), Tim Flannery déclare : « Un seul point à la fin d'une phrase de la *New York Review* peut contenir jusqu'à 400 millions de ribosomes. » Quatre cent millions, vraiment ? Je devais essayer de comprendre comment il était arrivé à ce chiffre. Voici mon raisonnement, pour ce qu'il vaut. Si l'on procède à une simple comparaison des aires (en ignorant les questions de chevauchement ou d'espace perdu), les ribosomes eucaryotes ont un diamètre d'environ 25 nm, soit 25 millionièmes de millimètre. Un cercle de ce diamètre a une aire d'environ 500 nm^2. Un point a un diamètre d'environ 1/3 de millimètre, ce qui correspond à une aire d'environ 85 milliards de nm^2. Environ 170 millions de ribosomes pourraient donc tenir dans un point. En tenant compte d'une certaine variabilité dans la taille des points et dans les arrangements des ribosomes, nous arrivons effectivement à l'ordre de grandeur proposé par Flannery.

15. Thomas Nagel, «What Is It Like to Be a Bat? », *The Philosophical Review* 83, no. 4 (1974): 435-50. « Quel effet cela fait-il d'être une chauve-souris ? », traduction de Pascal Engel et Claudine Engel-Tiercelin, dans Nagel, *Questions mortelles*, Paris, PUF, 1983 (*Note de la traductrice*).

16. L'argumentaire de Nagel se trouve dans « Panpsychisme », *Questions mortelles*, Paris, PUF, 1983. Galen Strawson défend également abondamment ce point de vue ; voir « Realistic Monism: Why Physicalism Entails Panpsychism », *Journal of Consciousness Studies* 13, no. 10-11 (2006): 3-31. David Chalmers a adopté une variante de cette position, qu'il appelle « panprotopsychisme » ; voir « Panpsychism and Panprotopsychism », dans *Consciousness in the Physical World: Perspectives on Russellian Monism*, ed. Torin Alter et Yujin Nagasawa (Oxford, Royaume-Uni, Oxford University Press, 2015). On trouvera une présentation simple et claire du panpsychisme dans une interview de Philip Goff par Gareth Cook dans *Scientific American*, 14 janvier 2020, scientificamerican.com/article/does-consciousness-pervade-the-universe

17. Ce point de vue est appelé *épiphénoménisme*, et sa défense (qui n'est pas facile à interpréter à certains égards) se trouve dans « On the Hypothesis that Animals Are Automata, and Its History », un discours prononcé en 1874, dans *Collected Essays*, vol. 1 (Cambridge, Royaume-Uni : Cambridge University Press, 2011), pp. 199-250.

18. Voir « Materialism and Qualia : The Explanatory Gap », *Pacific Philosophical Quarterly* 64 (1983): 354-61. On attribue parfois à Huxley un des premiers énoncés du problème, mais je pense qu'il exprime un propos spécifique : « Que quelque chose d'aussi remarquable qu'un état de conscience apparaisse à la suite d'une irritation du tissu nerveux est tout aussi inexplicable que l'apparition du Djinn lorsque Aladin frotte sa lampe. » *Lessons in Elementary Physiology* (Londres, Macmillan, 1866), p. 193.

19. Ce terme a été utilisé pour qualifier un certain nombre de points de vue, tous de la même famille. Haeckel se définissait lui-même comme un « moniste » ; son panpsychisme était une sorte de monisme. Voir « Our Monism: The Principles of a

Consistent, Unitary World-View », *The Monist* 2, no. 4 (1892): 481-86.

20. J'aborde cette question dans « Materialism: Then and Now », au sein d'un recueil d'articles sur la théorie de l'esprit de David Armstrong et le développement du matérialisme au XXe siècle. (*Armstrong's Materialist Theory of Mind*, sous la direction de Peter Anstey et David Braddon-Mitchell, Oxford, Royaume-Uni, Oxford University Press, 2021, pp. 76-91 – *Note de l'éditeur*).

21. « The Abyss », *The New Yorker*, 24 septembre 2007.

22. Si nous mettons de côté les questions relatives aux animaux pour ne considérer que le cas des humains, le neuroscientifique Björn Merker peut nous intéresser ici. Il décrit des enfants atteints d'une maladie tragique, l'hydranencéphalie, dans laquelle le cortex et de nombreuses autres parties du cerveau sont pratiquement anéantis, souvent à la suite d'une attaque cérébrale survenue au stade fœtal. Ces enfants sont gravement handicapés à bien des égards et n'ont probablement rien de la vie mentale de la plupart des gens. Mais sont-ils totalement dépourvus d'expérience ? Merker pense que ce n'est pas le cas, comme en témoignent leurs sourires et leurs rires, un engagement fugace mais réel avec les personnes qui leur sont familières. Selon Merker, il n'y a aucune raison de croire que, parce qu'ils n'ont pas de cortex cérébral, leur expérience est totalement absente. Ses arguments me semblent bons. Son article s'intitule « Consciousness Without a Cerebral Cortex: A Challenge for Neuroscience and Medicine », *Behavioral and Brain Sciences* 30, no. 1 (2007): 63-81. Antonio Damasio soutient aussi que l'expérience ne dépend pas du cortex ; voir Damasio et Gil B. Carvalho, « The Nature of Feelings: Evolutionary and Neurobiological Origins », *Nature Reviews Neuroscience* 14 (2013): 143-52.

23. Alexandre Grothendieck, *Récoltes et Semailles*, p. 553. Laboratoire d'informatique de Paris Nord, https://web.archive.org/web/20170818053357/http://lipn.univ-paris13.fr/~duchamp/Books%26more/Grothendieck/RS/pdf/RetS.pdf
(*Note de la traductrice.*)

24. Une précision sur le passage de Melville qui ouvre le livre. John Wycliffe était un théologien anglais, un critique précoce de l'église catholique au XIVᵉ siècle. Il mourut de causes naturelles et fut enterré, mais, trente ans plus tard, le pape ordonna que son corps soit déterré et brûlé, et que les cendres soient jetées dans une rivière. Dans la première édition américaine de son livre, Melville cite (Thomas) Cranmer à la place de Wycliffe. Cranmer était un autre réformateur religieux anglais, ayant vécu plus d'un siècle plus tard pendant la Réforme, qui a été exécuté par le feu. Les critiques pensent que Melville a lui-même effectué la correction de Cranmer à Wycliffe. Je remercie ici John Bryant pour son aide sur cette question.

2. Les éponges de verre

1. Quelques titres de chapitres font écho à des œuvres musicales qui m'ont accompagné pendant l'écriture. Celui-ci fait référence à un CD de 2003 de Loren Chasse et Jim Haynes, du mouvement artistique Coelacanth.

2. Une grande partie des informations contenues dans les pages suivantes sont tirées des ouvrages suivants : Peter M. Hoffmann, *Life's Ratchet: How Molecular Machines Extract Order from Chaos* (New York, Basic Books, 2012) ; Peter B. Moore, « How Should We Think About the Ribosome? », *Annual Review of Biophysics* 41 (2012): 1-19 ; Derek J. Skillings, « Mechanistic Explanation of Biological Processes », *Philosophy of Science* 82, no. 5 (2015): 1139-51.

3. Pour une exploration accessible des idées récentes, voir Nick Lane, *The Vital Question: Why Is Life the Way It Is?* (Londres, Profile, 2015).

4. Le titre de cette section fait écho à un classique, Ian Hacking, *The Taming of Chance*, sur l'histoire de la théorie de la probabilité (Cambridge, Royaume-Uni, Cambridge University Press, 1990). La domestication du hasard, dans un certain sens, participe aussi à ce que je raconte dans ces lignes (ainsi que le souligne Hoffmann dans *Life's Ratchet*).

5. *Le Cours de physique de Feynman*, vol. 2, chap. 1, « L'électromagnétisme », Paris, Dunod, 2017. L'ensemble des leçons de

Feynman est maintenant disponible (légalement) en ligne en anglais à l'adresse feynmanlectures.caltech.edu/index.html.

6. Voir Peter A. V. Anderson et Robert M. Greenberg, « Phylogeny of Ion Channels: Clues to Structure and Function », *Comparative Biochemistry and Physiology* Part B 129, no. 1 (2001): 17-28 ; Kalypso Charalambous et B. A. Wallace, « NaChBac: The Long Lost Sodium Channel Ancestor », *Biochemistry* 50, no. 32 (2011): 6742-52. Pour la comparaison avec le transistor, voir Fred Sigworth, « Life's Transistors », *Nature* 423 (2003): 21-22 ; pour la détection au sein des biofilms, Arthur Prindle *et al.*, « Ion Channels Enable Electrical Communication Within Bacterial Communities », *Nature* 527 (2015): 59-63.

7. Les commentaires de John Allen lors d'un colloque Arthur M. Sackler organisé par la National Academy of Sciences en 2014 ont également influencé ma réflexion ici. La nature des systèmes vivants, la façon dont ils existent dans une incessante activité électrochimique, les rend inévitablement sensibles aux événements extérieurs.

8. Dans un courriel de 2017.

9. Les articles de Pamela Lyon examinent de façon détaillée et parfois provocatrice des formes simples de détection. Le « niveau de base » est constitué par les systèmes de transduction du signal à un facteur chez les bactéries ; ici, un contrôleur interne répond aux stimuli qui se fraient un chemin depuis l'extérieur, sans récepteur ou capteur à la limite de la cellule. Voir son article « The Cognitive Cell: Bacterial Behavior Reconsidered », *Frontiers in Microbiology* 6 (2015): 264.

10. *Anthropogenie oder Entwickelungsgeschichte des Menschen* (Leipzig : Wilhelm Engelmann, 1874).

11. Je fais cette affirmation pour écrire ensuite « le mot *animal* désigne aujourd'hui tout organisme figurant sur une branche bien particulière de l'arbre de vie, indépendamment de son mode de vie ou de son apparence ». Y a-t-il là une tension ? Oui, d'une certaine manière. Si, quelque part sur la partie animale de l'arbre, on trouvait un organisme unicellulaire, il faudrait le considérer comme un animal selon la définition plus officielle que je donne ici. Aucun animal réel n'est à notre connaissance retourné d'un état multicellulaire à un état unicellulaire, mais il y a un cas qui s'en rapproche. Les Myxozoa sont de minuscules parasites des poissons et des vers. On pensait initialement qu'il s'agissait de protistes (comme les paramécies). Ils ne sont pas unicellulaires, mais s'en approchent, avec seulement quelques cellules à la plupart de leurs stades. Ce sont en fait des cnidaires extrêmement simplifiés, parents des coraux et des anémones. Voir Elizabeth U. Canning et Beth Okamura, « Biodiversity and Evolution of the Myxozoa », *Advances in Parasitology* 56 (2004): 43-131. Je voudrais faire une autre observation dans la même veine. J'ai donc écrit « le mot *animal* désigne aujourd'hui tout organisme figurant sur une branche bien particulière de l'arbre de vie ». Très bien, mais quelle branche exactement ? Dans la classification biologique moderne, toutes les branches peuvent être nommées. Dans un sens, toutes les branches méritent des noms. Pourquoi ne pas utiliser « animal » pour une branche plus petite, une branche qui n'inclut pas (par exemple) les éponges ? Cela est acceptable, tant que tout ce qui se trouve sur cette petite branche est inclus. Parfois, un terme comme « eumétazoaire » est utilisé pour une branche plus restreinte de ce type.

12. C'est une simplification de parler d'« arbre », en particulier dans le cas d'organismes unicellulaires tels que les bactéries. Il serait plus juste de parler d'un « réseau » de vie, qui, à certains endroits, a la forme d'un arbre.

13. J'ai été aidé ici par une discussion avec Patrick Keeling, lors d'un colloque Sackler de la National Academy of Sciences en 2014. L'évolution du cytosquelette a permis à certains organismes de simplifier leur chimie métabolique et d'investir plutôt dans une vie active et mobile. Cela ressemble à un trait animal, mais il s'agit d'organismes unicellulaires.

14. Voir John Archibald, *One Plus One Equals One: Symbiosis and the Evolution of Complex Life* (Oxford, Royaume-Uni, Oxford University Press, 2014).

15. Dans « Die Gastraea-Theorie, die phylogenetische Classification des Thierreichs und die Homologie der Keimblätter », *Jenaische Zeitschrift für Naturwissenschaft* 8 (1874): 1-55.

16. Ainsi qu'il est dit dans le chapitre, ce point ne fait généralement pas partie de la théorie de la *Gastraea*. Un nouvel article l'a soulevé, et il me semble que c'est une idée potentiellement importante. Voir Zachary R. Adam *et al.*, « The Origin of Animals as Microbial Host Volumes in Nutrient-Limited Seas ». L'article n'a pas encore été publié : peerj.com/preprints/27173. Il ne fait pas référence à la *Gastraea* de Haeckel. Des associations d'autres types entre les premiers animaux et les bactéries ont été largement discutées. Voir Margaret McFall-Ngai *et al.*, « Animals in a Bacterial World, a New Imperative for the Life Sciences », *Proceedings of the National Academy of Sciences USA* 110, no. 9 (2013): 3229-36 ; Rosanna A. Alegado et Nicole King, « Bacterial Influences on Animal Origins », *Cold Spring Harbor Perspectives in Biology* 6, no. 11 (2014): a016162. Je pense que cette idée de *Gastraea* modifiée est un peu différente.

17. Ma source principale ici est Casey W. Dunn, Sally P. Leys et Steven H. D. Haddock, « The Hidden Biology of Sponges and Ctenophores », *Trends in Ecology & Evolution* 30, no. 5 (2015): 282-91. Pour les particularités des placozoaires, se reporter à Bernd Schierwater et Rob DeSalle, « Placozoa », *Current Biology* 28, no. 3 (2018): R97-98, et Frédérique Varoqueaux *et al.*, « High Cell Diversity and Complex Peptidergic Signaling Underlie Placozoan Behavior », *Current Biology* 28, no. 21 (2018): 3495-501.e2. Pour un exemple de débats actuels sur la forme de l'arbre, voir Paul Simion *et al.*, « A Large and Consistent Phylogenomic Dataset Supports Sponges as the Sister Group to All Other Animals », *Current Biology* 27, no. 7 (2017): 958-67. Au cas où un lecteur se demanderait pourquoi j'ai écrit dans les premières pages que, lors de cette première plongée, seules les éponges n'avaient pas de système nerveux, c'est parce que les placozoaires, qui sont également dépourvus de système nerveux, n'étaient pas visibles (bien qu'ils aient très bien pu être présents).

18. Quelques articles utiles : Sally P. Leys et Robert W. Meech, « Physiology of Coordination in Sponges », *Canadian Journal of Zoology* 84, no. 2 (2006): 288-306 ; Leys, « Elements of a "Nervous System" in Sponges », *The Journal of Experimental Biology* 218 (2015): 581-91.

19. Pour un exposé exhaustif : Sally P. Leys, George O. Mackie et Henry M. Reiswig, « The Biology of Glass Sponges », *Advances in Marine Biology* 52 (2007): 1-145. Voir aussi James C. Weaver *et al.*, « Hierarchical Assembly of the Siliceous Skeletal Lattice of the Hexactinellid Sponge Euplectella aspergillum », *Journal of Structural Biology* 158, no. 1 (2007): 93-106 ; ce dernier article contient de très belles images.
20. Les originaux ont été réalisés par le zoologiste allemand Franz Eilhard Schulze, qui a également été le premier à décrire un placozoaire. Les originaux se trouvent dans F.E. Schulze, *Report on the Hexactinellida Collected by H.M.S. "Challenger" During the Years 1873-1876* (Edimbourg, Neill, 1886-1887).
21. Voir Werner E.G. Müller *et al.*, « Metazoan Circadian Rhythm: Toward an Understanding of a Light-Based Zeitgeber in Sponges », *Integrative and Comparative Biology* 53 (2013): 103-17 : « Nous proposons que ce processus de photoréception/phototransduction fonctionne comme un système de transmission de signaux semblable à celui des cellules nerveuses » ; Franz Brümmer *et al.*, « Light Inside Sponges », *Journal of Experimental Marine Biology and Ecology 367* (2008): 61-64 : « Les éponges ont un système de transmission de la lumière et peuvent abriter des micro-organismes photosynthétiques dans les régions tissulaires plus profondes... Dans les spécimens vivants, les spicules des éponges transmettent la lumière dans les régions tissulaires plus profondes » ; Joanna Aizenberg *et al.*, « Biological Glass Fibers: Correlation Between Optical and Structural Properties », *Proceedings of the National Academy of Sciences*, USA 101, no. 10 (2004): 3358-63 : « Une telle lampe à fibres optiques pourrait potentiellement servir à attirer les stades larvaires ou juvéniles de ces organismes et les crevettes symbiotiques vers l'éponge hôte. »

3. Le corail mou

1. Deux autres chercheurs, Dave Harasti et Steve Smith, ont contribué à la conception et à la rédaction de l'étude. Les références de l'article sont : Tom R. Davis, David Harasti et Stephen

D.A. Smith, « Extension of *Dendronephthya australis* Soft Corals in Tidal Current Flows », *Marine Biology* 162 (2015): 2155-59. Environ 70 % de ces coraux sont morts au cours de l'année dernière. La raison de ce déclin n'a pas été clairement établie ; Meryl Larkin poursuit ses recherches et publiera prochainement le résultat de ses observations.

2. Je me suis appuyé ici sur les articles suivants : Thomas C.G. Bosch *et al.*, « Back to the Basics: Cnidarians Start to Fire », *Trends in Neurosciences* 40, no. 2 (2017): 92-105 ; D.K. Jacobs *et al.,* « Basal Metazoan Sensory Evolution », *Key Transitions in Animal Evolution*, sous la direction de Bernd Schierwater et Rob DeSalle (Boca Raton, FL, CRC Press, 2010).

3. On trouve une présentation des cycles de vie des cnidaires dans « Complex Life Cycles and the Evolutionary Process », *Philosophy of Science* 83, no. 5 (2016): 816-27.

4. Voir John B. Lewis, « Feeding Behaviour and Feeding Ecology of the Octocorallia (Coelenterata: Anthozoa) », *Journal of Zoology* 196, no. 3 (1982): 371-84. Les octocoralliaires sont apparemment un groupe problématique du point de vue de la reconstruction historique. Voir Catherine S. McFadden, Juan A. Sánchez et Scott C. France, « Molecular Phylogenetic Insights into the Evolution of Octocorallia: A Review », *Integrative and Comparative Biology* 50, no. 3 (2010): 389-410.

5. Voir Susannah Porter, « The Rise of Predators », *Geology* 39, no. 6 (2011): 607-608, ainsi que le travail de John Tyler Bonner. Son livre *First Signals: The Evolution of Multicellular Development* (Princeton, NJ, Princeton University Press, 2001) a influencé ma réflexion sur ces thèmes. Lorsque l'on réfléchit à la transition vers la multicellularité, il est important d'imaginer un ensemble de protagonistes actifs au stade initial. Les organismes unicellulaires se déplacent et chassent. Si l'on a la possibilité de croître en taille, on vit alors sans être dérangé par les chasseurs, et la multicellularité est un bon moyen de devenir plus gros. Plus tard, les organismes multicellulaires sont eux aussi devenus actifs et prédateurs, comme cela a été le cas au Cambrien. Le Cambrien pourrait être assimilé à une relecture à plus grande échelle d'un monde antérieur d'engagement antagoniste, l'Édiacarien étant une période plus calme où l'action était réinventée à une nouvelle échelle spatiale. Un chemin qui se démarque partiellement de cette voie prédation-évitement pourrait mener aux éponges et, sous une forme différente, aux plantes terrestres ; en effet, la multicellularité permet également de se fixer dans un endroit favorable et de vivre comme une tour, en laissant la nourriture venir à soi.

6. C'est un thème central dans le travail d'Alvaro Moreno, Argyris Arnellos et leurs collaborateurs. Se reporter à Arnellos et Moreno, « Multicellular Agency: An Organizational View », *Biology and Philosophy* 30 (2015): 333-57 ; « Integrating Constitution and Interaction in the Transition from Unicellular to Multicellular Organisms », dans *Multicellularity: Origins and Evolution,* sous la dir. de Karl J. Niklas et Stuart A. Newman (Cambridge, MA, MIT Press, 2016) ; voir aussi Fred Keijzer et Argyris Arnellos, « The Animal Sensorimotor Organization: A Challenge for the Environmental Complexity Thesis », *Biology and Philosophy* 32 (2017): 421-41.

7. Cela n'est absolument pas certain. Voir Antonio C. Marques et Allen G. Collins, « Cladistic Analysis of Medusozoa and Cnidarian Evolution », *Invertebrate Biology* 123, no. 1 (2004): 23-42, et David A. Gold *et al.,* « The Genome of the Jellyfish Aurelia and the Evolution of Animal Complexity », *Nature Ecology & Evolution* 3 (2019): 96-104.

8. Ce point est devenu assez controversé, en raison de l'incertitude sur la forme de l'arbre. Voir Gáspár Jékely, Jordi Paps et Claus Nielsen, « The Phylogenetic Position of Ctenophores and the Origin(s) of Nervous Systems », *EvoDevo* 6 (2015): 1, et Leonid L. Moroz *et al.*, « The Ctenophore Genome and the Evolutionary Origins of Neural Systems », *Nature* 510 (2014): 109-14.

9. Il y a toujours des exceptions ; les jonctions communicantes connectent certaines cellules plus directement.

10. Trois articles stimulants sur les origines des systèmes nerveux : George O. Mackie, « The Elementary Nervous System Revisited », *American Zoologist* 30, no. 4 (1990): 907-20 ; Gáspár Jékely, « Origin and Early Evolution of Neural Circuits for the Control of Ciliary Locomotion », *Proceedings of the Royal Society* B 278 (2011): 914-22 ; Fred Keijzer, Marc van Duijn et Pamela Lyon,

« What Nervous Systems Do: Early Evolution, Input-Output, and the Skin Brain Thesis », *Adaptive Behavior* 21, no. 2 (2013): 67-85. Jékely, Keijzer et moi-même avons également rassemblé certaines de ces questions dans « An Option Space for Early Neural Evolution », *Philosophical Transactions of the Royal Society* B 370 (2015): 20150181.

11. Les travaux de Moreno, Arnellos et Keijzer cités plus haut mettent en avant ce point. Comme le soulignent également ces articles, l'épithélium est une autre innovation importante qui contribue à modeler le corps animal. L'épithélium est constitué de cellules disposées en couches, souvent polarisées, qui envoient des signaux à leurs voisines. Ces couches agissent comme des frontières et peuvent être pliées pour produire des formes complexes. L'épithélium permet à la fois l'étanchéité du corps et fournit un matériau pour construire des formes internes et des passages. Nos corps sont des constructions semblables à des origamis façonnés par le pliage répété de ces feuillets de cellules. Chez une éponge, dont le corps ne possède qu'une forme partielle d'épithélium, l'environnement est partout ; l'eau de mer imprègne le corps. Chez un cnidaire, ou chez les humains, il existe un environnement intérieur distinct : le corps est séparé du reste du monde.

12. Voir Bosch *et al.,* « Back to the Basics: Cnidarians Start to Fire », Jacobs *et al.,* « Basal Metazoan Sensory Evolution », *cit.*, et Natasha Picciani *et al.,* « Prolific Origination of Eyes in Cnidaria with Co-Option of Non-Visual Opsins », *Current Biology* 28, no. 15 (2018): 2413-19.

13. Cette invention les rend aussi sensibles aux sons : Marta Solé *et al.*, « Evidence of Cnidarians Sensitivity to Sound After Exposure to Low Frequency Noise Underwater Sources », *Scientific Reports* 6 (2016): 37979.

14. Pourquoi uniquement dans ce sens ? Pourrions-nous affirmer que l'action trouve sa raison d'être dans le contrôle de la détection ? Non, il y a ici une asymétrie, car l'action permet d'obtenir de la nourriture et des occasions de se reproduire. Il est vrai qu'elle affecte également ce que vous percevez, et qu'une grande partie de l'action vise à contrôler ce qui est perçu, mais survivre et se reproduire est autrement plus fondamental. L'action ne se limite pas au contrôle de la perception. Pour des raisons similaires, je suis sceptique quant aux versions ambitieuses du « traitement prédictif », une théorie qui considère que le rôle fondamental de la cognition et de l'action est de réduire la surprise ou l'incertitude. Elle est exposée dans Andy Clark, *Surfing Uncertainty: Prediction, Action, and the Embodied Mind* (Oxford, Royaume-Uni, Oxford University Press, 2015) et dans les travaux de Karl Friston, comme son article « The Free-Energy Principle: A Unified Brain Theory ? », *Nature* Reviews Neuroscience 11 (2010): 127-38. Les organismes peuvent choisir de manière adaptative d'augmenter l'incertitude de leur expérience, en se déplaçant par exemple dans un environnement plus risqué, si cela leur permet d'agir de manière à obtenir des avantages suffisamment intéressants.

15. Assez tôt dans ma réflexion sur l'évolution précoce du comportement, lors d'une conférence en Europe, je suis allé écouter une présentation de Fred. Je ne savais rien de lui, mais j'étais intrigué par son titre. Les philosophes n'ont pas vraiment un look particulier, mais Fred ressemblait plutôt à un joueur de tennis professionnel qu'à un philosophe. Son exposé a bousculé mes habitudes de pensée. Mélangeant la biologie et la philosophie, il proposait une manière différente de penser à l'évolution des systèmes nerveux, à la vie animale et aux relations entre les idées philosophiques et scientifiques dans ce domaine. Il s'intéressait aussi à la manière dont les représentations philosophiques (pas seulement celles proposées par les philosophes, mais aussi les idées de type implicitement philosophique qui sous-tendent le travail des scientifiques, qu'ils approuvent ou non la philosophie) façonnent le travail scientifique. Le travail présenté lors de cette conférence s'appuyait également sur ses collaborations avec Pam Lyon et Marc van Duijn. J'ai déjà cité quelques-uns des articles de Fred, mais je signale aussi « Moving and Sensing Without Input and Output: Early Nervous Systems and the Origins of the Animal Sensorimotor Organization », *Biology and Philosophy* 30 (2015): 311-31.

16. Un grand merci encore à Jim Gehling du South Australian Museum, qui m'a souvent aidé sur les questions relatives aux Édiacariens.

17. Ilya Bobrovskiy *et al.*, « Ancient Steroids Establish the Ediacaran Fossil *Dickinsonia* as One of the Earliest Animals », *Science* 361 (2018): 1246-49.

18. Voir Shuhai Xiao et Marc Laflamme, « On the Eve of Animal Radiation: Phylogeny, Ecology and Evolution of the Ediacara Biota », *Trends in Ecology and Evolution* 24, no. 1 (2009): 31-40, et Ed Landing *et al.*, « Early Evolution of Colonial Animals (Ediacaran Evolutionary Radiation – Cambrian Evolutionary Radiation – Great Ordovician Biodiversification Interval) », *Earth-Science Reviews* 178 (2018): 105-35.

19. Le premier article de Sprigg sur le sujet, désormais célèbre, est « Early Cambrian (?) Jellyfishes from the Flinders Ranges, South Australia », *Transactions of the Royal Society of South Australia* 71 (1947): 212-24.

20. Voir Emily G. Mitchell *et al.*, « Reconstructing the Reproductive Mode of an Ediacaran Macro-Organism », *Nature* 524 (2015): 343-46.

21. L'article qui introduit ces stades avec leur nom est « The Ediacaran Biotas in Space and Time », *Integrative and Comparative Biology* 43, no. 1 (2003): 104-13. Ma présentation de ces stades et des travaux plus récents sur l'Édiacarien s'appuie sur Mary L. Droser, Lidya G. Tarhan et James G. Gehling, « The Rise of Animals in a Changing Environment: Global Ecological Innovation in the Late Ediacaran », *Annual Review of Earth and Planetary Sciences* 45 (2017): 593-617. L'illustration de la page 86 s'inspire en partie d'une illustration de ce dernier article.

22. Depuis, Waggoner a travaillé sur les mythes anciens. Il aurait pu s'intéresser au roi Arthur et à son séjour sur l'île des Pommes.

23. Pour une revue des différents candidats, voir Erik A. Sperling, Kevin J. Peterson et Marc Laflamme, « Rangeomorphs, Thectardis (Porifera?) and Dissolved Organic Carbon in the Ediacaran Oceans », *Geobiology* 9 (2011): 24-33, et Erica C. Clites, M.L. Droser et J.G. Gehling, « The Advent of Hard-Part Structural Support Among the Ediacara Biota: Ediacaran Harbinger of a Cambrian Mode of Body Construction », *Geology* 40, no. 4 (2012): 307-10. Joseph P. Botting et Lucy A. Muir, dans « Early Sponge Evolution: A Review and Phylogenetic Framework »,

Palaeoworld 27, no. 1 (2018): 1-29, suggèrent quant à eux que les éponges n'auraient pas existé durant l'Édiacarien.

24. Voir Sperling, Peterson et Laflamme, « Rangeomorphs, Thectardis (Porifera?) and Dissolved Organic Carbon in the Ediacaran Oceans », et Jennifer F. Hoyal Cuthill et Simon Conway Morris, « Fractal Branching Organizations of Ediacaran Rangeomorph Fronds Reveal a Lost Proterozoic Body Plan », *Proceedings of the National Academy of Sciences,* USA 111, no. 36 (2014): 13122-26.

25. Charles D. Walcott, célèbre pour sa découverte des schistes de Burgess : « Le Dr Fitch a proposé le genre *Helminthoidichnites* pour un animal laissant des traces semblables à celles des vers. » Asa Fitch était médecin, peut-être également orthophoniste. Voir Walcott, « Descriptive Notes of New Genera and Species from the Lower Cambrian or Olenellus Zone of North America », *Proceedings of the National Museum* 12, no. 763 (1889): 33-46. Nous avons désormais retrouvé plusieurs fossiles différents identifiés comme *Helminthoidichnites,* avec des datations et des provenances différentes, et des noms aussi provisoirement différents ; on ne pense pas avoir affaire à chaque fois au même animal. Pour les fouisseurs de l'Édiacarien, voir James G. Gehling et Mary L. Droser, « Ediacaran Scavenging as a Prelude to Predation », *Emerging Topics in Life Sciences* 2, no. 2 (2018): 213-22. Le nouveau candidat pour l'animal ayant laissé ces traces est décrit dans Scott D. Evans *et al.,* « Discovery of the Oldest Bilaterian from the Ediacaran of South Australia », *Proceedings of the National Academy of Sciences USA* 117, no. 14 (2020): 7845-50.

26. Les cnidaires, qui ont une conception « radiale », présentent également une organisation de la couche cellulaire plus simple que les bilatériens, probablement plus ancienne. Les cténophores sont un joker possible. Ils sont souvent décrits comme ayant une conception « biradiale », une sorte de mélange des deux autres plans d'organisation corporelle. Et quelques cténophores rampent au fond des mers et ressemblent à des vers plats. C'est intrigant ; peut-être mériteraient-ils d'être examinés de près ?

27. Un indice présent chez les cnidaires actuels, évoqué plus haut dans ce chapitre, est intéressant ici. Les nématocytes, les cellules urticantes observées chez les cnidaires actuels, auraient évolué très tôt dans cette lignée, avant que les principaux groupes de cnidaires (coraux, anémones, méduses) ne se séparent les uns des autres. Si cette scission s'est produite à l'Édiacarien, comme le soutiennent certains travaux, il existait alors déjà à cette époque au moins des formes simples de ces dards. Ils ne ressemblaient pas forcément aux harpons à grande vitesse des cnidaires actuels, mais leur existence suggère qu'une forme de prédation était déjà présente, que ces dards aient été des armes offensives ou défensives.

28. Pour le débat assez intense sur l'évolution des vers plats simples Acèles, voir Ferdinand Marlétaz, « Zoology: Worming into the Origin of Bilaterians », *Current Biology* 29, no. 12 (2019): R577-79, et Johanna Taylor Cannon *et al.*, « Xenacoelomorpha is the sister group to Nephrozoa », *Nature* 530 (2016): 89-93. Un bon livre sur les vers plats polyclades est : Leslie Newman et Lester Cannon, *Marine Flatworms: The World of Polyclads* (Clayton, Australia, CSIRO Publishing, 2003).

29. Se reporter au livre de Newman et Cannon pour la question du mimétisme. Les nudibranches font l'objet d'une abondante littérature, en partie parce qu'ils sont très populaires auprès des plongeurs. Un bon point de départ est l'ouvrage de David Behrens, *Nudibranch Behavior* (Jacksonville, FL, New World Publications, 2005).

4. La crevette manchote

1. Sur ces relations évolutives, voir David A. Legg, Mark D. Sutton et Gregory D. Edgecombe, « Arthropod fossil data increase congruence of morphological and molecular phylogenies », *Nature Communications* 4 (2013): 2485. Sur les fossiles, on lira avec profit Edgecombe et Legg, « The Arthropod Fossil Record », dans *Arthropod Biology and Evolution*, dir. Alessandro Minelli *et al.* (Berlin, Springer-Verlag, 2013), 393-415 ; le livre entier renferme de nombreuses informations intéressantes. Sur le cerveau des arthropodes, voir Gregory Edgecombe, Xiaoya Ma et Nicholas J. Strausfeld, « Unlocking the early fossil record of the arthropod central nervous system », *Philosophical Transactions of the Royal Society* B 370 (2015): 20150038.

2. La littérature sur le sujet est vaste. Voici quelques articles que j'ai trouvés intéressants, avec des perspectives différentes : Erik A. Sperling *et al.*, « Oxygen, ecology, and the Cambrian radiation of animals », *Proceedings of the National Academy of Sciences USA* 110, no. 33 (2013): 13446-51 ; Rachel Wood *et al.*, « Integrated Records of Environmental Change and Evolution Challenge the Cambrian Explosion », *Nature Ecology & Evolution* 3 (2019): 528-38 (une interprétation de cette période sans explosion).

3. Des scénarios alternatifs sont proposés dans Simon A. F. Darroch *et al.*, « Ediacaran Extinction and Cambrian Explosion », *Trends in Ecology & Evolution* 33, no. 9 (2018): 653-63. Ces auteurs privilégient un point de vue selon lequel il existerait une certaine continuité entre les Édiacariens de Nama et les premiers animaux du Cambrien. Le grand changement se serait produit entre les stades de la mer Blanche et de Nama durant l'Édiacarien.

4. Il s'agit d'*Aegirocassis benmoulae*, qui dépassait deux mètres. Peter Van Roy, Allison Daley et Derek Briggs, « Anomalocaridid Trunk Limb Homology Revealed by a Giant Filter-Feeder with Paired Flaps », *Nature* 522 (2015): 77-80. Au sens strict, il pourrait s'agir d'un proche parent des arthropodes (groupe-tronc).

5. Voir Roy E. Plotnick, Stephen Q. Dornbos et Junyuan Chen, « Information Landscapes and Sensory Ecology of the Cambrian Radiation », *Paleobiology* 36, no. 2 (2010): 303-17, et Andrew R. Parker, « On the Origin of Optics », *Optics & Laser Technology* 43 (2011): 323-29. Le livre de Todd E. Feinberg et Jon M. Mallatt *The Ancient Origins of Consciousness: How the Brain Created Experience* (Cambridge, MA, MIT Press, 2016) présente aussi de façon détaillée ce sujet. Les auteurs mettent l'accent sur l'utilisation de la structure spatiale, notamment la formation d'une « cartographie » interne, comme ressource dans la détection complexe.

6. S.N. Patek et R.L. Caldwell, « Extreme Impact and Cavitation Forces of a Biological Hammer: Strike Forces of the Peacock Mantis Shrimp Odontodactylus scyllarus », *The Journal of Experimental Biology* 208 (2005): 3655-64.

7. Des titres pleins de poésie sont encore possibles en science : « Hawksbill Turtles Visit Moustached Barbers: Cleaning Symbiosis Between *Eretmochelys imbricata* and the Shrimp *Stenopus hispidus* », par Ivan Sazima, Alice Grossman et Cristina Sazima, *Biota Neotropica* 4, no. 1 (2004): 1-6.

8. Pendant l'écriture de ce livre, un article a été publié sur le cerveau de cette espèce précise : Jakob Krieger *et al.*, « Masters of Communication : The Brain of the Banded Cleaner Shrimp *Stenopus hispidus* (Olivier, 1811) with an emphasis on sensory processing areas », *Journal of Comparative Neurology* (2019): 1-27. L'article est anatomique et ne traite pas du comportement de l'animal, mais il contient beaucoup d'informations intéressantes. Les antennes sont couvertes de minuscules capteurs, et cette espèce posséderait semble-t-il une détection chimique particulièrement riche.

9. Pour une revue de la situation, voir Trinity B. Crapse et Marc A. Sommer, « Corollary Discharge Across the Animal Kingdom », *Nature Reviews Neuroscience* 9 (2008) : 587-600. Selon leurs propres mots, « c'est cette coordination entre les deux systèmes [détection et action] qui permet d'analyser le monde tout en s'y déplaçant ». En 1950, deux scientifiques allemands, Erich von Holst et Horst Mittelstaedt, écrivent un article devenu un classique sur ce phénomène, bien avant qu'il ne soit observé chez de nombreux animaux. Ils forgent pour l'occasion une terminologie utile. L'un des problèmes de tout animal actif est de distinguer ce qu'ils appellent l'*exafférence* de la *réafférence.* L'exafférence est l'effet produit sur vos sens par un événement extérieur quelconque. La réafférence est l'effet produit sur vos sens par vos propres actions. Un animal pourrait essayer d'établir cette distinction en cherchant une façon de caractériser les événements qu'il a lui-même provoqués, mais la solution la plus simple consiste à interpréter les informations sensorielles d'une manière qui tienne compte de ses propres actions. Voir von Holst and Mittelstaedt, « The Reafference Principle: Interaction Between the Central Nervous System and the Periphery », dans *Behavioural Physiology of Animals and Man: The Collected Papers of Erich von Holst*, vol. 1, trad. anglaise de Robert Martin (Coral Gables, FL,

University of Miami Press, 1973). Un autre article intéressant sur le comportement des arthropodes marins est celui de David C. Sandeman, Matthes Kenning et Steffen Harzsch, « Adaptive Trends in Malacostracan Brain Form and Function Related to Behavior », dans *Nervous Systems and Control of Behavior*, dir. Charles Derby et Martin Thiel (Oxford, Royaume-Uni, Oxford University Press, 2014). Je reproduis ici un extrait pertinent : « Le mouvement est perçu par un œil lorsqu'une image se déplace sur les cellules photoréceptrices de la rétine. Cela peut être le résultat du mouvement d'un objet devant l'œil immobile ou du mouvement de l'œil devant un objet immobile. Tant qu'un animal reste immobile, il peut supposer sans risque que tout mouvement dans son champ visuel est extrinsèque à lui-même. Lors de mouvements volontaires cependant, la situation devient plus complexe, car il est alors nécessaire de distinguer les images des mouvements auto-induits et celles des mouvements extrinsèques. Une des stratégies pour résoudre ce problème – le développement d'yeux qui peuvent bouger indépendamment du corps – a évolué à plusieurs reprises. Cette solution permet de stabiliser une image, dans certaines limites, sur une zone de l'œil. » Les crevettes-mantes ont des yeux extrêmement mobiles. Les crevettes nettoyeuses ont également des pédoncules oculaires mobiles, plus petits et, je suppose, moins mobiles.

10. « The Liabilities of Mobility: A Selection Pressure for the Transition to Consciousness in Animal Evolution », *Consciousness and Cognition* 14, no. 1 (2005): 89-114. Lorsque j'évoque deux phrases plus loin « une autre façon d'envisager la situation », je suis redevable à Fred Keijzer.

11. Pour les différences entre les sens en relation avec la réaffirmation et une autre approche de leur signification, voir J. Kevin O'Regan et Alva Noë, « A Sensorimotor Account of Vision and Visual Consciousness », *Behavioral and Brain Sciences* 24, no. 5 (2001): 939-1031. L'article d'Aaron Sloman intitulé « Phenomenal and Access Consciousness and the "Hard" Problem: A View from the Designer Stance », *International Journal of Machine Consciousness* 2, no. 1 (2010): 117-69, est intéressant sur ce thème.

12. Voir Masanori Kohda *et al.*, « If a Fish Can Pass the Mark Test, What Are the Implications for Consciousness and Self-Awareness Testing in Animals? », *PLOS Biology* 17, no. 2 (2019): e3000021. J'ai écrit « une version du test », car les tâches accomplies par le poisson étaient beaucoup plus simples que celles exécutées par les dauphins et les autres bons élèves du test du miroir. Voir le commentaire de Frans B.M. de Waal, « Fish, Mirrors, and a Gradualist Perspective on Self-Awareness », *PLOS Biology* 17, no. 2 (2019): e3000112. Ces réserves se reflètent dans le titre final de l'article de Kohda *et al.*, qui comporte également une note de l'éditeur sur cette question. Les résultats me semblent pourtant plutôt convaincants.

13. Voir Mirjam Appel et Robert W. Elwood, « Motivational Trade-Offs and Potential Pain Experience in Hermit Crabs », *Applied Animal Behaviour Science* 119, no. 1-2 (2009): 120-24, et Barry Magee et R.W. Elwood, « Shock Avoidance by Discrimination Learning in the Shore Crab (Carcinus maenas) Is Consistent with a Key Criterion for Pain », *Journal of Experimental Biology* 216, pt. 3 (2013): 353-58. Elwood fait le point sur ses travaux dans « Evidence for Pain in Decapod Crustaceans », *Animal Welfare* 21, suppl. 2 (2012): 23-27. Michael Tye les examine (et va même jusqu'à y faire référence dans son titre) dans *Tense Bees and Shell-Shocked Crabs: Are Animals Conscious?* (Oxford, Royaume-Uni, Oxford University Press, 2016). Pour d'autres comportements intéressants chez les bernard-l'hermite, voir Brian A. Hazlett, « The Behavioral Ecology of Hermit Crabs », *Annual Review of Ecology and Systematics* 12 (1981): 1-22. Par exemple, on a longtemps affirmé que les bernard-l'hermite se « battaient » pour les coquilles, les spécimens les plus forts délogeant les plus petits. Mais, chez certaines espèces au moins, le « perdant » y gagne lui aussi une coquille plus appropriée ; « lorsque l'échange n'est pas avantageux pour l'assiégé, il ne quitte que rarement sa coquille ». Cela suggère, selon Hazlett, que les assauts de coquilles par les « agresseurs » seraient en fait une forme de communication mutuellement avantageuse ayant pour objet les coquilles, et non une démonstration de la taille et de l'agressivité des crabes.

14. Voir « Is It Wrong to Boil Lobsters Alive? », *The Guardian*, 11 février 2018.

15. D. M. Ross et L. Sutton, « The Association Between the Hermit Crab *Dardanus arrosor* (Herbst) and the Sea Anemone *Calliactis parasitica* (Couch) », *Proceedings of the Royal Society* B 155, no. 959 (1961): 282-91. Voir aussi Graeme D. Ruxton et Martin Stevens, « The Evolutionary Ecology of Decorating Behaviour », *Biology Letters* 11, no. 6 (2015): 20150325, pour un compte-rendu efficace de la décoration corporelle chez les animaux. Certaines anémones produisent même une « pseudo-coquille » pour le crabe qui grandit en même temps que lui, ce qui évite à l'ermite de devoir changer de coquille. Voir Hiroki Kise *et al.*, « A Molecular Phylogeny of Carcinoecium-Forming Epizoanthus (Hexacorallia: Zoantharia) from the Western Pacific Ocean with Descriptions of Three New Species », *Systematics and Biodiversity* 17, no. 8 (2019): 773-86.

16. Voir Jeremy B.C. Jackson, Leo W. Buss et Robert E. Cook, *Population Biology and Evolution of* Clonal Organisms (New Haven, CT, Yale University Press, 1985). J'ai aussi consulté leur précédent ouvrage, *Darwinian Populations and Natural Selection* (Oxford, Royaume-Uni, Oxford University Press, 2009).

17. Il existe quelques annélides ramifiés, qui sont des organismes unitaires. Voir Christopher J. Glasby, Paul C. Schroeder et María Teresa Aguado, « Branching Out: A Remarkable New Branching Syllid (Annelida) Living in a Petrosia Sponge (Porifera: Demospongiae) « *Zoological Journal of the Linnean* Society 164, no. 3 (2012): 481-97 : « Nous décrivons la morphologie et la biologie d'une forme précédemment inconnue d'annélide ramifié, *Ramisyllis multicaudata gen.* et *sp. nov*, un endosymbiote d'éponges marines d'eau peu profonde (*Petrosia sp., Demospongiae*) au nord de l'Australie. Il appartient à la famille des polychètes *Syllidae*, comme *Syllis ramosa McIntosh*, 1879, le seul autre annélide ramifié nommé, qui a été collecté à partir d'éponges hexactinellides d'eau profonde au cours de l'expédition Challenger de 1875. »

18. Voir Matthew H. Dick *et al.*, « The Origin of Ascophoran Bryozoans Was Historically Contingent but Likely », *Proceedings of the Royal Society* B 276 (2009): 3141-48.

19. *Les 5 000 doigts du Dr. T* est un film musical fantastique de 1953 réalisé par Roy Rowland (sur un scénario de Theodor Seuss) dans lequel un méchant pianiste tente de kidnapper cinq cents enfants dont les cinq mille doigts interpréteront un concerto sur un piano géant (*Note de la traductrice*).

20. Victor R. Johnson Jr., « Behavior Associated with Pair Formation in the Banded Shrimp *Stenopus hispidus* (Olivier) », *Pacific Science* 23, no. 1 (1969): 40-50, et Johnson, « Individual Recognition in the Banded Shrimp *Stenopus hispidus* (Olivier) », *Animal Behaviour* 25, pt. 2 (1977): 418-28. Voir aussi theaquariumwiki.com/wiki/Stenopushispidus

D'autres crustacés peuvent reconnaître les individus. Voir Joanne Van der Velden *et al.*, « Crayfish Recognize the Faces of Fight Opponents », *PLOS One* 3, no. 2 (2008): e1695, et Roy Caldwell, « A Test of Individual Recognition in the Stomatopod Gonodactylus festate », *Animal Behaviour* 33, no. 1 (1985): 101-6.

21. Dans les premières pages de ce livre, j'ai comparé certains comportements des ascidies à un haussement d'épaules et à un soupir. Que font-elles en réalité ? Elles évacuent apparemment l'eau contenue dans leur corps. Parfois, on peut aussi voir les déchets expulsés, mais souvent le mouvement ressemble davantage à une sorte d'éternuement laconique. Ce terme, « éternuement », revient sous la plume des biologistes qui écrivent sur les éponges ; certaines éponges s'adaptent aux eaux troubles en éternuant au ralenti (Leys, « Elements of a "Nervous System" in Sponges »). Il s'agit d'une autre forme d'action coordonnée qui pourrait être très ancienne. Les ascidies sont connues pour être les sujets d'une boutade académique. On dit qu'elles sont mobiles tant qu'elles sont jeunes, et qu'une fois fixées (titularisées), elles consomment leur propre cerveau. Cette blague a été rendue célèbre par le neuroscientifique Rodolfo Llinás, qui apparaît plus loin dans ce livre. George O. Mackie et Paolo Burighel, dans un article sur les ascidies, rejettent cette caricature avec une certaine force et un soupçon d'indignation : « En réalité, les ascidies adultes ont un cerveau parfaitement sain, d'un ordre de grandeur supérieur à celui de leurs larves, et leur comportement est aussi finement adapté à la sessilité que celui des larves à la motilité. » Mackie et Burighel,

« The Nervous System in Adult Tunicates: Current Research Directions », *Canadian Journal of Zoology* 83, no. 1 (2005) : 151-83.

5. L'ORIGINE DES SUJETS

1. Dans *Consciousness in Action* (Cambridge, MA, Harvard University Press, 1998), 249. Voici ce qu'elle écrit : « Une certaine façon traditionnelle de penser la personne semble encore naturelle à beaucoup. Le centre de la personne est visualisé comme un sujet et un agent se tenant, pour ainsi dire, dos à dos. Le sujet a une expérience perceptuelle consciente et est parfois conscient de lui-même, dans le sens où l'expérience consciente est parfois elle-même l'objet de la conscience (par opposition aux objets du monde). L'agent fait des efforts, essaie de faire diverses choses et est parfois autodéterminé, en ce sens que certaines actions, certains efforts, ou états de volonté sont eux-mêmes parfois l'objet d'une tentative (par opposition aux événements du monde). Le sujet est le dernier arrêt du côté de la voie d'entrée de la personne ; le monde empiète sur le sujet. L'agent est le premier arrêt du côté de la sortie ; l'agent empiète sur le monde. » Hurley distingue différents types d'enchevêtrement entre le côté sensoriel et le côté agentiel. Dans certains cas, les actions et leurs conséquences sensorielles sont distinctes les unes des autres – vous retournez une pierre pour voir ce qu'il y a en dessous. Dans d'autres situations, la relation est plus étroite. Vos yeux sont continuellement en mouvement, que vous en soyez conscient ou non, et les impressions sur votre rétine changent continuellement, mais cela n'est pas enregistré comme un changement dans la scène qui se trouve devant vous. Les êtres humains s'adaptent très bien à des lunettes « à vision inversée » qui font passer les objets situés à gauche dans notre champ de vision droit et vice versa. Les gens finissent par replacer les objets au bon endroit – le « bon endroit » étant déterminé par ce qui se passe lorsque vous essayez d'agir.
2. René Descartes, *Méditations métaphysiques* (1641).

3. Voir *L'Esprit conscient. À la recherche d'une théorie fondamentale* (Paris, Ithaque, 2010).
4. Dans une note de son article de 1974 « Quel effet cela fait-il d'être une chauve-souris ? ». Vous pouvez aussi vous reporter à mon article « Evolving Across the Explanatory Gap », *Philosophy, Theory, and Practice in Biology* 11, no. 001 (2019): 1-24.
5. On se reportera en particulier à son article « Quining Qualia », dans *Consciousness in Contemporary Science*, dir. Anthony J. Marcel et E. Bisiach (Oxford, Royaume-Uni, Oxford University Press, 1988), 42-77.
6. Dans « Evolving Across the Explanatory Gap », je soutiens que l'idée même de « point de vue à la troisième personne » peut prêter à confusion : tous les points de vue sont à la première personne. Mais le langage courant vient à notre aide ici.
7. Toujours dans son livre *Consciousness in Action*.
8. *Consciousness in Action*, p. 326.
9. Un exemple type, également très lisible, est *Enquête sur l'entendement humain* de Hume (1748). Pour les théories des « données des sens » (*sense-data*) qui ont suivi au début du XXe siècle, voir (par exemple) Bertrand Russell, *Problèmes de philosophie* (1912).
10. Cette tradition va surtout de la *Critique de la raison pure* d'Emmanuel Kant (1781) aux travaux de G.W.F. Hegel (comme sa *Phénoménologie de l'esprit*, 1807). La continuation anglophone de cette tradition a souvent présenté la situation comme une épreuve de force entre des points de vue plus actifs et plus passifs ; William James, à la fin du XIXe siècle, a été un observateur averti de cette opposition (voir *The Will to Believe, and Other Essays in Popular Philosophy*, 1896).
11. L'énactivisme fait aujourd'hui l'objet d'une importante littérature, et toutes ses variantes ne partagent peut-être pas ce point de vue. Voir J. Kevin O'Regan et Alva Noë, « A sensorimotor account of vision and visual consciousness », *Behavioral and Brain Sciences* 24, no. 5 (2001): 939-1031, ainsi que le livre de Noë, *Out of Our Heads: Why You Are Not Your Brain, and Other Lessons from the Biology of Consciousness* (New York, Hill and Wang, 2009). Quelques citations de l'article : « Nous suggérons que voir est une façon d'agir. C'est une façon particulière d'explorer l'environnement »

(extrait du résumé) ; « Les expériences, selon nous, ne sont pas des états. Elles sont des façons d'agir. Ce sont des choses que nous faisons » (p. 960). Le terme « énactif » dans ce contexte a été introduit par Francisco J. Varela, Evan Thompson et Eleanor Rosch dans leur livre *The Embodied Mind : Cognitive Science and Human Experience* (Cambridge, MA, MIT Press, 1991).

12. Dans *Expérience et Nature* (1925).

13. Voir *The Conscious Brain: How Attention Engenders Experience* (Oxford, Royaume-Uni, Oxford University Press, 2012), 341-42. Pour Dretske, se reporter à « Conscious Experience », *Mind* 102, no. 406 (1993): 263-83. Voici ce qu'écrit Dretske sur quelques cas problématiques pour lui : « Pourquoi ne pourrions-nous pas, en suivant Damasio [...] concevoir les émotions, les sentiments et les humeurs comme la perception des états chimiques, hormonaux, viscéraux et musculo-squelettiques du corps ? Cette façon de penser aux douleurs, démangeaisons, chatouilles et autres sensations corporelles les place exactement dans la même catégorie que les expériences que nous vivons lorsque nous prenons conscience de notre environnement. » Je suis redevable à Leonard Katz pour sa réflexion sur le cas du niveau d'énergie.

14. « Consciousness », *Annual Review of Neuroscience* 23 (2000): 557-78, p. 573.

15. Voir Llinás et D. Paré, « Of dreaming and wakefulness », *Neuroscience* 44, no. 3 (1991): 521-35. Searle cite aussi Giulio Tononi et Gerald M. Edelman, « Consciousness and Complexity », *Science* 282 (1998): 1846-51.

16. Voici une façon plus prudente d'exprimer les choses : « Le concept de présence est utilisé pour faire référence au sens subjectif de réalité du monde et du soi dans le monde. » Anil K. Seth, Keisuke Suzuki et Hugo D. Critchley, « An Interoceptive Predictive Coding Model of Conscious Presence », *Frontiers in Psychology* 2 (2012): 395. Voir aussi les citations d'Evan Thompson ci-dessous.

17. J'ai toujours trouvé que la transparence était l'une des idées les plus étranges et les plus improbables dans un débat où les idées étranges et improbables ne manquent pourtant pas. Supposons que vous brouilliez délibérément votre vision en regardant quelque chose. Vous expérimenterez un flou dans votre champ visuel. Les objets que vous regardez ne deviennent pas d'un coup intrinsèquement flous ; c'est simplement une caractéristique de votre expérience. Il s'agit là d'un bon argument (bien connu) contre la transparence, bien que des réponses aient été proposées et qu'un débat soit en cours. (L'exemple, aujourd'hui souvent repris, a peut-être été utilisé pour la première fois dans Paul A. Boghossian et J. David Velleman, « Colour as a Secondary Quality », *Mind* [n.s.] 98, no. 389 [1989]: 81-103.) Une défense de la transparence souvent citée se trouve dans Gilbert Harman, « The Intrinsic Quality of Experience », *Philosophical Perspectives 4: Action Theory and Philosophy of Mind*, dir. James E. Tomberlin (Atascadero, CA, Ridgeview, 1990), 31-52.

18. Voir par exemple Sam Harris, *Pour une spiritualité sans religion* (Paris, Almora, 2017). La doctrine du « non-soi » du bouddhisme traditionnel présente des similitudes avec la transparence, mais je ne connais pas suffisamment le bouddhisme pour pouvoir faire une comparaison détaillée.

19. Un point de vue similaire est exprimé dans l'ouvrage du philosophe Evan Thompson, *Mind in Life : Biology, Phenomenology, and the Sciences of the Mind* (Cambridge, MA, Harvard University Press, 2010). Thompson suggère qu'une partie du problème de l'expérience subjective est résolue par la reconnaissance d'un sentiment fondamental d'animation et de présence qui provient simplement du fait d'être un système vivant qui s'auto-définit : « On pourrait décrire la conscience au sens de sentience comme une sorte d'auto-perception primitive de la vie ou de l'animation du corps [p. 161] [...] Plus tôt dans ce livre, j'ai décrit la sentience comme la sensation d'être vivant. Être sentient signifie être capable de ressentir la présence de son propre corps et du monde. La sentience s'enracine dans l'identité autopoïétique et la construction de sens des êtres vivants, mais elle implique en outre une sensation de soi et du monde [p. 221]. »

20. Je m'appuie ici sur Olaf Blanke et Thomas Metzinger, « Full-Body Illusions and Minimal Phenomenal Selfhood », *Trends in Cognitive Sciences* 13, no. 1 (2009): 7-13, et sur le livre de Frédérique de Vignemont *Mind the Body: An Exploration of Bodily Self-Awareness* (Oxford, Royaume-Uni, Oxford University Press, 2018).

21. Lorsque j'ai abordé pour la première fois l'interaction entre la détection et l'action au chapitre 4, j'ai fait remarquer que l'ouïe diffère nettement de la vision et du toucher à cet égard ; les effets de vos actions sur ce que vous entendez sont réels, mais souvent plus légers. Les rôles des systèmes « où » et des vérifications croisées sont également différents selon les sens. L'ouïe est un cas de détection aussi net que la vision. C'est un point à surveiller.

6. Le poulpe

1. Je n'ai vu qu'une seule fois un poulpe manger un crabe décorateur ; je ne connais pas les détails de l'histoire, car je suis arrivé trop tard.

2. Comme dans *Le Prince des profondeurs*, je m'appuie ici sur Björn Kröger, Jakob Vinther et Dirk Fuchs, « Cephalopod Origin and Evolution: A Congruent Picture Emerging from Fossils, Development and Molecules », *BioEssays* 33, no. 8 (2011): 602-13, et sur un article plus récent : Alastair R. Tanner *et al.*, « Molecular Clocks Indicate Turnover and Diversification of Modern Coleoid Cephalopods During the Mesozoic Marine Revolution », *Proceedings of the Royal Society* B 284 (2017): 20162818.

3. Un unique fossile français vieux de 165 millions d'années a été interprété comme un poulpe (et a été présenté ainsi dans *Le Prince des profondeurs*), mais d'autres travaux ont suggéré que cet animal avait une structure interne dure, un « gladius », comme celui que l'on trouve chez les calmars aujourd'hui, et donc que son plan corporel ne correspondait pas tout à fait à celui d'un poulpe, mais plutôt à celui d'un calmar vampire ; voir Isabelle Kruta *et al.*, « *Proteroctopus ribeti* dans l'évolution des coléoïdes », *Paléontologie* 59, n° 6 (2016): 767-73.

4. Voir Gabriella H. Wolf et Nicholas J. Strausfeld, « Genealogical Correspondence of a Forebrain Centre Implies an Executive Brain in the Protostome–Deuterostome Bilaterian Ancestor », *Phi-*

losophical Transactions of the Royal Society B 371 (2016): 20150055.

5. L'expérience à laquelle je fais référence ici est décrite dans Eric Edsinger et Gül Dölen, « A Conserved Role for Serotonergic Neurotransmission in Mediating Social Behavior in Octopus », *Current Biology* 28, no. 19 (2018): 3136-42. e4.

6. *Cephalopod Behaviour*, 1st ed. (Cambridge, Royaume-Uni, Cambridge University Press, 1996).

7. J'ai exploité les résultats de plusieurs de leurs articles : Tamar Gutnick *et al.*, « *Octopus vulgaris* Uses Visual Information to Determine the Location of Its Arm », *Current Biology* 21, no. 6 (2011): 460-62 ; Letizia Zullo *et al.*, « Nonsomatotopic Organization of the Higher Motor Centers in Octopus », *Current Biology* 19, no. 19 (2009): 1632-36 ; Hochner's « How Nervous Systems Evolve in Relation to Their Embodiment: What We Can Learn from Octopuses and Other Molluscs », *Brain, Behavior, and Evolution* 82 (2013): 19-30.

8. Voir Lesley J. Rogers, Giorgio Vallortigara et Richard Andrew, *Divided Brains: The Biology and Behaviour of Brain Asymmetries* (Cambridge, Royaume-Uni, Cambridge University Press, 2013), et Giorgio Vallortigara, Lesley J. Rogers et Angelo Bisazza, « Possible Evolutionary Origins of Cognitive Brain Lateralization », *Brain Research Reviews* 30 (1999): 164-75.

9. Voir Alexandra K. Schnell *et al.*, « Lateralization of Eye Use in Cuttlefish: Opposite Direction for Anti-Predatory and Predatory Behaviors », *Frontiers in Physiology* 7 (2016): 620.

10. Ce site a été décrit dans *Le Prince des profondeurs*. Voir aussi un article plus récent de David Scheel *et al.*, « Octopus Engineering, Intentional and Inadvertent », *Communicative & Integrative Biology* 11, no. 1 (2018): e1395994. Un autre article sur le comportement des poulpes : Scheel, Godfrey-Smith et Matthew Lawrence, « Signal Use by Octopuses in Agonistic Interactions », *Current Biology* 26, no. 3 (2016): 377-82.

11. Quelques espèces font exception, qui vivent toutes dans les profondeurs. Ils sont décrits dans le chapitre 7 du *Prince des profondeurs*.

12. Dans « Signal Use by Octopuses in Agonistic Interactions », nous avons listé les exceptions connues, qui regardent douze espèces.

13. Voir David Scheel *et al.*, « A Second Site Occupied by *Octopus tetricus* at High Densities, with Notes on Their Ecology and Behavior », *Marine and Freshwater Behaviour and Physiology* 50, no. 4 (2017): 285-91.

14. Nous sommes en train de préparer un article sur ce sujet, qui a pour titre provisoire « Octopuses Throw Debris, Often Hitting Others, with Behavioral Consequences ».

15. « What Is in an Octopus's Mind? », *Animal Sentience* 2019, p. 209.

16. Voir Shaun Gallagher, *How the Body Shapes the Mind* (Oxford, Royaume-Uni, Clarendon Press / Oxford University Press, 2005).

17. Cette anecdote a été rapportée par Ben Guarino dans « Inside the Grand and Sometimes Slimy Plan to Turn Octopuses into Lab Animals », *The Washington Post*, 3 mars 2019.

18. La référence complète est « The Octopus with Two Brains: How Are Distributed and Central Representations Integrated in the Octopus Central Nervous System? », dans *Cephalopod Cognition*, sous la direction d'Anne-Sophie Darmaillacq, Ludovic Dickel et Jennifer Mather (Cambridge, Royaume-Uni, Cambridge University Press, 2014), 94-122. Pour les idées de Sidney Carls-Diamante, voir « The Octopus and the Unity of Consciousness », *Biology and Philosophy* 32, no. 6 (2017): 1269-87.

19. Adrian Tchaikovsky, *Dans les profondeurs du temps* (Paris, Denoël, 2021). (Note de la traductrice.)

20. L'article de Thomas Nagel de 1971 est encore une bonne introduction à ces questions : « Brain Bisection and the Unity of Consciousness », *Synthèse* 22, no. 3/4 (1971): 396-413. L'ouvrage de Tim Bayne, *The Unity of Consciousness* (Oxford, Royaume-Uni, Oxford University Press, 2010), traite de façon approfondie les questions liées à l'unité. J'utilise largement ici le livre d'Elizabeth Schechter, *Self Consciousness and "Split" Brains: The Minds'* I (Oxford, Royaume-Uni, Oxford University Press, 2018).

21. Plusieurs personnes ont défendu des versions de ce point de vue au fil des ans, sans trop s'embarrasser parfois de détails. L'ouvrage de Michael Tye, *Consciousness and Persons: Unity and Identity* (Cambridge, MA: MITPress, 2003) et l'article d'Adrian Downey mentionné ci-dessous sont plus complets. Elizabeth Schechter cite un article de Jerome A. Shaffer intitulé « Personal Identity: The Implications of Brain Bisection and Brain Transplants », *The Journal of Medicine and Philosophy* 2, no. 2 (1977): 147-61, comme l'un des premiers énoncés de cette théorie.

22. L'ouvrage *Self-Consciousness and "Split" Brains*, cité plus haut.

23. Dans certains cas, la vie quotidienne d'un patient au cerveau divisé montre des signes de désunité permanente, comme en témoignent certaines discordances : il arrive par exemple qu'une main mette une chemise ou sorte une cigarette, et que l'autre main s'oppose à cette action. Si ce type de comportement était courant, il serait tentant de dire que la condition des deux esprits est permanente (ainsi que Schechter le pense). Peut-être que, dans certains cas, on a effectivement un esprit dédoublé tandis que d'autres présentent davantage d'unité ? J'examine de plus près ces phénomènes dans « Integration, Lateralization, and Animal Experience » dans *Mind and Language*.

24. Voir « Action, the Unity of Consciousness, and Vehicle Externalism », dans *The Unity of Consciousness: Binding, Integration, and Dissociation*, dir. Axel Cleeremans (Oxford, Royaume-Uni, Oxford University Press, 2003).

25. Voir « Split-Brain Syndrome and Extended Perceptual Consciousness », *Phenomenology and the Cognitive Sciences* 17 (2018): 787-811.

26. Mon raisonnement s'inspire principalement de l'article de James Blackmon, « Hemispherectomies and Independently Conscious Brain Regions », *Journal of Cognition and Neuroethics* 3, no. 4 (2016): 1-26. La citation dans le texte est tirée d'un article de son blog, jcblackmon.com/general/the-wada-test-for-philosophers-what-is-it-like-to-be-a-proper-part-of-your-own-brain-losing-and-regaining-other-proper-parts-of-your-brain, qui fait à son tour référence à un site web public sur l'épilepsie (epilepsy.com/connect/forums/surgery-and-devices/wada-test-1).

La version la plus extrême que je connaisse de l'idée selon laquelle un cerveau contiendrait plusieurs consciences distinctes est défendue de manière très détaillée par le neuroscientifique Semir Zeki. Pour un résumé de sa position, voir son article « The Disunity of Consciousness », *Trends in Cognitive Sciences* 7, no. 5 (2003): 214-18.

27. Dans un article plus ancien, Schechter défend la cohérence de cette option. Il s'agit de « Partial Unity of Consciousness: A Preliminary Defense », dans *Sensory Integration and the Unity of Consciousness*, dir. David J. Bennett et Christopher S. Hill (Cambridge, MA, MIT Press, 2014), 347-73.

28. Roger Sperry, dans un passage utilisé par Schechter, affirme que chaque hémisphère possède ses propres souvenirs, qui ne sont pas accessibles à l'autre. (Voir l'article de Sperry « Hemisphere Deconnection and Unity in Conscious Awareness », *American Psychologist* 23, no. 10 [1968]: 723-33.) Cela impliquerait une situation permanente à deux esprits. Mais l'article de Sperry et d'autres documents que j'ai consultés ne traitent apparemment que de souvenirs enregistrés à une étape d'une expérience et évoqués à une autre étape de la même expérience. Les implications seraient plus significatives – et c'est peut-être ainsi que les choses se passent réellement – si les souvenirs restent associés à un hémisphère ou à l'autre à plus long terme. Ce serait alors une autre raison de penser que l'état à deux esprits est permanent.

29. Ce passage reprend certains éléments de mon article « Octopus Experience », dans *Animal Sentience* 2019.270, un commentaire sur « What Is in an Octopus's Mind ? » de Jennifer Mather. Incidemment, certains échinodermes peuvent apparemment voir (repérer des objets) avec tout leur corps : voir Divya Yerramilli et Sönke Johnsen, « Spatial Vision in the Purple Sea Urchin *Strongylocentrotus purpuratus* (Echinoidea) », *Journal of Experimental Biology* 213, no. 2 (2010) : 249-55.

30. Peut-être plus tôt ; voir James G. Gehling, « Earliest Known Echinoderm-A New Ediacaran Fossil from the Pound Subgroup of South Australia », *Alcheringa* 11, no. 4 (1987): 337-45. On consultera Samuel Zamora, Imran A. Rahman et Andrew B. Smith, « Plated Cambrian Bilaterians Reveal the Earliest Stages of Echinoderm Evolution », *PLOS One* 7, no. 6 (2012): e38296, pour une analyse de leur trajectoire s'éloignant du plan habituel des bilatériens, avec de très bonnes images. Je pense que l'espèce que j'ai observée près d'Octopolis était *Antedon loveni*.

7. La sériole

1. *Au commencement était le poisson : l'homme, 3,5 milliards d'années d'évolution* (Paris, Robert Laffont, 2009).
2. Ma principale source ici est John A. Long, *The Rise of Fishes: 500 Million Years of Evolution* (Baltimore, Johns Hopkins University Press, 1995). Le livre de Long fait un large usage des représentations en échelles et en escaliers de l'évolution, ce que je critique de temps à autre ici. Un bon livre qui couvre l'évolution des premiers vertébrés en s'intéressant spécifiquement à la conscience est celui de Todd E. Feinberg et Jon M. Mallatt, *The Ancient Origins of Consciousness: How the Brain Created Experience* (Cambridge, MA, MIT Press, 2016). Un article récent plaide pour le rôle des environnements littoraux dans l'évolution précoce des poissons : Lauren Sallan *et al.*, « The Nearshore Cradle of Early Vertebrate Diversification », *Science* 362 (2018): 460-64 (un autre article avec de bonnes images).
3. « Evolution and Tinkering », *Science* 196 (1977): 1161-66.
4. Cette information a été rapportée par SBS News (sbs.com.au/news/rare-set-of-mega-shark-teeth-from-prehistoric-species-unearthed) : « Pensez à un couteau à steak. Des dents vraiment tranchantes. » *Carcharocles angustidens* atteignait une taille de plus de neuf mètres.
5. Voir Sönke Johnsen et Kenneth J. Lohmann, « The Physics and Neurobiology of Magnetoreception », *Nature Reviews Neuroscience* 6 (2005): 703-12.
6. Mais probablement pas le plus gros ayant jamais existé. Il semble que ce primat revienne à *Leedsichthys problematicus* au temps des dinosaures.
7. Ici, je m'appuie sur l'émission télévisée de la BBC *Blue Planet II* (2017). Une note sur le sexe du poisson baleine que je suivais :

sur le récif de Ningaloo, le ratio entre les sexes est biaisé en faveur des mâles dans une proportion d'environ trois mâles pour une femelle. La raison de ce phénomène n'est pas connue.

8. Voir Darja Obradovic Wagner et Per Aspenberg, « Where Did Bone Come From? », *Acta Orthopaedica* 82, no. 4 (2011): 393-98.

9. Je me réfère ici dans une large mesure à Horst Bleckmann et Randy Zelick, « Lateral Line System of Fish », *Integrative Zoology* 4, no. 1 (2009): 13-25. Pour les fanatiques de la ligne latérale, il existe un livre : Sheryl Coombs *et al., The Lateral Line System* (New York : Springer, 2014). Pour la description de ce « toucher à longue distance », voir John Montgomery, Horst Bleckmann et Sheryl Coombs, « Sensory Ecology and Neuroethology of the Lateral Line », dans *The Lateral Line System*, 121-50.

10. J'utilise ici Bernd Fritzsch et Hans Straka, « Evolution of Vertebrate Mechanosensory Hair Cells and Inner Ears: Toward Identifying Stimuli That Select Mutation Driven Altered Morphologies », *Journal of Comparative Physiology* A 200, no. 1 (2014): 5-18 ; Bernd U. Budelmann et Horst Bleckmann, « A Lateral Line Analogue in Cephalopods: Water Waves Generate Microphonic Potentials in the Epidermal Head Lines of Sepia and Lolliguncula », *Journal of Comparative Physiology* A 164, no. 1 (1988): 1-5.

11. John C. Montgomery et David Bodznick, « An Adaptive Filter That Cancels Self-Induced Noise in the Electrosensory and Lateral Line Mechanosensory Systems of Fish », *Neuroscience Letters* 174, no. 2 (1994): 145-48.

12. Bleckmann et Zelick, « Lateral Line System of Fish ».

13. Bleckmann et Zelick, « Lateral Line System of Fish ». Ces poissons utilisent les informations fournies par la ligne latérale pour établir une cartographie interne de leur environnement : Theresa Burt de Perera, « Spatial Parameters Encoded in the Spatial Map of the Blind Mexican Cave Fish, Astyanax fasciatus », *Animal Behaviour* 68, no. 2 (2004): 291-95.

14. Clare V.H. Baker, Melinda S. Modrell et J. Andrew Gillis, « The Evolution and Development of Vertebrate Lateral Line Electroreceptors », *The Journal of Experimental Biology* 216, pt. 13 (2013): 2515-22, et Nathaniel B. Sawtell, Alan Williams et

Curtis C. Bell, « From Sparks to Spikes: Information Processing in the Electrosensory Systems of Fish », *Current Opinion in Neurobiology* 15, no. 4 (2005): 437-43. Les seuls animaux terrestres dotés d'un système d'électroperception sont les monotrèmes (ornithorynque, échidné) : John D. Pettigrew, « Electroreception in Monotremes », *Journal of Experimental Biology* 202 (1999): 1447-54.

15. Voir elasmo-research.org/education/topics/dfunctions-ofhammer.htm

16. « En raison de son intérêt général, il nous faut mentionner la prédiction des tremblements de terre par les poissons-chats. C'est jusqu'à présent le cas le mieux documenté de réponses animales avant les secousses les plus importantes. La série d'articles publiés au Japon au début des années 1930, qui établit un changement de comportement statistiquement significatif quelques heures avant un tremblement de terre, est analysée par Kalmijn (1974). Les auteurs japonais fournissent des éléments probants indiquant que des potentiels électriques provenant de la Terre sont le stimulus provoquant de tels comportements. Seules des mesures quantitatives ultérieures de la sensibilité du poisson-chat et de l'ampleur des potentiels anticipant le séisme principal (qui ne précèdent pas toujours les tremblements de terre et sont peut-être propres à certaines régions) ont montré que les signaux étaient bien supérieurs au seuil et que les observations initiales étaient donc tout à fait plausibles. » Theodore H. Bullock, « Electroreception », *Annual Review of Neuroscience* 5 (1982): 121-70, p. 128.

17. Voir par exemple Prasong J. Mekdara *et al.*, « The Effects of Lateral Line Ablation and Regeneration in Schooling Giant Danios », *Journal of Experimental Biology* 221 (2018): jeb175166.

18. Le poisson-flûte, *Fistularia commersonii.*

19. Dans cette section, je m'appuie sur Redouan Bshary et Culum Brown, « Fish Cognition », *Current Biology* 24, no. 19 (2014): R947-50, ainsi que sur les références mentionnées dans l'article. Voir aussi Jonathan Balcombe, *What a Fish Knows: The Inner Lives of Our Underwater Cousins* (New York : Scientific American / Farrar, Straus and Giroux, 2016). Pour les habiletés mathématiques, voie Christian Agrillo *et al.*, « Use of Number by Fish », *PLOS One* 4, no. 3 (2009): e4786. Les expériences de reconnaissance de styles musicaux sont décrites dans le livre de Balcombe.

20. Voir Nicholas K. Humphrey, « The Social Function of Intellect », dans *Growing Points in Ethology*, dir. P.P.G. Bateson et R.A. Hinde (Cambridge, Royaume-Uni, Cambridge University Press, 1976), 303-17.

21. Matz Larsson, « Why Do Fish School? », *Current Zoology* 58, no. 1 (2012): 116-28. Je me demande si les bandes verticales jaunes que beaucoup de poissons argentés, y compris la sériole, ont sur la queue ne jouent pas un rôle dans la formation des bancs, en donnant un indice visuel de l'emplacement et du mouvement. Cela implique que le poisson retire un bénéfice du fait d'être visible et prévisible. Cela ne suffit pas pour faciliter la tâche des poissons observateurs ou du banc dans son ensemble.

22. Voir, entre autres, Thomas Riedlinger, « Sartre's Rite of Passage », *Journal of Transpersonal Psychology* 14, no. 2 (1982): 105-23.

23. Voir Jeremy R. Kendal *et al.*, « Nine Spined Sticklebacks Deploy a Hill-Climbing Social Learning Strategy », *Behavioral Ecology* 20, no. 2 (2009): 238-44 ; Stefan Schuster *et al.*, « Animal Cognition: How Archer Fish Learn to Down Rapidly Moving Targets », *Current Biology* 16, no. 4 (2006): 378-83 ; Logan Grosenick, Trisha S. Clement et Russell D. Fernald, « Fish Can Infer Social Rank by Observation Alone », *Nature* 445 (2007): 429-32.

24. Voir Ana Pinto *et al.*, « Cleaner Wrasses Labroides dimidiatus Are More Cooperative in the Presence of an Audience », *Current Biology* 21, no. 13 (2011): 1140-44.

25. Plusieurs articles se sont intéressés à ces collaborations. Voir par exemple Annemarie Kramer, James L. Van Tassell et Robert A. Patzner, « A Comparative Study of Two Goby Shrimp Associations in the Caribbean Sea », *Symbiosis* 49 (2009): 137-141.

26. Alexander L. Vail, Andrea Manica et Redouan Bshary, « Referential Gestures in Fish Collaborative Hunting », *Nature Communications* 4 (2013): 1765.

27. Je me repose ici sur l'article de David Millett, « Hans Berger: From Psychic Energy to the EEG », *Perspectives in Biology and Medi-*

cine 44, no. 4 (2001): 522-42. Certains épisodes de l'histoire de Berger semblent avoir été un peu déformés.

28. Voir l'article de Millett, « Hans Berger: From Psychic Energy to the EEG ».

29. Vladimir Vladimirovitch Pravdich-Neminsky est apparemment le précurseur dans cette affaire. Il est arrêté par le régime soviétique et cesse pratiquement ses activités de recherche par la suite. Berger a été considéré pendant un certain temps comme opposé aux nazis, mais des travaux récents suggèrent que tel n'était pas le cas. Voir Lawrence A. Zeidman, James Stone et Daniel Kondziella, « New Revelations About Hans Berger, Father of the Electroencephalogram (EEG), and His Ties to the Third Reich », *Journal of Child Neurology* 29, no. 7 (2014): 1002-10.

30. Je ne fais pas référence ici à la dualité électrique et magnétique dans les phénomènes électromagnétiques, j'emploie ce terme d'une façon plus informelle. Dans ce chapitre, j'ai essayé autant que possible de laisser de côté l'aspect magnétique.

31. Ici, pour une bonne part de cette première présentation des rythmes et des champs, je m'appuie sur György Buzsáki, *Rhythms of the Brain* (Oxford, Royaume-Uni, Oxford University Press, 2006) et (beaucoup plus technique, mais utile) György Buzsáki, Costas A. Anastassiou et Christof Koch, « The Origin of Extracellular Fields and Currents – EEG, ECoG, LFP and Spikes », *Nature Reviews Neuroscience* 13 (2012): 407-20. Le point mentionné dans la phrase – l'idée que les motifs des EEG ne sont pour la plupart d'entre eux pas dus aux potentiels d'action – est controversé et varie selon le contexte et le motif EEG en question ; se reporter à l'article indiqué.

32. Quelques exemples : Theodore H. Bullock, « Ongoing Compound Field Potentials from Octopus Brain Are Labile and Vertebrate-Like », *Electroencephalography and Clinical Neurophysiology* 57, no. 5 (1984): 473-83 ; R. Aoki *et al.*, « Recording and Spectrum Analysis of the Planarian Electroencephalogram », *Neuroscience* 159, no. 2 (2009): 908-14 ; Bruno van Swinderen et Ralph J. Greenspan, « Salience Modulates 20-30 Hz Brain Activity in Drosophila », *Nature Neuroscience* 6 (2003): 579-86 ; Fidel Ramón *et al.*, « Slow Wave Sleep in Crayfish », *Proceedings* *of the National Academy of Sciences USA* 101, no. 32 (2004): 11857-61.

33. Voir György Buzsáki, *Rhythms of the Brain* ; Rodolfo R. Llinás, *I of the Vortex: From Neurons to Self* (Cambridge, MA, MIT Press, 2001) ; Wolf Singer, « Neuronal Oscillations: Unavoidable and Useful? », *European Journal of Neuroscience* 48, no. 7 (2018): 2389-98 ; Conrado A. Bosman, Carien S. Lansink et Cyriel M. A. Pennartz, « Functions of Gamma-Band Synchronization in Cognition: From Single Circuits to Functional Diversity Across Cortical and Subcortical Systems », *European Journal of Neuroscience* 39, no. 11 (2014): 1982-99.

34. Elle est apparemment très peu connue. Je m'appuie sur François Clarac et Edouard Pearlstein, « Invertebrate Preparations and Their Contribution to Neurobiology in the Second Half of the 20th Century », *Brain Research Reviews* 54, no. 1 (2007): 113-61.

35. McClintock a fini par recevoir le prix Nobel. La contribution de Margulis est analysée dans un livre cité au chapitre 2 de John Archibald, *One Plus One Equals One*. Pour McClintock, voir Evelyn Fox Keller, *A Feeling for the Organism: The Life and Work of Barbara McClintock* (New York, Henry Holt, 1983).

36. « Effects Evoked in an Axon by the Activity of a Contiguous One », *Journal of Neurophysiology* 5, no. 2 (1942): 89-108. Les travaux de recherche ont été effectués sur des seiches.

37. Mes principales sources sont ici Costas A. Anastassiou *et al.*, « Ephaptic Coupling of Cortical Neurons », *Nature Neuroscience* 14, no. 2 (2011): 217-23 ; Chia-Chu Chiang *et al.*, « Slow Periodic Activity in the Longitudinal Hippocampal Slice Can Self-Propagate Non-Synaptically by a Mechanism Consistent with Ephaptic Coupling », *Journal of Physiology* 597, no. 1 (2019): 249-69 ; Costas A. Anastassiou et Christof Koch, « Ephaptic Coupling to Endogenous Electric Field Activity: Why Bother? », *Current Opinion in Neurobiology* 31 (2015): 95-103.

38. « Ephaptic Coupling to Endogenous Electric Field Activity: Why Bother? »

39. Il s'agit de *I of the Vortex: From Neurons to Self.* Dans son compte rendu « Review of György Buzsáki's book *Rhythms of the Brain* », *Neuroscience* 149 (2007): 726-27, Llinás opte pour la deuxième des options que j'ai énumérées dans le texte, l'idée que cette activité synchronisée est importante, mais que les champs et leurs oscillations ne le sont pas. Il ajoute toutefois une précision : « Étonnamment, certains auteurs considèrent ces rythmes comme "émanant" du cerveau, comme l'expression ultime de la fonction cérébrale. Ce point de vue est absurde, tant du point de vue des champs électriques enregistrés au niveau extracellulaire que du point de vue de l'aspect biologiquement significatif de la conduction nerveuse. En effet, sauf dans des cas tels que l'effet inhibiteur de l'activité du nerf VIII sur l'axone de la cellule de Mauthner dans les téléostéens, ou peut-être dans certains cas de "modulation éphaptique de l'excitabilité nerveuse", *les potentiels de champ extracellulaires sont des épiphénomènes.* Ils peuvent signaler à l'observateur extérieur la présence d'une cohérence électrique de groupes de neurones, mais ils ne sont en eux-mêmes rien de plus que des ombres sur les parois de la caverne de Platon. » Les conclusions des travaux les plus récents portent à penser qu'il pourrait s'agit d'une grande exception.

40. Voir par exemple M. Hartbauer *et al.*, « Competition and Cooperation in a Synchronous Bushcricket Chorus », *Royal Society Open Science* 1, no. 2 (2014): 140167.

41. Wolf Singer, dans « Neuronal Oscillations: Unavoidable and Useful? », présente Huygens comme « un horloger néerlandais » ; cela me semble quelque peu réducteur pour le découvreur des anneaux de Saturne.

42. Elle figure déjà dans la seconde édition du livre influent de Karl Pearson, *The Grammar of Science* (Londres, Adam and Charles Black, 1900).

43. Tout au long de mon parcours ici, j'ai été influencé par le travail de Rosa Cao et par les nombreuses années de discussion avec elle. Voir « Why Computation Isn't Enough: Essays in Neuroscience and the Philosophy of Mind » (thèse de PhD, New York University, 2018).

44. Des points de vue de ce type ont été proposés par plusieurs personnes. Voir par exemple Susan Pockett, *The Nature of Consciousness: A Hypothesis* (New York : iUniverse, 2000) ; E.R. John, « A Field Theory of Consciousness », *Consciousness and*

Cognition 10 (2001): 184-213 ; Johnjoe McFadden, « Synchronous Firing and Its Influence on the Brain's Electromagnetic Field: Evidence for an Electromagnetic Field Theory of Consciousness », *Journal of Consciousness Studies* 9, no. 4 (2002): 23-50. Au chapitre 5, j'ai cité John Searle pour introduire quelques idées sur ce que l'expérience englobe généralement, des idées qui nous éloignent d'une focalisation exclusive sur la détection. Searle lui-même qualifie son approche de la conscience de « champ unifié ». Je ne pense pas qu'il se réfère ici au sens physique du terme « champ ». Le rôle principal de l'idée de champ dans l'article de Searle est de souligner la manière dont de nombreux aspects de l'expérience sont intégrés dans un tout. Dans le dernier chapitre, j'utilise l'expression « profil expérientiel » pour rendre une idée similaire sans faire intervenir les champs.

45. Voir Francis Crick et Christof Koch, « Towards a Neurobiological Theory of Consciousness », *Seminars in the Neurosciences* 2 (1990): 263-75. Parmi d'autres auteurs qui défendent cette hypothèse, j'ai trouvé particulièrement stimulant l'article de Jesse Prinz, « Attention, Working Memory, and Animal Consciousness », dans *The Routledge Handbook of Philosophy of Animal Minds*, dir. Kristin Andrews et Jacob Beck (New York, Routledge, 2018). Les travaux sur les ondes gamma sont une innovation importante, mais mon point de vue est plus large, et je ne m'attarde pas sur l'importance des rythmes de 40 hertz.

46. Voir van Swinderen et Greenspan, « Salience Modulates 20-30 Hz Brain Activity in Drosophila ».

47. Ces derniers (Llinás, Buzsáki, Singer, Koch...) ne seraient probablement pas d'accord avec moi sur bien des choses, mais pourraient probablement me concéder ce point.

48. Comme l'a fait remarquer Rosa Cao, un cas intéressant ici est celui de minuscules assemblages de neurones cultivés artificiellement, les organoïdes cérébraux. Ils présentent certains des motifs observés dans les systèmes nerveux.

49. La théorie de l'information intégrée soutient qu'un dégré important d'intégration de l'activité est en mesure de rendre conscient n'importe quel système (voir Giulio Tononi et Christof Koch, « Consciousness: Here, There and Everywhere? », *Philoso-*

phical Transactions of the Royal Society B 370: 20140167). L'intégration est importante en raison de ses liens avec d'autres propriétés qui jouent un rôle de passerelle entre l'esprit et la matière : être un sujet et occuper une perspective.

50. Llinás et Paré, « Of Dreaming and Wakefulness », *Neuroscience* 44, no. 3 (1991): 521-35. « Nous avançons ici, comme nous l'avons fait par le passé [...] que la conscience, comme la locomotion, pourrait être un cas d'activité intrinsèque plutôt qu'un moteur sensoriel. Ainsi, il a été suggéré que la conscience pourrait être un état fonctionnel interne de type onirique, modulé – plutôt que généré – par les sens. »

51. Björn Merker, « Cortical Gamma Oscillations: The Functional Key Is Activation, Not Cognition », *Neuroscience and Biobehavioral Reviews* 37, no. 3 (2013): 401-17.

8. Sur la terre ferme

1. Voir Richard K. Grosberg, Geerat J. Vermeij et Peter C. Wainwright, « Biodiversity in Water and on Land », *Current Biology* 22, no. 21 (2012): R900-903.

2. Voir Jason A. Dunlop, Gerhard Scholtz et Paul A. Selden, « Water-to-Land Transitions », dans *Arthropod Biology and Evolution: Molecules, Development, Morphology*, dir. Alessandro Minelli, Geoffrey Boxshall et Giuseppe Fusco (Berlin, Springer-Verlag, 2013), 417-40. Avoir aussi Casey W. Dunn, « Evolution: Out of the Ocean », *Current Biology* 23, no. 6 (2013): R241-43.

3. Un autre problème que je ne mentionnerai qu'en passant ici est celui du rayonnement UV. Il est abordé dans George McGhee Jr., *When the Invasion of Land Failed: The Legacy of the Devonian Extinctions* (New York, Columbia University Press, 2013).

4. Dunlop, Scholtz et Selden, « Water-to-Land Transitions ».

5. Voir Scarlett R. Howard *et al.*, « Numerical Cognition in Honeybees Enables Addition and Subtraction », *Science Advances* 5, no. 2 (2019): eaav0961 ; Aurore Avarguès-Weber *et al.*, « Simultaneous Mastering of Two Abstract Concepts by the Miniature Brain of Bees », *Proceedings of the National Academy of Sciences*

USA 109, no. 19 (2012): 7481-86 ; et Olli Loukola *et al.*, « Bumblebees Show Cognitive Flexibility by Improving on an Observed Complex Behavior », *Science* 355 (2017): 833-36.

6. Voir Vincent Gallo et Lars Chittka, « Cognitive Aspects of Comb-Building in the Honeybee? », *Frontiers in Psychology* 9 (2018): 900.

7. J'ai beaucoup appris sur cette combinaison d'utilisation efficace des ressources et d'exploration continue des options dans Joseph L. Woodgate *et al.*, « Life-Long Radar Tracking of Bumblebees », *PLOS One* 11, no. 8 (2016): e0160333.

8. Voir Jonas N. Richter, Binyamin Hochner et Michael J. Kuba, « Pull or Push? Octopuses Solve a Puzzle Problem », *PLOS One* 11, no. 3 (2016): e0152048.

9. Ted Hughes, « Wodwo », dans *Poèmes* (1957-1994), traduit de l'anglais par Valérie Rouzeau et Jacques Darras, Paris, Gallimard, 2009, p. 170-171. (*Note de la traductrice.*)

10. Pour un exposé particulièrement efficace de l'idée de la conscience des insectes, voir Andrew B. Barron et Colin Klein, « What Insects Can Tell Us About the Origins of Consciousness », *Proceedings of the National Academy of Sciences USA* 113, no. 18 (2016): 4900-908.

11. Si je ne parle pas des araignées dans ce livre, c'est tout simplement par manque de place, mais certaines d'entre elles sont vraiment très impressionnantes sur le plan sensoriel. Il s'agit généralement d'araignées qui ne construisent pas de toile, mais qui se déplacent et chassent. Les araignées sauteuses (*Salticidae*) sont particulièrement remarquables. Voir Robert R. Jackson et Fiona R. Cross, « Spider Cognition », *Advances in Insect Physiology* 41 (2011): 115-74.

12. Craig H. Eisemann *et al.*, « Do Insects Feel Pain? A Biological View », *Experientia* 40 (1984): 164-67.

13. Un article très intéressant de Justin Sytsma et Edouard Machery, « Two Conceptions of Subjective Experience », *Philosophical Studies* 151, no. 2 (2010): 299-327, cherche à déterminer si les personnes ordinaires reconnaissent un concept unique d'expérience « ressentie » ou subjective comme le font les philosophes. Sytsma et Machery constatent que tel n'est pas le cas, et qu'elles associent étroitement l'expérience à l'évaluation, en traitant les événements purement sensoriels (voir la couleur rouge, etc.) de manière différente et plus fine. Sytsma et Machery ont peut-être raison en ce qui concerne la conception quotidienne de l'expérience, mais la pensée quotidienne peut elle aussi être erronée. Feinberg et Mallatt, dans *Ancient Origins of Consciousness*, distinguent trois types de conscience : sensorielle (extéroceptive), affective et interoceptive.

14. Voir Lynne U. Snedden *et al.*, « Defining and Assessing Animal Pain », *Animal Behaviour* 97 (2014): 201-12.

15. Julia Groening, Dustin Venini et Mandyam V. Srinivasan, « In Search of Evidence for the Experience of Pain in Honeybees: A Self-Administration Study », *Scientific Reports* 7 (2017): 45825.

16. Voir Edgar T. Walters, « Nociceptive Biology of Molluscs and Arthropods: Evolutionary Clues About Functions and Mechanisms Potentially Related to Pain », *Frontiers in Physiology* 9 (2018): 1049, et Robyn J. Crook et E.T. Walters, « Nociceptive Behavior and Physiology of Molluscs: Animal Welfare Implications », *ILAR Journal* 52, no. 2 (2011): 185-95.

17. Voir Melissa Bateson *et al.*, « Agitated Honeybees Exhibit Pessimistic Cognitive Biases », *Current Biology* 21, no. 12 (2011): 1070-73. L'article sur l'optimisme est de Clint Perry, Luigi Baciadonna et Lars Chittka, « Unexpected Rewards Induce Dopamine-Dependent Positive Emotion-Like State Changes in Bumblebees », *Science* 353 (2016): 1529-31, Solvi étant le premier auteur, publiant sous le nom de Clint Perry.

18. Dans le livre de Simona Ginsburg et Eva Jablonka, *The Evolution of the Sensitive Soul: Learning and the Origins of Consciousness* (Cambridge, MA, MIT Press, 2019), l'évolution de « l'apprentissage associatif illimité » est considérée comme une transition qui marque l'apparition de la conscience. Je suis d'accord pour dire que ce type d'apprentissage a été une invention très importante, mais je ne vois pas encore le lien intrinsèque avec la conscience, en partie à cause des travaux sur des états similaires aux émotions chez des animaux plus simples.

19. Winkworth a une bonne chaîne YouTube : youtube.com/user/swinkworth

20. Dans son compte rendu de mon précédent ouvrage, « Review of Other Minds », *Biology & Philosophy* 34, no. 1 (2019): 2.
21. Voir l'ouvrage de Michael Tye, *Tense Bees and Shell-Shocked Crabs: Are Animals Conscious?* (Oxford, Royaume-Uni, Oxford University Press, 2016). Voir aussi Lynne U. Sneddon, « Nociception », *Fish Physiology* 25 (2006): 153-78.
22. Voir Marta Soares *et al.*, « Tactile Stimulation Lowers Stress in Fish », *Nature Communications* 2 (2011): 534.
23. « Nociceptive Behavior and Physiology of Molluscs: Animal Welfare Implications ».
24. La question des insectes présente une autre complication. Jusqu'à présent, j'ai parlé de « l'insecte », de la vie de l'animal dans son ensemble. Mais je n'ai pas pris en considération un aspect aventureux de son mode de vie : la métamorphose, le passage de la larve à l'adulte, comme dans la chenille et le papillon. De nombreux insectes mènent en fait deux vies, une de chaque côté de la ligne de partage métamorphique. Une décomposition et une recomposition importantes du corps ont lieu en cours de route. Dans les types d'insectes considérés ici, c'est l'adulte qui possède une sensibilité aiguë et des mouvements complexes ; la larve en est dépourvue. (Dans de nombreux cas, les larves ont des yeux, mais beaucoup plus simples.) D'un autre côté, les larves sont plus sensibles aux atteintes corporelles. Les adultes ont la capacité de soigner et de protéger les blessures, mais ne le font pas. Mais, si la larve est plus sensible, elle est probablement incapable de soigner ses blessures, même si elle le voulait. D'autre part, les états émotionnels découverts dans les études de Bateson et Perry ont été mis en évidence chez des adultes, et je ne sais pas si les comportements des larves sont suffisamment complexes pour permettre l'émergence d'optimisme et de pessimisme.
25. Le livre de Karl J. Niklas, *The Evolutionary Biology of Plants* (Chicago, University of Chicago Press, 1997) date un peu, mais reste très intéressant. Pour des présentations plus récentes des premières étapes, voir Charles H. Wellman, « The Invasion of the Land by Plants : When and Where ? », *New Phytologist* 188, no. 2 (2010), p. 306-309, et Jennifer L. Morris *et al.*, « The Timescale of Early Land Plant Evolution », *Proceedings of the National Academy of*

Sciences USA 115, no. 10 (2018): E2274-83. Pour une revue des animaux qui photosynthétisent de diverses manières, voir Mary E. Rumpho *et al.*, « The Making of a Photosynthetic Animal », *Journal of Experimental Biology* 214 (2011): 303-311. Des vestiges de mobilité subsistent chez de nombreuses plantes, dans leurs cellules sexuelles. Les fougères et les cycades, entre autres, possèdent des spermatozoïdes mobiles qui nagent dans l'eau pour réaliser la fécondation. Une infime partie du cycle de vie reste mobile. Pour parvenir à une vie plus mobile que celle qu'elles mènent, les plantes seraient également limitées par leurs épaisses parois cellulaires ; c'est une contrainte qu'elles devraient surmonter.

26. L'un de ces spécialistes que j'ai consulté est Monica Gagliano, l'auteur de *Thus Spoke the Plant* (Berkeley, CA, North Atlantic Books, 2018). Elle fait valoir que les plantes peuvent présenter des formes simples d'apprentissage ; voir notamment Monica Gagliano *et al.* « Learning by Association in Plants », *Scientific Reports* 6 (2016): 38427. La plante en question est une plante grimpante. Les plantes grimpantes sont pour la plupart des angiospermes, des plantes à fleurs, à quelques exceptions près (*Gnetum*, une gymnosperme, et *Lygodium*, une fougère).

27. Dans *La Faculté motrice dans les plantes* (1880), que Charles a écrit avec son fils Francis.

28. Il est décrit par Masatsugu Toyota *et al.*, « Glutamate Triggers Long-Distance, Calcium-Based Plant Defense Signaling », *Science* 361 (2018): 1112-15.

29. Voir *La Métamorphose des plantes*, de Johann Wolfgang von Goethe (1790), et *Phytologia*, d'Erasmus Darwin (1800).

30. Il est intéressant de penser aux systèmes nerveux des animaux modulaires tels que les coraux et les bryozoaires ; dans ce contexte, chaque « zoïde » possède son propre système nerveux.

31. Cette citation est extraite d'une émission de la BBC, « Plants Can See, Hear and Smell – and Respond », *BBC Earth*, 10 janvier 2017.

32. Voici un exemple de quelque chose d'intrigant : Gabriel R.A. de Toledo *et al.*, « Plant Electrome: The Electrical Dimension of Plant Life », *Theoretical and Experimental Plant Physiology* 31 (2019): 21-46.

33. C'est un terme très controversé, en partie pour des raisons qu'exprime le titre d'un article de Pamela Lyon, « Of What Is "Minimal Cognition" the Half-Baked Version? », *Adaptive Behavior*, septembre 2019. Voir aussi Jules Smith-Ferguson et Madeleine Beekman, « Who Needs a Brain? Slime Moulds, Behavioural Ecology and Minimal Cognition », *Adaptive Behavior*, janvier 2019.

9. Nageoires, pattes, ailes

1. Je m'appuie ici sur Miriam Ashley-Ross *et al.*, « Vertebrate Land Invasions – Past, Present, and Future: An Introduction to the Symposium », *Integrative and Comparative Biology* 53, no. 2 (2013): 192-96, et Jennifer A. Clack, *Gaining Ground: The Origin and Evolution of Tetrapods*, 2nd ed. (Bloomington, University of Indiana Press, 2012).
2. Pour le problème de déglutition du poisson-chat, voir Sam Van Wassenbergh, « Kinematics of Terrestrial Capture of Prey by the Eel-Catfish Channallabes apus », *Integrative and Comparative Biology* 53, no. 2 (2013): 258-68.
3. Cela a souvent été considéré comme l'obstacle principal. Toutefois, des travaux récents suggèrent que la reproduction sur la terre ferme n'était pas un problème aussi grave qu'il y paraissait, car certains poissons actuels qui ne quittent pas normalement l'eau s'aventurent sur la terre ferme pour y déposer leurs œufs. Certains les laissent pour un bref séjour entre les marées. Chez un autre poisson, le characin arroseur (*Copella arnoldi*), l'accouplement a lieu dans un spectaculaire saut en tandem vers une feuille surplombante, où les œufs sont déposés. Le mâle éclabousse ensuite les œufs régulièrement pour les garder humides pendant l'incubation, et les poissons nouvellement éclos retombent ensuite dans l'eau. La terre est probablement un bon endroit pour les œufs dans ces cas-là, en raison de l'abondance d'oxygène et peut-être de températures plus élevées. La terre ferme est un mélange d'avantages et d'inconvénients. Voir Karen L.M. Martin et A.L. Carter, « Brave New Propagules:

Terrestrial Embryos in Anamniotic Eggs », *Integrative and Comparative Biology* 53, no. 2 (2013): 233-47.

4. Ici, je fais largement appel à l'ouvrage de Steve Brusatte, *The Rise and Fall of the Dinosaurs: A New History of Their Lost World* (New York, William Morrow, 2018).

5. Peut-être aussi chez les proto-mammifères ou un groupe souche des mammifères avant le Trias ; cette question est débattue. Il y a deux distinctions à garder à l'esprit ici. L'endothermie et l'ectothermie consistent respectivement à produire sa propre chaleur et à la tirer de l'environnement ; l'homéothermie et la poïkilothermie renvoient respectivement à une température constante et à une température variable. Nous, les mammifères, sommes à la fois endothermiques et homéothermiques. On lira avec profit Michael S. Hedrick et Stanley S. Hillman, « What Drove the Evolution of Endothermy », *Journal of Experimental Biology* 219 (2016): 300-301, qui examinent dans cette publication un article classique antérieur.

6. Voir Benjamin W. Tatler, David O'Carroll et Simon B. Laughlin, « Temperature and the Temporal Resolving Power of Fly Photoreceptors », *Journal of Comparative Physiology* A 186, no. 4 (2000): 399-407.

7. Voir Barbara A. Block *et al.*, « Evolution of Endothermy in Fish: Mapping Physiological Traits on a Molecular Phylogeny », *Science* 260 (1993): 210-14, et Kerstin A. Fritsches, Richard W. Brill et Eric J. Warrant, « Warm Eyes Provide Superior Vision in Swordfishes », *Current Biology* 15, no. 1 (2005): 55-58. Je suis reconnaissant à Bill Blessing de m'avoir incité à réfléchir à cette question.

8. Voir Jorge Cubo *et al.*, « Bone Histology of *Azendohsaurus laaroussii*: Implications for the Evolution of Thermometabolism in Archosauromorpha », *Paleobiology* 45, no. 2 (2019): 317-30.

9. Voir Brusatte, *The Rise and Fall of the Dinosaurs.*

10. Je me base ici sur plusieurs articles de Giorgio Vallortigara et Lesley Rogers. (Je remercie vivement Lesley Rogers pour son aide.) Il s'agit notamment des articles suivants : Giorgio Vallortigara, « Comparative Neuropsychology of the Dual Brain: A Stroll through Animals' Left and Right Perceptual Worlds »,

Brain and Language 73, no. 2 (2000): 189-219, et Lesley J. Rogers, « A Matter of Degree: Strength of Brain Asymmetry and Behaviour », *Symmetry* 9, no. 4 (2017): 57. Pour une présentation générale, je renvoie de nouveau à Rogers, Vallortigara et Andrew, « Divided Brains: The Biology and Behaviour of Brain Asymmetries ».

11. Voir Vallortigara, « Comparative Neuropsychology of the Dual Brain ». Il résume également dans cet article le travail sur le crapaud.

12. Extrait de l'article de Vallortigara cité plus haut : « Les animaux comme les poissons ou les reptiles combinent généralement une position des yeux sur les côtés de la tête (chacun d'eux ayant donc un accès limité aux hémichamps de l'espace accessible à l'œil controlatéral) avec des projections ipsilatérales très réduites. Ils ne possèdent pas de structure comparable au corps calleux, mais seulement une petite commissure antérieure et une petite commissure interhémisphérique hippocampique qui relie des régions de la partie dorsale du télencéphale. D'un point de vue neuroanatomique, on peut les considérer comme très proches des préparations à « cerveau divisé » (voir Deckel, 1995, 1997). » Le travail de Deckel porte sur les lézards Anolis, et il les compare fréquemment à la condition de cerveau divisé : « Contrairement aux mammifères, le système visuel d'Anolis peut, à certains égards, être considéré comme une préparation à "cerveau divisé", c'est-à-dire une condition dans laquelle l'hémisphère gauche du cerveau est relativement "inconscient" des informations perçues et traitées par l'hémisphère droit du cerveau. » A. Wallace Deckel, « Laterality of Aggressive Responses in Anolis », *Journal of Experimental Zoology* 272, no. 3 (1995) : 194-200.

13. Voir Theresa Burt de Perera et Victoria A. Braithwaite, « Laterality in a Non-Visual Sensory Modality – The Lateral Line of Fish », *Current Biology* 15, no. 7 (2005): R241-42. Victoria Braithwaite est décédée alors que je finissais d'écrire ce livre. Son travail sur la sentience des poissons est remarquable, et, même si je ne l'ai pas beaucoup connue, elle m'a semblé une personne merveilleuse.

14. Le mouvement de fuite en lui-même est immédiatement coordonné dans tout le corps et non pas seulement du côté du signal affiché. Dans certains cas, la fuite se fait par un simple jet, avec aisance, les bras restant détendus et traînants. Dans d'autres, la fuite est une sorte d'escalade à huit bras. (On trouvera dans le dernier chapitre du *Prince des profondeurs* un dessin représentant cette division colorée).

15. Voir Laura Jiménez Ortega *et al.*, « Limits of Intraocular and Interocular Transfer in Pigeons », *Behavioural Brain Research* 193, no. 1 (2008): 69-78.

16. Voir Rodrigo Suárez *et al.*, « A Pan-Mammalian Map of Interhemispheric Brain Connections Predates the Evolution of the Corpus Callosum », *Proceedings of the National Academy of Sciences USA* 115, no. 38 (2018): 9622-27. Ils écrivent que « les humains souffrant d'une absence congénitale du corps calleux, mais dont les fonctions intégratives interhémisphériques sont préservées, présentent souvent un câblage compensatoire à travers la commissure antérieure qui ressemble au connectome noneutherien ».

17. Voir « Comparative Neuropsychology of the Dual Brain ».

18. Plus tôt, j'ai également comparé la situation du cerveau divisé au test de Wada, dans lequel chaque moitié du cerveau supérieur est endormie à tour de rôle chez un patient. Dans mon exposé, je me suis servi du test de Wada pour étayer la possibilité d'une commutation rapide chez les patients *split-brain*. Durant un test de Wada, puisque le corps calleux est intact, les deux moitiés du cerveau pendant le test, ainsi que le cerveau entier hors test, présentent le type de « connectivité » interne qui permet d'unifier les propriétés dynamiques à grande échelle. Dans la commutation rapide qui se produirait dans les cas de cerveau divisé, la condition d'« esprit unique » serait une condition dans laquelle un grand nombre des connexions qui intègrent les modèles dynamiques à grande échelle seraient absentes.

19. Voir Kieran C.R. Fox, Michael Muthukrishna et Susanne Shultz, « The Social and Cultural Roots of Whale and Dolphin Brains », *Nature Ecology & Evolution* 1 (2017): 1699-705 ; Lori Marino, Daniel W. McShea et Mark D. Uhen, « Origin and Evolution of Large Brains in Toothed Whales », *The Anatomical*

Record Part A, Discoveries in Molecular Cellular and Evolutionary Biology 281, no. 2 (2004): 1247-55; et Richard C. Connor, « Dolphin Social Intelligence: Complex Alliance Relationships in Bottlenose Dolphins and a Consideration of Selective Environments for Extreme Brain Size Evolution in Mammals », *Philosophical Transactions of the Royal Society of London* B, Biological Sciences 362 (2007): 587-602.

20. Voir Raymond J. Tarpley et Sam H. Ridgway, « Corpus Callosum Size in Delphinid Cetaceans », *Brain, Behavior and Evolution* 44, no. 3 (1994): 156-65.

21. Étaient-ce ses cheveux roux ? Les dauphins sont censés ne pas voir les couleurs, contrairement à leurs parents terrestres. « Censés » ? La physiologie de leurs yeux suggère que tel devrait être le cas, mais il se peut que des moyens cachés de discrimination des couleurs existent chez les dauphins comme chez les poulpes. Les tests comportementaux sont ambigus ; voir Ulrike Griebel et Axel Schmid, « Spectral Sensitivity and Color Vision in the Bottlenose Dolphin (*Tursiops truncatus*) », *Marine and Freshwater Behaviour and Physiology* 35, no. 3 (2002): 129-37. Les auteurs relèvent une certaine sensibilité aux couleurs, chez un individu. Certaines idées récentes intéressantes sur la sensibilité aux couleurs chez les poulpes pourraient aussi s'appliquer aux dauphins, comme le notent les auteurs ; voir Alexander L. Stubbs et Christopher W. Stubbs, « Spectral Discrimination in Color Blind Animals via Chromatic Aberration and Pupil Shape », *Proceedings of the National Academy of Sciences USA* 113, no. 29 (2016): 8206-11.

22. Voir Geerat J. Vermeij et Richard K. Grosberg, « The Great Divergence: When Did Diversity on Land Exceed That in the Sea? », *Integrative and Comparative Biology* 50, no. 4 (2010): 675-82 ; et Grosberg, Vermeij et Peter C. Wainwright, « Biodiversity in Water and on Land », *Current Biology* 22, no. 21 (2012): R900-903.

23. « How the Land Became the Locus of Major Evolutionary Innovations », *Current Biology* 27, no. 20 (2017): 3178-82.

10. Par degrés

1. Son premier article sur le sujet est « Episodic and semantic memory », dans Endel Tulving et Wayne Donaldson, *Organization of Memory* (New York, Academic Press, 1972). Le patient Kent Cochrane était originellement désigné par ses seules initiales.
2. Sa femme, Deborah Wearing, a écrit un livre sur son cas et leur vie ensemble. *Forever Today: A Memoir of Love and Amnesia* (Londres, Transworld, 2004). Wearing est aussi décrit dans l'article d'Oliver Sacks « The Abyss », *The New Yorker*, 24 septembre 2007.
3. Voir notamment Donna Rose Addis, Alana T. Wong et Daniel L. Schacter, « Remembering the Past and Imagining the Future: Common and Distinct Neural Substrates During Event Construction and Elaboration », *Neuropsychologia* 45, no. 7 (2007): 1363-77, et Demis Hassabis, Dharshan Kumaran et Eleanor A. Maguire, « Using Imagination to Understand the Neural Basis of Episodic Memory », *Journal of Neuroscience* 27, no. 52 (2007): 14365-74. Je m'appuie ici particulièrement sur Thomas Suddendorf, Donna Rose Addis et Michael C. Corballis, « Mental Time Travel and the Shaping of the Human Mind », *Philosophical Transactions of the Royal Society* B 364 (2009): 1317-24 ; Daniel L. Schacter *et al.*, « The Future of Memory: Remembering, Imagining, and the Brain », *Neuron* 76, no. 4 (2012): 644-94 ; Donna Rose Addis, « Are Episodic Memories Special? On the Sameness of Remembered and Imagined Event Simulation », *Journal of the Royal Society of New Zealand* 48, no. 2-3 (2018): 64-88. La remarque sur la remémoration d'un événement à partir de perspectives visuelles non expérimentées est faite par Schacter et Addis, « Memory and Imagination: Perspectives on Constructive Episodic Simulation », dans *The Cambridge Handbook of the Imagination*, dir. Anna Abraham (Cambridge, Royaume-Uni, Cambridge University Press, 2020).
4. Voir « Are Episodic Memories Special? »
5. « The Brain as a Dream State Generator: An Activation-Synthesis Hypothesis of the Dream Process », *American Journal of Psychiatry* 134, no. 12 (1977): 1335-48. Mon introduction des

rêves dans cette section doit beaucoup à Erin J. Wamsley et Robert Stickgold, « Dreaming and Offline Memory Processing », *Current Biology* 20, no. 23 (2010): R1010-13.

6. « The Function of Dream Sleep », *Nature* 304 (1983): 111-14.

7. Je m'appuie ici sur Wamsley et Stickgold, « Dreaming and Offline Memory Processing ».

8. Cette phrase est une traduction de l'allemand *Dasein*, un concept central dans *Être et Temps* de Martin Heidegger (1927), même si apparemment Heidegger ne trouvait pas que « être là » en fût une bonne traduction (voir Hubert L. Dreyfus, *Being-in-the-World: A Commentary on Heidegger's "Being and Time"* (Cambridge, MA, MIT Press, 1990). Le livre d'Andy Clark cité est *Being There: Putting Brain, Body, and World Together Again* (Cambridge, MA, MIT Press, 1997). Hegel a lui aussi utilisé le terme *Dasein* dans sa *Science de la logique* (1812-16), mais c'est Heidegger qui l'a rendu célèbre.

9. Pour une vue d'ensemble, voir Alex C. Keene et Erik R. Duboue, « The Origins and Evolution of Sleep », *Journal of Experimental Biology* 221, no. 11 (2018): jeb159533. Même certaines méduses (les cubozoaires) expérimentent une forme de sommeil.

10. Marcos G. Frank *et al.*, « A Preliminary Analysis of Sleep-Like States in the Cuttlefish Sepia officinalis », *PLOS One* 7, no. 6 (2012): e38125, et Teresa L. Iglesias *et al.*, « Cyclic Nature of the REM Sleep-Like State in the Cuttlefish Sepia officinalis », *Journal of Experimental Biology* 222 (2019): jeb174862.

11. Elles font l'objet d'une vaste littérature. Une référence classique est John O'Keefe et Lynn Nadel, *The Hippocampus as a Cognitive Map* (Oxford, Royaume-Uni, Clarendon / Oxford University Press, 1978), et, pour des travaux plus récents, H. Freyja Ólafsdóttir *et al.*, « Hippocampal Place Cells Construct Reward Related Sequences Through Unexplored Space », *eLife* 4 (2015): e06063, et H. Freyja Ólafsdóttir, Daniel Bush et Caswell Barry, « The Role of Hippocampal Replay in Memoryand Planning », *Current Biology* 28, no. 1 (2018): R37-50. Des recherches récentes ont montré une interaction continue entre la re-vue et la pré-vue (*replay/preplay*) chez des rats éveillés, au fur et à mesure qu'ils apprennent et planifient : voir Justin D. Shin, Wenbo Tang et

Shantanu P. Jadhav, « Dynamics of Awake Hippocampal-Prefrontal Replay for Spatial Learning and Memory-Guided Decision Making », *Neuron* 104, no. 6 (2019): 1110-25.e7.

12. Pour les ondes lentes, voir Thomas J. Davidson, Fabian Kloosterman et Matthew A. Wilson, « Hippocampal Replay of Extended Experience », *Neuron* 63, no. 4 (2009): 497-507 ; pour la re-vue à un rythme naturel en sommeil paradoxal, Kenway Louie et Matthew A. Wilson, « Temporally Structured Replay of Awake Hippocampal Ensemble Activity during Rapid Eye Movement Sleep », *Neuron* 29, no. 1 (2001): 145-56. La comparaison est discutée dans Ólafsdóttir, Bush, et Barry, « The Role of Hippocampal Replay in Memory and Planning ».

13. Bien qu'il ne s'agisse pas d'une conviction étayée (pour l'instant), j'ai une certaine sympathie pour la notion d'« expérience unique » de Michael Tye : voir son ouvrage *Consciousness and Persons* (Cambridge, MA, MIT Press, 2003). J'aimerais concilier ce point de vue avec les idées sur la désunion et l'unité partielle défendues aux chapitres 6 et 8. Cette notion de profil expérientiel rappelle également le point de vue de Searle sur le « champ unifié » de la conscience, même si je pense qu'il pourrait s'agir d'un exemple d'utilisation abusive de l'idée de « champ » dont il est question dans ce chapitre et dans le chapitre 7. Voir Searle, « Consciousness », 2000.

14. Ce sujet a été abordé lors d'une conférence sur la conscience animale organisée par l'université de New York en 2006. Michael Tye rejetait le gradualisme dans son exposé et la discussion qui a suivi, tout comme d'autres personnes. Voir également Jonathan A. Simon, « Vagueness and Zombies: Why "Phenomenally Conscious" Has No Borderline Cases », *Philosophical Studies* 174 (2017): 2105-23. Tim Bayne, Jakob Hohwy et Adrian M. Owen affirment que « la notion de degrés de conscience est d'une cohérence douteuse » : « Are There Levels of Consciousness? », *Trends in Cognitive Sciences* 20, no. 6 (2016): 405-13.

15. Voir Alison Gopnik, *The Philosophical Baby: What Children's Minds Tell Us About Truth, Love, and the Meaning of Life* (New York, Farrar, Straus and Giroux, 2009).

16. Je me réfère ici à la version que donne Stanislas Dehaene de l'« espace de travail » ; voir son ouvrage *Consciousness and the Brain: Deciphering How the Brain Codes Our Thoughts* (New York, Viking, 2014). Parmi d'autres points de vue de la même famille, citons la théorie AIR (*attended intermediate-level representations*) de Prinz, exposée en détail dans *The Conscious Brain* (Oxford, Royaume-Uni, Oxford University Press, 2012), et la théorie PANIC (*poised, abstract, non-conceptual, intentional content*) de Michael Tye, dans *Ten Problems of Consciousness: A Representational Theory of the Phenomenal Mind* (Cambridge, MA, MIT Press, 1995).
17. Le travail de Morten Overgaard est un stimulant utile pour des interprétations alternatives ; voir, par exemple, Morten Overgaard *et al.*, « Is Conscious Perception Gradual or Dichotomous? A Comparison of Report Methodologies During a Visual Task », *Consciousness and Cognition* 15 (2006): 700-708.
18. Voir *Consciousness and the Brain.*
19. Un recueil d'articles sur cette notion de « chargement » est présenté par Russell Blackford et Damien Broderick (dir.) : *Intelligence Unbound: The Future of Uploaded and Machine Minds* (Malden, MA, John Wiley and Sons, 2014). Le recueil comprend notamment les articles de David Chalmers et Massimo Pigliucci.
20. Voir Jonathan Birch, « Animal Sentience and the Precautionary Principle », *Animal Sentience* 16, 2017.
21. Le travail de Hobson sur les rêves mentionné plus haut dans ce chapitre comporte de expériences sur des chats particulièrement dérangeantes.
22. Je renvoie aux travaux sur les cellules de lieu cités plus haut. John O'Keefe a reçu le prix Nobel de médecine en 2014 avec May-Britt Moser et Edvard Moser. Pour une discussion sur l'expérimentation animale avec une attention particulière portée au cas des rats, qui sont utilisés aujourd'hui de façon massive, voir Phillip Kitcher, « Experimental Animals », *Philosophy and Public Affairs* 43, no. 4 (2015): 287-311.
23. Pour toutes ces questions, se reporter à Lori Gruen, *Ethics and Animals: An Introduction* (Cambridge, Royaume-Uni, Cambridge University Press, 2011).

24. Il apparaît dans *Notre monisme* (1892). J'aborde cette idée dans « Mind, Matter, and Metabolism », *Journal of Philosophy* 113, no. 10 (2016): 481-506.
25. *Experience and Nature* (Chicago : Open Court, 1925), 227-28.
26. Il s'agissait de la réunion de la division orientale de l'American Philosophical Association en 1989, qui proposait un symposium intitulé « Thought of Wittgenstein », avec Crispin Wright, Warren Goldfarb et John McDowell.
27. On consultera les *Investigations philosophiques* de Wittgenstein et *The Concept of Mind* de Gilbert Ryle (Chicago, University of Chicago Press, 1949). Voici ce qu'écrit Ryle : « L'affirmation selon laquelle l'esprit serait son propre lieu, telle que les théoriciens pourraient l'interpréter, est une erreur, car l'esprit n'est même pas un "lieu" métaphorique. En revanche, l'échiquier, la plateforme, le bureau de l'érudit, le banc du juge, le siège du conducteur de camion, le studio et le terrain de football sont des lieux de l'esprit. Ce sont les endroits où les gens travaillent et jouent, stupidement ou intelligemment. »
28. Je suis presque sûr que c'est Wright qui a lancé cette idée, qui a également été discutée par d'autres. Voir Crispin Wright, « Wittgenstein's Later Philosophy of Mind: Sensation, Privacy, and Intention » dans *Meaning Scepticism*, ed. Klaus Puhl (Berlin, De Gruyter, 1991), 126-47 (qui n'est pas le même article que celui publié dans *Journal of Philosophy* sous le même titre) et l'article de McDowell intitulé « Intentionality and Interiority in Wittgenstein », dans le même recueil.

Remerciements

Au cours du processus d'écriture, ce livre a pris une forme tentaculaire : les groupes d'animaux examinés et les idées scientifiques et philosophiques explorées devenaient de plus en plus nombreux, la liste d'ouvrages de recherche toujours plus longue. J'aurais été complètement perdu à de nombreuses étapes sans l'aide généreuse d'interlocuteurs et de correspondants spécialisés dans ces domaines. En énumérant les personnes approximativement dans l'ordre des chapitres, je voudrais remercier ici Chris Shields, Alison Simmons, Gary Hatfield, Maureen O'Malley, Gáspár Jékely, Tom Davis, Dave Harasti, Meryl Larkin, Jim Gehling, John Allen, Steve Whalen, Gary Cobb, Andrew Barron, Pam Lyon, Nick Lane, Derek Denton, Björn Merker, Björn Brembs, Madeleine Beekman, Kim Sterelny, Andrew Knoll, Nick Strausfeld, Jonathan Birch, Evan Thompson, Michael Kuba, Elizabeth Schechter, Tim Bayne, Bruno van Swinderen, Lars Chittka, Cwyn Solvi, Claire O'Callaghan, Christof Koch, Terry Walters, Katherine Preston, Monica Gagliano et Lesley Rogers. Je remercie tout particulièrement Rosa Cao qui, avec Fred Keijzer, m'a incité à devenir un philosophe de l'esprit moins orthodoxe, ainsi que Lori Gruen qui, il y a longtemps, m'a amené à voir les animaux autrement.

J'ai le plaisir d'inclure dans ce livre le travail de deux illustrateurs, Alberto Rava et Rebecca Gelernter. Alberto est un plongeur et un artiste qui a le don de saisir la façon dont les animaux se déplacent et habitent leur corps ; son travail apparaît aux pages 75, 88, 120, 189, 235, 257, 278 et 310. L'élégance et la précision scientifique qui caractérisent le travail de Rebecca Gelernter peuvent être admirées aux pages 66, 86, 96, 112, 134, 169 et 314.

Au moment des remerciements, le correcteur reste souvent dans les coulisses, mais, pour la deuxième fois, Annie Gottlieb a fait un excellent travail, apportant au texte des améliorations subtiles mais substantielles.

Du côté du monde marin, un grand merci à Matt Lawrence, David Scheel, Marty Hing et Kylie Brown. Merci à Jim Ris Mamuko, mon guide de plongée au Kungkungan Bay Resort à Lembeh, et à Chris Jansen et Katie Anderson de Live Ningaloo pour leur aide précieuse sur les requins-baleines. Merci également à Mick Todd de Let's Go Adventures pour ses gonflages de blocs magiques, à Trudie Campey de Feet First Dive et à Richard Nicholls du Dive Center Manly. Je remercie encore les gardiens de la réserve aquatique de Cabbage Tree Bay, du parc national de Booderee et des parcs marins de Jervis Bay et Port Stephens-Great Lakes pour le travail qu'ils accomplissent en prenant soin de ces lieux extraordinaires.

Remerciements

Quelques personnes m'ont accompagné à chaque étape de cette aventure. Il s'agit de la brillante Jane Sheldon, que je remercie pour ses nombreuses formulations adroites et son regard critique aiguisé ; Alex Star, mon éditeur, qui a contribué à façonner ce matériel à tous les niveaux avec beaucoup d'attention et de perspicacité; Sarah Chalfant, mon agent, dont le rôle a transformé l'ensemble du projet.

Crédits

Les illustrations et les photographies du cahier photos sont de l'auteur, à l'exception des illustrations suivantes :

Pages 75, 88, 120, 189, 235, 257, 278 et 310 : © Alberto Rava

Pages 66, 86, 96, 112, 134, 169 et 314 : © Rebecca Gelernter

Index

Les numéros de page en italique renvoient aux illustrations.

B

C

D

E

F

G

H

I

T

U

V

W

Table

NORD COMPO
multimédia

Composition et mise en pages
Nord Compo à Villeneuve-d'Ascq

Achevé d'imprimer en août 2024
par Normandie Roto Impression s.a.s.
61250 Lonrai
N° d'impression : 2402991
N° d'édition : 436608-0
Dépôt légal : août 2024

Imprimé en France